HISTORIA MÍNIMA DE

Estados Unidos
de América

HISTORIA MÍNIMA DE

Estados Unidos de América

Erika Pani

EL COLEGIO DE MÉXICO

TURNER

Título original:
Historia mínima de Estados Unidos de América
© Erika Pani, 2016

De esta edición:
© Turner Publicaciones S. L., 2016
Rafael Calvo, 42
28010 Madrid
www.turnerlibros.com

DR © EL COLEGIO DE MÉXICO, A. C.
Camino al Ajusco 20
Pedregal de Santa Teresa
10740 México, D. F.
www.colmex.mx

Primera edición: marzo de 2016

ISBN: 978-84-16354-10-8

Diseño de la colección:
Sánchez / Lacasta

Depósito Legal: M-5923-2016
Impreso en España

La editorial agradece todos los comentarios y observaciones:
turner@turnerlibros.com

Para Iñigo, nuestro gringuito
Y para Bernardo, que siempre juega de local

ÍNDICE

AGRADECIMIENTOS

Escribir este libro fue como combinar un maratón con un retiro espiritual para pensar cosas importantes. Quienes conocen mi falta de habilidad y gusto por lo atlético sabrán lo que esto significa. Adquirí, en el camino, muchas deudas, abstractas y concretas. Para quien pretende hacer una síntesis de una historia tan amplia, compleja y trascendental como la de Estados Unidos nada es tan valioso como contar con una historiografía como la estadounidense, rica, sólida y variada. De este lado del río, y en primer lugar, agradezco al doctor Pablo Yankelevich por haberme invitado colaborar en un proyecto editorial tan interesante, para pastorearme después con enorme paciencia y solidaridad. Acepté escribir esta historia mínima por audaz e irresponsable, pero espero no haber desmerecido su confianza.

Desde hace varios años mis colegas del Centro de Estudios Internaciones —Gustavo Vega, Reynaldo Ortega Ortíz, Irina Alberro, Ana Covarrubias, Marta Tawil y Laura Flamand— me han permitido torturar periódicamente a sus estudiantes, impartiéndoles el curso de Historia de Estados Unidos. Ha sido una experiencia gratísima, que constituye la columna vertebral de este ejercicio de síntesis. Por lo que le debo a mis alumnos espero haber respondido a algunas de sus inquietudes recurrentes y dejado en claro en estas páginas por qué insisto tanto en la importancia de las cuestiones raciales y de las decisiones judiciales, cuyo peso dentro del curso no responde a una malsana obsesión con los magistrados de la Suprema Corte (salvo quizás alguno).

Este libro se ha nutrido de las conversaciones, las pistas y el apoyo de numerosos colegas con quienes he tenido la fortuna de dialogar, entre los que se encuentran Don Doyle (cuya invitación al coloquio "American Civil Wars. The Entangled Histories of the United States, Latin America and Europe" en Columbia, Carolina del Sur, en marzo de 2014, me permitió repensar este episodio crucial), Daniela Gleizer, Gerardo Gurza, Patrick Kelly, Andrés Lira, Carlos Marichal, Graciela Márquez, Pablo Mijangos, Antonia Pi-Suñer, Jay Sexton, Marcela Terrazas, Mauricio Tenorio y Cecilia Zuleta. Soledad Loaeza y Vanni Pettinà leyeron todo el manuscrito con ojo acucioso y gran generosidad. Sus pertinentes comentarios y sugerencias, así como los del dictaminador del texto, hicieron mucho por enriquecerlo, me ayudaron a precisar y reforzar los argumentos y me ahorraron varias metidas de pata. A Paolo Riguzzi le di tanta lata, y sus intervenciones fueron tan importantes, que lo pondría como coautor si no fuera porque no quiero hacerlo responsable de mis errores y de las interpretaciones que no comparte.

Escribí esta Historia Mínima como directora del Centro de Estudios Históricos, desde donde mejor puede apreciarse el privilegio que es trabajar en El Colegio de México, por la disponibilidad y eficiencia de su personal administrativo —y en especial de Hortencia Soto, secretaria del CEH— y lo espléndido de su biblioteca, en la que Micaela Chávez y Víctor Cid están siempre dispuestos a resolver problemas y conseguir lo que hace falta. El compromiso de mis colegas del CEH con el trabajo y la excelencia académica, su entusiasmo y creatividad, son a un tiempo ejemplo y aliciente por los que estoy profundamente agradecida. Espero no tener que decir nada a mis papás y a mis hermanos, ni a Pablo, Iñigo y Bernardo. Este libro, como todo lo demás, es suyo.

INTRODUCCIÓN

Ahí están los grandes mitos, los mitos de la felicidad, del progreso, de la libertad [...] están el pragmatismo y el optimismo; y luego están los americanos [...] esa colectividad que se enorgullece de ser la menos histórica del mundo, de nunca complicar sus problemas con costumbres heredadas o derechos adquiridos, de enfrentar como virgen un futuro virgen en el que todo es posible; y ahí están los tanteos a ciegas de un pueblo desorientado que busca una tradición en qué recargarse...

Jean Paul Sartre, "Los americanos y sus mitos", 1947

El objetivo de la primera Historia Mínima que publicara El Colegio de México en 1973 era presentar al lector no especialista un panorama completo, sintético y riguroso del desarrollo histórico de su país, escrito de manera ágil y amena. Casi 50 años después la colección cuenta con 28 títulos, que se dirigen no sólo al lector mexicano sino a un público iberoamericano interesado en el pasado como horizonte amplio. Se han publicado historias mínimas sobre temas muy diversos —economía, constitucionalismo, esclavitud, relaciones exteriores, democracia, educación, cultura y música—, de naciones histórica y culturalmente cercanas a México —España, Cuba, Chile, Perú y Argentina— o, por el contrario, muy lejanas, como China, Corea y Japón.

Es difícil ubicar a Estados Unidos de América sobre este gráfico de distancia y coincidencia. A más de un siglo de que el "coloso del Norte" se consolidara como el poder hegemónico continental,

escribir la historia de Estados Unidos desde la América que defini-
mos como "nuestra" significa, necesariamente, hacer la crónica de
la que nos es ajena. Quiere decir dar cuenta de realidades profundamente distintas a la nuestra, no obstante estar intensamente im-
bricadas en ellas. Desde que los de acá eran españoles y los de allá
británicos construimos identidades colectivas en oposición a la de
esos protestantes rústicos, esclavistas y mataindios. Para las naciones que surgieron del resquebrajamiento de los imperios español y
portugués la primera república del continente ha representado un
modelo a seguir y un nuevo imperio depredador, apoyo hipócrita
de tiranos locales. La economía estadounidense ha sido una fuente
de capitales, de lazos comerciales, de oportunidades de negocios y
de "modernidad", y también de dependencia y expoliación. En Ibe-
roamérica a Estados Unidos se le teme como al abusón de la cuadra,
se le desprecia por encarnar el materialismo más craso y millones lo
imaginan —y muchos lo viven— como la tierra prometida.

Escribir una Historia Mínima de Estados Unidos presenta por lo
menos dos desafíos. El primero es el que enfrentan todos los autores
de esta colección: tener que reducir y compactar historias largas y
complejas para contarlas en un número limitado de páginas. El segundo atañe sólo a quien escribe este volumen, y es determinar qué
necesitan saber los lectores hispanoamericanos sobre el vecino de
arriba. Se trata, en última instancia, de una decisión personal y, por
lo tanto, arbitraria. Me parece que este texto debe, por lo menos,
explicar cómo las trece colonias que Gran Bretaña plantó sin demasiado entusiasmo en América del Norte dejaron de ser periferia
para convertirse primero en la potencia hegemónica continental,
después en el centro de la historia global.

Para lograr esto lo primero que tiene que hacer esta historia
es desmantelar el relato providencial cuyo glorioso final estaba ya
escrito desde el principio. Debe desbaratar la imagen persistente del
país de la poca historia y los muchos mitos, el cuento de la sociedad
que nació moderna y sin fracturas y que, al grito de "¡Libertad!" e
impelida de manera irresistible por el "individualismo posesivo" se

apropió hasta del nombre del continente y se convirtió en la nación más poderosa del mundo. Dado que la mitografía que deforma la historia de Estados Unidos —lo sabemos, y lo dijo Sartre— ha sido particularmente eficiente, revisaremos de manera brevísima, al principio de cada capítulo, cómo se ha contado esta historia, las maneras en las que los historiadores han interpretado los grandes procesos que le dieron forma, a veces simplificándolos y aplanándolos.

La *Historia mínima de Estados Unidos de América* también tiene que desagregar al que queremos ver como un actor monolítico, coherente e inmutable. Está obligada a marcar sus numerosas y a veces contradictorias transformaciones y dar cuenta de la enorme diversidad —étnica, religiosa, lingüística, cultural— de una sociedad fincada sobre lo que fue tierra de conquista, de colonización y de inmigración. Para un país que estuvo en riesgo de escindirse al mediar el siglo XIX estas páginas también tienen que describir la construcción —y disgregación— de regiones cambiantes, permeables y traslapadas, moldeadas por procesos históricos —léase políticos, demográficos, económicos y culturales— distintos: deben, por lo tanto, dar cuenta de la construcción progresiva de un sistema colonial articulado en torno a espacios diferenciados (la bahía de Chesapeake, el espacio caribeño, Nueva Inglaterra, el sur, el Atlántico medio, el primer Oeste); del surgimiento de conceptos maestros para pensar el territorio como ocupado, vacío o de frontera; de la escisión Norte/Sur, que influyó sobre la política prácticamente desde que se fundó la nación; de la generación de una lógica de expansión territorial pautada y normada por el federalismo; de la consolidación y articulación de las regiones Costa, Golfo, Planicie y Montaña o Este, Sur, Medio Oeste, Oeste y Pacífico.

El relato tiene que ponderar cómo tanto las particularidades de Estados Unidos como el desarrollo de una historia más amplia dieron forma a su experiencia. Procurará, entonces, por un lado, recuperar la forma en la que se desarrollaron procesos históricos transnacionales y compartidos: el establecimiento del sistema imperial atlántico a partir del siglo XVI y su destrucción durante la "era de las revoluciones"; la consolidación, durante la segunda mitad de este siglo, del Estado-nación centralizado, por encima de las autonomías locales y regionales que desde las independencias habían dominado el escenario político en gran parte del continente; la industrialización que, si bien siguió las pautas de transformaciones tecnológicas y de un capitalismo que no encajonaban las fronteras, se desarrolló sobre un escenario privilegiado, dotado de una vigorosa economía comercial, un territorio rico en materias primas y un dinamismo demográfico sin parangón.

Por otro lado, esta crónica también tiene que dar cuenta de aquellos procesos que han llevado a propios y extraños a pensar que Estados Unidos es, a un tiempo, una nación excepcional y el esbozo del futuro de la humanidad, "universal e irresistible", como lo describiría uno de sus más lúcidos observadores, el francés Alexis de Tocqueville. Por eso prestará particular atención al desarrollo del primer experimento democrático moderno: la construcción de un orden político republicano, representativo, constitucional y federal que, a lo largo de más de 225 años, ha logrado, las más de las veces, digerir y desactivar presiones, tensiones y conflictos gracias a un poderoso imaginario nacionalista, a través de mecanismos de inclusión y exclusión —en los que las construcciones de género, pero sobre todo de raza, desempeñaron un papel destacado—, del juego de equilibrios implícito en el bipartidismo y de los "frenos y contrapesos" que supusieron la división de poderes, el antagonismo entre autoridades federales, estatales y locales y el recurso al poder Judicial como árbitro de una amplísima gama de conflictos.

El texto se detendrá también en la intersección entre la historia política y la social para describir algunos rasgos distintivos, perdurables e influyentes de la sociedad estadounidense: la constitución de una esfera pública excepcionalmente vibrante, multifacética y participativa pero no particularmente heterodoxa o contestataria, pues, como subrayara el mismo Tocqueville, al conferir a la mayoría "la autoridad tanto física como moral" ésta terminaba coartando "la independencia de pensamiento y la verdadera libertad de discusión". Uno de los pilares de esta esfera pública ha sido el vigoroso asociacionismo de los estadounidenses, quienes, a pesar de su cacareado individualismo, "están siempre formando asociaciones […] religiosas, morales, serias, triviales, muy generales y muy limitadas, inmensamente grandes y diminutas". Esta sociedad, dispersa, abigarrada y conflictiva pero organizada, es el actor central de la historia que se va a contar.

En el ejercicio de escribir una Historia Mínima el autor deja de lado muchas de las herramientas con las que acostumbra trabajar, y sin las cuales se siente desprotegido. Extraña sobre todo las notas a pie de página, que son las que permiten dar crédito a aquellos colegas cuya obra hace posible un trabajo de síntesis como éste. De manera quizá más trascendente, el esfuerzo por comprimir el pasado obliga a dejar fuera multitud de sucesos, procesos y personajes. Ésta no es, entonces, sino una de las muchas versiones que podrían darse del colorido, contradictorio y denso acontecer estadounidense. Esperamos, sin embargo, que el ensayo bibliográfico que se incluye al final del libro, además de dar un testimonio reducido de la deuda historiográfica contraída, permita al lector cuya curiosidad no haya quedado satisfecha construir su propia interpretación.

I. EL NUEVO MUNDO:
ENCUENTRO DE TRES CONTINENTES
1492-1763

Tal es el ser de América: entidad geográfica e histórica, cuerpo
y espíritu; inventada, pues, como no podía ser de otro modo, a
imagen y semejanza de su inventor.

Edmundo O'Gorman, *América*, 1963

El relato convencional de la colonización británica en América cuenta la historia de unos ingleses esforzados que en el siglo XVII cruzaron el Atlántico en busca de la libertad. Completamente distintos a los conquistadores españoles que los habían precedido, y a las poblaciones indígenas con las que casi no interactuaron —apenas para intercambiar guajolotes y calabazas para celebrar el primer Día de Acción de Gracias—, estos hombres construyeron, en una tierra virgen, una nueva sociedad, homogénea, morigerada, próspera y ya, en muchos sentidos, "moderna". Esta crónica, provinciana, optimista y autocomplaciente, basada en una versión maquillada de la ocupación de Nueva Inglaterra por los puritanos, minimiza la diversidad de contextos y experiencias, la importancia de las motivaciones económicas y, sobre todo, el peso de otros actores —poblaciones nativas, imperios rivales y esclavos transportados desde África— en el desarrollo de la colonización británica en el Nuevo Mundo.

En contra de lo que reza la leyenda —y de la percepción de muchos colonos, que sentían haber escapado de un "mundo lleno"— los británicos no incursionaron en un territorio vacío. Al contrario, una de las características singulares de la colonización europea en América fue que puso en contacto a personas, plantas, animales y microbios que se habían desarrollado en espacios aislados. Las investigaciones recientes han subrayado lo variadas que fueron las experiencias británicas en el Nuevo Mundo, así como la influencia de quienes fueron durante largo tiempo ignorados: los indios y los esclavos. Rescatar las visiones y voces de estos protagonistas ha requerido importantes esfuerzos de investigación y de imaginación, pues puede accederse a ellas casi exclusivamente a través de los documentos, relatos e imágenes que dejaron los colonos.

Antes de la llegada de Colón el escenario americano se distinguía ya por una gran diversidad ecológica y cultural. El "descubrimiento" de un continente que había permanecido incomunicado durante milenios puso en contacto íntimo e intenso a hombres y animales, lenguajes y creencias, alimentos y objetos, estructuras familiares, formas de producir e intercambiar y prácticas bélicas y diplomáticas de origen diverso y ajeno. Por eso el continente que los europeos pretendieron poseer, explotar y transformar se convirtió, con su llegada, en un suelo incierto e inestable para todos los involucrados. Juntos construyeron un mundo nuevo sobre las visiones, afanes y paradigmas de nativos y de fuereños, sobre el trabajo —muchas veces no libre— de europeos, americanos y africanos, y siguiendo los ritmos de una economía-mundo articulada en torno al intercambio de ciertos bienes de gran valor: metales preciosos, mercancías asiáticas de lujo, esclavos y productos de consumo como azúcar, café, té y tabaco.

UN CONTINENTE APARTE: ACTORES Y REPERTORIOS

Los indígenas

Se estima que cuando un mal cálculo geográfico llevó a Cristóbal Colón a "descubrir" América había 50 millones de personas en el continente, y que de éstos cinco vivían al norte de lo que hoy es México. Todos descendían del centenar de migrantes que, 13 000 años antes, habían cruzado de Asia a América por el estrecho de Bering, sobre el puente de tierra que quedara al descubierto por la congelación de los mares durante la glaciación. Estas bandas nómadas se expandieron a lo largo y ancho del continente y eventualmente eliminaron a los grandes mamíferos que habían sido sus presas de caza predilectas. En espacios geográficos y nichos ecológicos diferentes desarrollaron relaciones particulares con el medio ambiente, engendrando distintas formas de vida.

Así, en Mesoamérica y la zona andina unas sociedades sedentarias, complejas y estratificadas, que se sustentaban con cultivos más productivos que los cereales europeos, construyeron extensas redes de comercio y de tributo, imponentes complejos arquitectónicos e intrincados repertorios religiosos. Al norte, en los actuales Estados Unidos y Canadá, la población se organizó en sociedades más pequeñas, móviles, dispersas e igualitarias. Estos grupos modificaron la naturaleza que los rodeaba desbrozando el terreno, regando, cuidando y cosechando periódicamente plantas comestibles. No obstante, siguieron recurriendo a la caza, pesca y recolección de raíces, frutas, nueces y moluscos y a los desplazamientos que estas actividades requieren. El movimiento constante y los procesos de adaptación de estos grupos itinerantes generaron una gran diversidad cultural y lingüística: se calcula que para finales del siglo XV se hablaban unas 375 lenguas en el norte del continente americano.

Para estos grupos, móviles, resistentes, conocedores del territorio y poseedores de una gran capacidad de adaptación, los hombres que llegaron del oeste —españoles, franceses, ingleses, holandeses, suecos, rusos— representaron otras tantas bandas con las que comerciar y guerrear, si bien sus posesiones —herramientas de hierro, armas de fuego, alcohol destilado— y sus intenciones —acumular la mayor cantidad posible de productos para comerciar, ocupar la tierra, evangelizar a los indígenas— los hacían a un tiempo más atractivos y más peligrosos. Se insertaban, sin embargo, en redes extensas y complejas cuyos términos de contacto e intercambio definían los jugadores locales.

Algunas regiones presentaban un panorama peculiar, puesto que allí se habían desarrollado culturas más estructuradas, sedentarias y urbanas y el lugar que llegaron a ocupar dentro de la geografía de los imperios transatlánticos. En lo que hoy es el Suroeste de Estados Unidos —Nuevo México, Arizona, Utah y Colorado— los pueblos anasazi y hohokam construyeron poblados de piedra y adobe y complejos sistemas de irrigación que les permitían cultivar maíz, calabaza y frijol a pesar de la aridez y de lo extremoso del clima. Al noreste de esta región el fértil valle del río Misisipi permitió que la agricultura sustentara los núcleos de población más densos del continente al norte de los valles centrales mexicanos. Estos grupos construyeron montículos ceremoniales, poblados rodeados de empalizadas e incluso monumentos imponentes, como la pirámide de tierra de Cahokia (en el actual estado de Illinois), que medía más de 36 metros de alto. Estos pueblos no estaban centralizados políticamente, pero podían organizar y movilizar poblaciones numerosas para la construcción de sitios de culto y proyectos de infraestructura. Excepcionalmente lograron consolidarse cacicazgos influyentes, que cobraban tributo y coordinaban estrategias de guerra entre grupos distintos.

En estos ámbitos, numerosos grupos autónomos sometían un medio ambiente frágil a presiones importantes, y la competencia por recursos naturales alimentaba rivalidades y conflictos. La consolidación de los imperios europeos en América vino a contribuir a la volatilidad y a la violencia que habían caracterizado a estas regiones. Al convertirse, como sucedió también con el área de los Grandes Lagos, en zonas de contacto y competencia entre potencias colonizadoras, los grupos nativos supieron aprovechar el antagonismo entre rivales vecinos para reforzar su capacidad de negociación, y por lo tanto para proteger su autonomía, sus formas de vida y su acceso a recursos vitales.

Sin embargo, más que por la organización y la cultura de las poblaciones norteamericanas, más incluso que por el lugar estratégico que algunas ocuparon dentro del esquema de rivalidades imperiales, el proceso de colonización europeo se vio fuertemente condicionado por sus consecuencias biológicas. Cuando llegaron los europeos los americanos del norte eran relativamente sanos, dadas su movilidad, su dieta variada y su baja densidad demográfica, mientras que los recién llegados estaban acostumbrados a monótonas dietas campesinas y expuestos a la suciedad propia de las concentraciones humanas y del contacto con animales domésticos. Los americanos resultaron, sin embargo, enormemente vulnerables a las enfermedades que traían consigo los habitantes de un Viejo Mundo que durante siglos había sido encrucijada de rutas comerciales y de conquista que unían tres continentes. Los estragos imprevistos que causó el intercambio de patógenos fue quizás el factor más trascendental en el proceso de ocupación europea de América. Aunque las cifras para la población precolombina son problemáticas —por lo endeble y fragmentado de la evidencia, pero también porque pretenden asignar un valor numérico a la tragedia demográfica que significó el "encuentro entre dos mundos"— no cabe duda de que la enorme mortandad de los indígenas fortaleció la capacidad de los europeos de imponer su dominio en América.

Para algunos grupos —los habitantes de las primeras islas caribeñas ocupadas por los españoles, por ejemplo— el contacto con europeos y africanos significó la extinción. Otros padecieron los estragos no sólo de la enfermedad sino de la guerra, la explotación y el despojo, además de la transformación del medio ambiente por la introducción de animales de pastoreo y de técnicas agrícolas europeas. Estas incursiones no tuvieron siempre un sentido negativo inequívoco. Si la "plaga de borregos" —como la describiera la historiadora canadiense Elinor Melville— que trajeron consigo los españoles provocó grandes dolores de cabeza a los pueblos del altiplano central mexicano, los caballos que llegaron con los exploradores europeos a la región de las grandes planicies entre el Misisipi y las montañas Rocallosas permitieron a los cazadores-recolectores de la zona, que los adoptaron, al igual que las armas de fuego, con gran habilidad y entusiasmo, resistir el avance de los euroamericanos, en algunos casos hasta bien entrada la segunda mitad del siglo XIX.

De este modo, entre 1750 y 1850 los guerreros comanche, bien armados y montados, se erigieron en el poder dominante en un amplio territorio que incluía partes de lo que hoy son los estados de Texas, Nuevo México, Oklahoma y Colorado. Sin embargo, en el plano demográfico el saldo del contacto con Europa fue decididamente negativo para las sociedades nativas. Se calcula que en 1800 sobrevivían, en lo que hoy son Estados Unidos y Canadá, 600 000 indígenas, alrededor del 12% de los que habitaban la región en el siglo XVI. Un colapso demográfico tan colosal y fulminante desarticuló sin duda los entramados sociales y culturales, e incluso psicológicos, que sostenían la experiencia vital de estos pueblos.

Diezmados, desestabilizados, abatidos, los pueblos indígenas tuvieron grandes dificultades para defenderse de un invasor que además veía en la colonización el cumplimiento de una misión divina. En el norte del continente el desprecio de los europeos por concepciones distintas de la propiedad y del trabajo, su dificultad para integrar a las poblaciones indígenas y su hambre de tierra contribuyeron a polarizar las relaciones interétnicas, hasta el punto de que la convivencia se volvió, en ciertas coyunturas, imposible. Esto se tradujo en brotes de violencia que adquirieron rasgos genocidas, tanto por la intransigencia de los blancos que luchaban en contra de "paganos no civilizados" como por las prácticas de guerra de ciertos grupos indígenas, diseñadas para aniquilar al enemigo matando a todos los guerreros y llevándose a mujeres y niños como cautivos.

Así, algunos conflictos, como las campañas de los iroqueses contra los franceses y sus aliados indios en la zona de los Grandes Lagos en las décadas de 1640 y 1650, conocidas como las "guerras del castor"; la "Guerra del rey Felipe", que enfrentó a los colonos de Nueva Inglaterra con los wampaonag entre 1675 y 1676, y la rebelión de los yamasis durante la primera década de 1700 en lo que hoy es el sureste de Estados Unidos, que destruyó el sistema de misiones españolas en Florida, para diezmar después los poblados indios e ingleses en Carolina, pusieron en peligro la supervivencia misma de estas empresas coloniales.

Sin embargo, la violencia sin cuartel no constituyó la norma de las relaciones interétnicas en América del Norte. Como se ha mencionado, la participación entusiasta de los indios en los circuitos comerciales forjó lazos de dependencia mutua con los colonizadores. En muchos casos, y por muchos años, las posibilidades de expansión dependieron de la relación de los colonos con las poblaciones indígenas, que muchas veces controlaban el acceso a los bienes —pieles, esclavos, conchas y almas— que ambicionaban los europeos. Esto, además de la capacidad que tenían de manipular las rivalidades intergrupales e imperiales, hizo que mantener buenas relaciones con los pueblos indios se convirtiera en una prioridad para los gobiernos metropolitanos. Así, a pesar de la creciente debilidad demográfica de los indios en el norte del continente sus relaciones con los gobiernos europeos se erigieron —a menudo contra la mejor opinión de los colonos— en relaciones diplomáticas entre soberanos, articuladas por medio de códigos sincréticos, pautadas por tratados e intercambios rituales. Los imperios de Europa en América, lejos de arrasar con el mundo precolombino, se vieron, inevitablemente, moldeados por las reacciones, respuestas y estrategias de los supuestos conquistados.

Imperios transoceánicos

El viaje de Colón representó uno de los muchos esfuerzos de la Europa cristiana para acceder a los mercados de África y sobre todo de Asia, cuyas rutas comerciales monopolizaba el Imperio otomano. Sin embargo, sólo los españoles, gracias a la colonización de Filipinas y a la carrera anual de la Nao de la China, lograron constituir a América en el anhelado puente hacia Oriente, aunque de manera más bien modesta. El "Descubrimiento" no permitió a los europeos tener acceso privilegiado a las riquezas de Asia, pero sus proyectos en América se insertaron en la misma lógica comercial, mercantilista y proselitista que había animado los proyectos de exploración y conquista desde el siglo xv. La gesta se emprendía en nombre de Dios y del rey, pero los principales protagonistas no eran los gobiernos, que en un principio se limitaron a otorgar concesiones, sino hombres de empresa, con un ojo puesto en el honor, la salvación y la gloria y el otro en las ganancias.

El éxito de los proyectos de colonización en América dependía de que sus artífices hallaran por lo menos un producto no perecedero, de alto valor por volumen, cuyo retorno en los mercados europeos compensara los costos de producción y transporte desde el lejano Nuevo Mundo. Los metales preciosos —en primer lugar la plata— y los productos tropicales que cultivaban, las más de las veces, trabajadores no libres, indígenas y africanos, apuntalaron la creación de redes comerciales que se engarzaron con las que atravesaban el Pacífico y el océano Índico, engendrando una economía global. Al aumentar los impuestos que se cobraban en los puertos metropolitanos, y al constituirse el comercio transoceánico como un espacio de competencia, la expansión imperial se convirtió en un asunto de Estado. De esta forma, las rivalidades que estructuraban las relaciones entre las monarquías europeas se proyectaron a los espacios económico y colonial.

En esta competencia llevaban las de ganar los iberos, y sobre todo los españoles, que en el siglo xvi fundaron un imperio "sobre el que no se ponía el sol". La monarquía católica pretendía, con el aval pontificio —plasmado en las "bulas Alejandrinas" de 1493—, tener derecho a todo el continente americano. Por eso en el siglo xvi, con más de 50 años de retraso, franceses e ingleses buscaron lugar en el Nuevo Mundo, ahí donde a los súbditos de Su Majestad católica no les había interesado establecerse. Se fueron al norte de los inmensos dominios españoles y se establecieron en territorios más hostiles y menos prometedores que los de clima templado, sociedades complejas, riqueza minera y agricultura de exportación que habían conquistado los españoles.

Tras una serie de fracasos estrepitosos —la malograda expedición de Jacques Cartier, que fue prácticamente aniquilada en la desembocadura del río San Carlos durante el invierno de 1535-1536, y el asentamiento de Charlesbourg-Royal, que tuvo que ser abandonado en 1543— los franceses fundaron, a partir de la década de 1540, sobre las costas de Acadia (hoy Nueva Escocia) y Terranova, a lo largo del río San Lorenzo y alrededor de los Grandes Lagos, un imperio basado en la pesca estacional y el comercio de pieles (nutria, castor, marta, lince, zorro). A diferencia de las explotaciones mineras o de plantación, el comercio de pieles no requería controlar directamente a la población indígena. Así, mientras que los franceses —consistentemente poco numerosos en América, sobre todo si se comparaban con los colonos británicos— fincaron su imperio en el Caribe sobre la explotación feroz de la mano de obra esclava, en el norte del continente establecieron un control flexible, eficiente y barato, articulado en torno a la colaboración y la integración de los franceses trasterrados con la sociedad local a través del intercambio, las alianzas militares, el mestizaje y la construcción de misiones.

A pesar del tenue dominio que ejercían, los franceses consideraban que Nueva Francia representaba una extensión de los dominios de su rey y un espacio de conquista para la fe católica. En la empresa evangelizadora se destacaron los jesuitas, que, como sucediera con ésta y otras órdenes religiosas en el continente, se erigieron —a pesar del éxito más bien modesto de sus esfuerzos de conversión— en un contrapeso tanto de las políticas metropolitanas como de las ambiciones de los colonos. Por otra parte, en una sociedad resquebrajada por el cambio y la enfermedad el cristianismo generó, para algunos indígenas —como la joven mohawk Kateri Tekakwitha (1656-1680), que fue canonizada por la Iglesia católica en 2012— un nuevo sentido de vida y de comunidad. En Nueva Francia los colonizadores optaron, como ha escrito Gilles Havard, por "compartir el continente". El modelo, sin embargo, resultó frágil frente al de otras potencias europeas.

AVENTUREROS Y ZELOTES, GRANJEROS Y COMERCIANTES:
LOS INGLESES EN AMÉRICA

Hasta finales del siglo XVI las incursiones de los ingleses en América se limitaron a hostigar a los barcos españoles como piratas con licencia. La nación insular, preocupada por su vulnerabilidad frente a su gran enemiga, la católica España —por lo menos hasta la derrota de la Armada Invencible en 1588—, dedicó su energía expansionista a conquistar a la vecina Irlanda (1534-1603), también católica y por lo tanto hostil. Cuando un grupo de ingleses emprendedores quiso labrar un imperio inglés en América llegaba tarde a una empresa colonial cuyos términos y espacios ya definían otros. Aunque las cuotas de poder cambiaron dramáticamente a lo largo de dos siglos, los otros imperios transatlánticos —principalmente España y Francia, y en menor medida las Provincias Unidas Holandesas— fueron un factor constituyente de la empresa colonial británica. Representaron, en primer lugar, competidores, pero también fuentes de temor y de deseo, modelos de colonización y espejos de los vicios que debían evitar.

El establecimiento de las 13 colonias británicas de la América continental se desarrolló en tres momentos distintos, cada uno caracterizado por su propia geografía territorial, social, económica y religiosa. La evolución del poderío inglés fue determinante en la definición de estos tres momentos. Así, a finales del siglo XVI los primeros asentamientos se establecieron en la fragmentada y escabrosa costa de la bahía de Chesapeake, para guarecerse de los españoles. Contaban con el consentimiento de la reina, y nada más. En cambio, en 1670 los ingleses, respaldados activamente por la familia real, arrebataron el Nuevo Ámsterdam a los holandeses y fundaron el puerto de Charleston en lo que hoy es Carolina del Sur, en abierto desafío a las pretensiones de España sobre este territorio. De buscar sobre todo no pisarle los callos a España en América a principios del siglo XVII, Inglaterra se había convertido, poco más de un siglo después, en la más poderosa potencia marítima, empeñada en sentar sus reales en América del Norte. Para esto expulsó del continente a los holandeses, primero, y a los franceses después. De este modo, la experiencia de los colonos ingleses varió no sólo por lo distinto de los espacios que ocuparon y de las actividades agrícolas y comerciales que desarrollaron, sino también por el momento en el que acometieron su empresa.

Pese a esta diversidad la América británica se desarrolló sobre expectativas comunes. Una vez superadas las dificultades de los primeros años, el Nuevo Mundo se convirtió, para los "súbditos ingleses nacidos libres" —a los que se sumaron naturales de otras naciones europeas— que emigraban voluntariamente, en una tierra de oportunidades, "el mejor lugar del mundo para los pobres". Portadores de una tradición institucional y de una cultura política compartidas construyeron una sociedad sin las rígidas jerarquías sociales del Viejo Mundo y unos regímenes políticos excepcionalmente participativos. Para estos colonos, convencidos de que por ser cristianos y "civilizados" tenían derecho a apropiarse de la tierra y explotar sus recursos, la emigración representaba la posibilidad real de convertirse en propietarios independientes. Por otra parte, la colonización británica del Nuevo Mundo tuvo lugar durante uno de los periodos más turbulentos de la historia inglesa, años de expansión territorial y transformación económica, de guerra civil y de experimentación política: el gobierno republicano del Commonwealth, la dictadura de Oliver Cromwell y su hijo (1649-1660) la restauración de los Estuardo (1660), y la "Revolución gloriosa" (1688), que algunos han descrito como la primera revolución moderna. Esta efervescencia alimentó entusiasmos religiosos, visiones utópicas y proyectos políticos radicales en ambas orillas del Atlántico.

Las posesiones británicas en América suelen clasificarse en tres categorías: las colonias de la Corona, las colonias por contrato y las colonias de propietarios. Había, en realidad, dos modelos básicos de administración: las colonias reales y las que, por concesión de la Corona, tenían un "propietario", que podía ser un individuo o una compañía. Las primeras le pertenecían a la Corona, que nombraba a los funcionarios más importantes, empezando por el gobernador. En las segundas el monarca otorgaba una carta en la que se establecían la estructura del gobierno colonial, las prerrogativas del rey y los derechos de los colonos. En general, los propietarios buscaron preservar sus intereses por medio de la participación institucional en el gobierno, desde la gubernatura o por medio de un Consejo de gobierno.

Sin embargo, tanto por principio como para no desincentivar la inmigración, los constructores del Imperio británico en América se erigieron en defensores de las "libertades inglesas" y del gobierno "mixto" —por representar en el seno del poder a los distintos elementos que componían la sociedad y evitar así la tiranía—, que distinguía la isla de una Europa en la que se afianzaba el absolutismo. Así, en todas las colonias se estableció un gobierno representativo, compuesto por una asamblea —muchas veces dividida en dos cámaras— y un gobernador. El juicio por jurado se erigió también como derecho irrenunciable de los colonos británicos.

Aunque de forma errática, intermitente y siempre incompleta, los monarcas ingleses intentaron reforzar su autoridad sobre los territorios americanos limitando las facultades de los propietarios, derogando las cartas coloniales o suplantando la autoridad de los propietarios con la del monarca, como sucedió con Virginia en 1624 —aunque en realidad el rey tomó el relevo político ante la quiebra de la compañía colonizadora—, y con seis colonias más entre 1680 (New Hampshire) y 1751 (Georgia). Sin embargo, la Corona británica —a diferencia de la castellana— careció de un órgano de gobierno y de una burocracia especializada para gobernar el Imperio desde Londres.

Dentro del gobierno metropolitano la instancia más influyente en América fue el Consejo de Comercio y Plantaciones, establecido en 1696, compuesto por ocho funcionarios de alto nivel y ocho miembros a sueldo. El Consejo regulaba todo el comercio imperial, la pesca y las medidas para combatir la pobreza, con lo que los asuntos americanos recibían una atención más bien esporádica. De esto resultó que la relación entre Londres y la América británica fuera bastante distante, y su naturaleza esencialmente comercial. La política metropolitana hacia las colonias se centró en la fiscalización y en la regulación de los intercambios, que se aplicaba de forma superficial cuando así lo exigían intereses poderosos de ambos lados del Atlántico. De este modo, las leyes en contra de la piratería se ejecutaron con bastante mayor seriedad que aquellas que pretendían suprimir el contrabando que enriquecía a muchos comerciantes americanos. Resulta muy atinada la descripción que hiciera el célebre político Edmund Burke de la relación entre las 13 colonias y la Madre Patria como una de "negligencia saludable".

El Sur: La bahía de Chesapeake, las Carolinas y Georgia

Sobre esta base de expectativas compartidas y plausibles, gobierno moderado y relativa autonomía se construirían trece sociedades y trece economías distintas. En la década de 1570 un grupo de devotos protestantes —Francis Drake, Richard Grenville, John Hawkins, Humphrey Gilbert y Walter Raleigh— deploraban que Inglaterra dejara solas a sus dos rivales católicas en el Nuevo Mundo. Aprovechando su influencia en la Corte fundaron una compañía para establecer una colonia en costas americanas, lejos de las posesiones españolas y francesas. Capitalizando los temores que inspiraban a la élite inglesa la sobrepoblación de la isla, el desempleo y la pobreza creciente, estos hombres promovieron la colonización de "Virginia" —tierra ignota, bautizada en honor de la reina Isabel— como una empresa en la que todos saldrían ganando: se debilitaría el catolicismo, se liberaría a Inglaterra del exceso de población que amenazaba con sofocarla y los inversionistas se harían ricos.

En 1585 un centenar de colonos fundó Roanoke en una pequeña isla frente a lo que hoy es Carolina del Norte. Este primer esfuerzo resultó un fracaso absoluto: los emigrantes, aislados en un lugar de difícil acceso y tierras arenosas e infértiles, quedaron desamparados cuando los barcos ingleses que surcaban el Caribe prefirieron saquear naves españolas que avituallar a sus compatriotas. El pequeño asentamiento fue, aparentemente, abandonado. En 1590 se encontraron sus ruinas, que no mostraban huellas de haber sido destruidas por el fuego o por el ataque de poblaciones indígenas. No se volvió a saber nada de sus habitantes. Sin embargo, los empresarios de la colonización no cejaron, y siguieron promoviendo la emigración a Virginia.

En un principio respondió a su llamado un grupo ecléctico y no particularmente bien preparado para la tarea que acometía. Aristócratas aventureros y trabajadores empobrecidos pensaron que podrían enriquecerse rápidamente, descubriendo riquezas mineras o poniendo a trabajar a los indios. Ambas posibilidades se esfumaron rápidamente: la primera porque el subsuelo no escondía ni oro ni plata; la segunda porque la población indígena —alrededor de 24 000 personas organizadas en una treintena de tribus, vinculadas por la lengua algonquina y por una compleja red de relaciones de parentesco y tributo— se mostró refractaria a abandonar su modo de vida para integrarse de forma subordinada a la sociedad colonial.

La relación entre los colonos de Virginia y los indios de la zona estableció un patrón que se reprodujo en otros espacios norteamericanos. Estuvo marcada por las pautas de un comercio que interesaba a ambas partes, pero también por desencuentros culturales y, finalmente, por la violencia y la desposesión. Los promotores de la colonización inglesa habían llamado a reivindicar las reputaciones de Europa y del cristianismo, supuestamente ennegrecidas por la conquista española. Creyendo que el comercio era la mejor manera de "civilizar" a los "salvajes", en general evitaron promover su evangelización, tan importante en las experiencias americanas de iberos y franceses, tanto como fuente de fricciones y desacuerdos como de espacios de integración.

Sobre todo al principio se hicieron esfuerzos por pactar los términos de una convivencia respetuosa, como los del capitán John

Smith, que estuvo al frente de la colonia en Virginia entre 1608 y 1609, y el influyente jefe Powhatan. La hija de éste, Pocahontas, sirvió como mediadora entre su pueblo y los ingleses y, tras haberse casado con un colono, formó parte del grupo que en 1615 acudió ante el rey Jacobo I para solicitar apoyo para la Compañía de Virginia. Sin embargo, al desplazarse el interés de los europeos del comercio a la agricultura la convivencia entre pueblos se volvió cada vez más difícil. En su afán por apropiarse de tierra los colonos buscaron imponerse con arrogancia y violencia. Así, en la década de 1620, muerto Powhatan y convencidos sus herederos de lo nefasto de la presencia europea, los grupos indígenas emprendieron una campaña guerrera que resultó devastadora, pero en la que tenían todas las de perder, dada su vulnerabilidad demográfica, las desventajas tecnológicas y las rivalidades que enfrentaban a distintos grupos indígenas. Para 1670 no sobrevivían sino alrededor de 2 000 miembros de las tribus nativas.

Para la segunda década del siglo XVII la Compañía de Virginia no tenía en su haber sino pérdidas financieras y humanas. La vida en la colonia de Jamestown (1607) era extenuante, ingrata y corta. Frustrados los sueños de riqueza, sin saber explotar los recursos naturales de la zona, rodeados de agua estancada y salobre, enfrascados en una relación hostil con los indios vecinos, los colonos parecían estar condenados a la extinción: entre 1607 y 1622 sólo sobrevivió el 20% de los 10 000 hombres que fueron transportados a América. Virginia se salvaría del colapso gracias a una planta autóctona, el tabaco, y la introducción de una institución exógena, la esclavitud —por regla general, perpetua— de los africanos. Las hojas de la *Nicotiana tabacum*, que podían aspirarse, masticarse o fumarse, generaron en Europa adicciones y prácticas extendidas, con lo que el tabaco se convirtió en el producto colonial ideal. Su cultivo era imposible en la metrópoli, era fácil de exportar —y de fiscalizar— y su venta producía jugosas ganancias. Para la década de 1660 la venta del tabaco había transformado a un puñado de colonos atormentados en prósperos plantadores, y el impuesto sobre la importación del tabaco representaba el 25% de los ingresos aduanales de la Corona.

El éxito de los plantadores de tabaco se convirtió en un espejismo que seduciría a un número cada vez mayor de ingleses. Otros miembros de la élite vieron en América un espacio tanto para la inversión como para la construcción de utopías del más diverso signo: el refugio para católicos que ideara Cecilius Calvert en Maryland (1634), el "santo experimento" de los cuáqueros que promoviera William Penn en Pensilvania (1682) y la constitución de Georgia como tierra de redención para pobres y viciosos que estableciera, con el apoyo financiero del Parlamento, un grupo de clérigos y comerciantes londinenses (1732). En el otro extremo del espectro social la disponibilidad de tierra y la posibilidad de enriquecerse llevó a muchos a cruzar el Atlántico. Numerosos jornaleros y artesanos pobres estuvieron dispuestos a enfrentar la difícil travesía, larga de más de dos meses, un periodo de trabajo duro y la posibilidad de morir de enfermedad o inanición —para mediados del siglo XVII seguían pereciendo alrededor de 25% de los inmigrantes— para construir una vida mejor. Así, el número de colonos en Virginia pasó de 350 en 1616 a 13 000 en 1650. Al empezar las colonias a competir las unas contra las otras por pobladores establecieron políticas de colonización más generosas: Maryland, por ejemplo, se comprometía a ceder 50 acres a cada trabajador una vez que concluyera el contrato por medio del cual cubría el costo de su transporte a América. Los trabajadores por contrato se volvían así cada vez más caros, y en cuanto quedaban liberados se convertían en competidores de su antiguo patrón.

Una de las consecuencias de esta mejora en las condiciones de los que se establecían en las colonias voluntariamente fue la consolidación de un sistema que expropiaba el trabajo de quienes eran transportados a América por la fuerza. Los esclavos africanos ya habían dado pruebas de resistir mejor que los europeos o los indígenas el arduo trabajo y lo malsano del clima de la zona, pero su compra representaba una inversión importante de la que habían rehuido la mayoría de los plantadores. Sin embargo, el aumento tanto en la rentabilidad de la agricultura como en los costos de la servidumbre contractual convirtió la esclavitud en un gran negocio. Mientras que a mediados del siglo XVII sólo había 300 esclavos africanos en las colonias tabacaleras del Chesapeake, eran ya 13 000 en 1700, aproximadamente el 13% de la población. Cincuenta años más tarde había 150 000 esclavos en Virginia y Maryland, lo que representaba el 40% de la población. Como en otras regiones de América, fue el trabajo de africanos lo que hizo posible la explotación de las riquezas del Nuevo Mundo. El usufructo del trabajo no libre no fue incidental al proceso de colonización, sino uno de sus elementos constitutivos. En palabras del historiador Edmund S. Morgan, la esclavitud fue el corolario necesario de la cacareada "libertad americana".

En las posesiones inglesas del continente, que sus artífices habían pensado como territorios de colonización, pequeños remedos —mejorados— de la metrópoli, el aumento en el número de esclavos africanos y el papel central que desempeñaban dentro de la economía colonial resultaron profundamente perturbadores. Con el espectro de una rebelión siempre presente, la sociedad esclavista generó hondas tensiones y duros mecanismos de control. Los amos recurrieron al miedo, a la fuerza y a la deshumanización de sus sirvientes. Las leyes restringieron el espacio de maniobra de los esclavos, limitando, por ejemplo, la práctica de la manumisión, y su derecho a reunirse, a aprender a leer y escribir o a portar armas. El color de la piel se erigió en señal, natural y perpetua, de inferioridad y sujeción, lo cual hizo muy difícil la vida de los negros libres.

Durante la segunda mitad del siglo XVII una serie de procesos contradictorios engendraron en Virginia una cultura política que influyó en las demás colonias del Sur y tuvo consecuencias trascendentales para la vida independiente de Estados Unidos. Para estabilizar los volátiles precios del tabaco los plantadores más ricos buscaron controlar el acceso al mercado transatlántico, acaparar tierras e influir en la legislación colonial. Ante la resistencia del gobierno forjaron una alianza duradera con aquellos hombres blancos, miembros de los sectores intermedios e incluso populares de la sociedad que podían participar en la elección del cuerpo legislativo. Así, los elementos democráticos de la política colonial apuntalaron, de manera quizá paradójica, el fortalecimiento de una oligarquía esclavista que se erigió en defensora de las "libertades" del hombre común en contra de las transgresiones de la autoridad, entrelazándose, además, con un poderoso discurso de solidaridad racial e igualdad entre hombres blancos que pretendía compensar una creciente desigualdad económica entre colonos.

Esta forma peculiar de hacer política se forjó en la oposición contra William Berkeley, designado gobernador de Virginia en 1641. Berkeley colocó a sus amigos en los puestos de gobierno, monopolizó la repartición de tierras y aumentó los impuestos sobre el tabaco, provocando el descontento tanto de los grandes plantadores como de los hombres más pobres, sedientos de tierra. En 1675 este malestar se convirtió en rebelión, cuando el gobernador —que se beneficiaba del comercio de pieles de venado con los indios vecinos— se opuso a quienes pretendían extender la línea de la frontera colonial sobre el territorio indígena. Proclamando su lealtad al rey, los descontentos se levantaron en contra del gobierno colonial, expulsaron a Berkeley y quemaron Jamestown, la capital colonial.

El rey, reconociendo, al parecer, la justicia de la causa de los sublevados, mandó ejecutar a Berkeley. Sin embargo, Londres vio en la rebelión la excusa y la justificación necesarias para tener mayor injerencia en la política colonial, consecuencia infausta para quienes habían tomado las armas precisamente para que no se coartara su "libertad": para importar barato, administrar a sus esclavos sin cortapisas y despojar a los indios de sus tierras. Los grandes plantadores convirtieron entonces la Asamblea colonial en contrapeso de las iniciativas reales. Para mantener su dominio sobre este cuerpo representativo cortejarían activamente a sus electores. Así, en el seno de la Asamblea los grandes señores del tabaco —y, posteriormente, en otras regiones del Sur, los del algodón, el arroz y el añil, valioso tinte para los textiles— condenaron, de forma consistente, las medidas que podían afectar sus intereses o los de sus electores, con una retórica libertaria y populachera. A través de prácticas electorales festivas y dadivosas enraizaron su poder en el apoyo popular. Así, la élite sureña, esclavista, quisquillosa y políticamente activa, acostumbrada a hablar de libertad y de derechos, sería el semillero de muchos de los líderes del movimiento revolucionario del último tercio del siglo XVIII.

La experiencia de Chesapeake sería determinante para el resto de las colonias del Sur, fundadas en momentos y por motivaciones distintas. En la década de 1670, ante la falta de oportunidades y la sobrepoblación de la colonia caribeña de Barbados, en donde el azúcar había generado enormes fortunas, un grupo de ocho aristócratas fundó las Carolinas, entre la Florida española y Virginia. Esta región costera, de tierras fértiles aunque pantanosas, se pobló con los hijos de plantadores de Barbados y de artesanos y labradores que provenían tanto de las Indias Occidentales como de Chesapeake. En un inicio la explotación de la colonia se basó en el comercio con los grupos indígenas. Los colonos intercambiaban ropa e implementos de metal —cazuelas, hachas, azadones—, pero sobre todo armas, por pieles de venado y cautivos indígenas, que a su vez eran canjeados por esclavos negros en las islas caribeñas, en una proporción de dos a uno.

La introducción de escopetas inglesas perturbó profundamente el mundo indígena de lo que hoy es el Sureste de Estados Unidos. Gracias a ellos los guerreros creek y yamasi se impusieron y liquidaron con gran violencia a grupos rivales en Florida, y a los shawnee y los tuscarora en las Carolinas. Los colonos vieron con beneplácito estos enfrentamientos, cuyos sangrientos desenlaces liberaban el terreno para la ocupación blanca. Pero entendían que no podían establecerse de forma permanente sobre un negocio tan riesgoso como el comercio de personas y bienes con una población indígena convulsionada y mermada. Una vez más, fue una planta la que vino a dar estabilidad y rentabilidad a la empresa colonial. El arroz, que los colonos de Carolina aprendieron a cultivar en la década de 1680, gracias a los conocimientos de los esclavos que provenían de África Occidental, se convirtió en el gran producto de exportación de Carolina. En 1700 se exportaban 400 000 libras al año, y este volumen se habría multiplicado por más de 400 medio siglo después, alcanzando 43 millones de libras anuales en 1740. Gracias al arroz y al añil la élite de plantadores de Carolina se convirtió en la más rica de la América británica continental.

La ambición de las élites caribeña y metropolitana dio vida a las Carolinas. En cambio, como se ha mencionado ya, fue una visión idealista y paternalista la que impulsó la formación de Georgia en el extremo sur del Imperio. Para regenerar a los pobres, desocupados y vagos que tanto agobiaban a las buenas conciencias inglesas un grupo de funcionarios, comerciantes y clérigos los mandó a construir una sociedad nueva en tierra de indios. Para salvaguardar la virtud que el trabajo, la sobriedad y la circunspección debían generar entre los pobres que se pretendía exportar a América, los artífices del proyecto prohibieron la entrada de esclavos, ron y abogados a la colonia, y le negaron una asamblea representativa.

Como sucedió con sus antecesoras, en Georgia se impusieron las ambiciones e intereses de los colonos —ricos y pobres— sobre los ideales de los fundadores y los afanes de control y fiscalización de la Corona. Los inmigrantes refunfuñaron y protestaron, alegando que la proscripción de la esclavitud los privaba de un derecho esencial y obstaculizaba el desarrollo de la colonia. Ante las presiones de los colonos y de los poderosos intereses que apuntalaban la trata de esclavos los promotores del proyecto cedieron el gobierno de Georgia a la Corona. Se reprodujeron entonces, atemperadas quizá por la naturaleza fronteriza de la región, peligrosamente próxima a los márgenes del Imperio español, las mismas estructuras sociales de las otras colonias sureñas.

Nueva Inglaterra

Como se ha mencionado, los historiadores erigieron como paradigma de la colonización británica la empresa de los "puritanos", nombre genérico con el que se distinguía a los protestantes devotos que pretendían "purificar" una religión corrompida por las prácticas "romanas" de la Iglesia anglicana. Pretendían construir en América una nueva Jerusalén. La experiencia de los protestantes radicales que fundaron las colonias de Plymouth (1620) y Massachusetts Bay (1628) resulta, sin embargo, más bien excepcional, tanto por su composición como por su impulso: sólo el 30% de los ingleses que emigraron a América fueron puritanos. Se establecieron en una región de clima más frío y más sano que el que tantas vidas cobrara en la región de Chesapeake, pero donde la tierra era menos fértil. A diferencia de los que migraron al sur con la esperanza de escapar de la pobreza o de amasar fortunas similares a las de sus hermanos mayores —hombres en su inmensa mayoría hasta bien entrado el siglo xvii—, los que se dirigieron a Nueva Inglaterra eran miembros de la clase media, que emigraban en familia y veían en el trabajo y en la propiedad elementos constitutivos de una vida virtuosa, así como una prueba —en un mundo gobernado por un Dios inescrutable— de que su bien ganada pero decorosa prosperidad complacía al Altísimo.

En contraste con la población dispersa que caracterizaba la geografía de las grandes plantaciones, los puritanos se establecieron en asentamientos relativamente densos, cuya población era lo suficientemente numerosa para animar el culto religioso, defenderse de los indios y cubrir los gastos comunitarios (iglesia, escuela, caminos). La unidad económica básica era la granja familiar. Casi no había esclavos, pues éstos eran demasiado costosos, y en general los miembros de la familia cubrían las necesidades de mano de obra. Se cultivaba el mismo tipo de cereales que en las islas británicas (trigo, centeno, maíz), aunque adaptados a temporadas de crecimiento más cortas.

Sin un producto de exportación de alto valor sólo el comercio y la navegación ofrecían a los colonos la oportunidad de enriquecerse. Los comerciantes neoingleses supieron aprovechar su lugar dentro de las rutas atlánticas. Para descontento del comercio metropolitano, se convirtieron rápidamente en los principales proveedores y transportistas de las economías esclavistas y agroexportadoras del Caribe británico. Para 1700 Boston disponía de 15 astilleros, en donde se construían más barcos que en las demás colonias juntas, y ocupaba el tercer lugar en la construcción naviera dentro del Imperio. Sin embargo, los grandes comerciantes de Boston, Salem, Gloucester o Portsmouth nunca acumularon el poder económico y político que detentaban los plantadores sureños. La población colonial de Nueva Inglaterra resultó así excepcionalmente homogénea, demográficamente equilibrada y saludable.

Dadas las motivaciones religiosas de la emigración puritana no debe sorprender que en Nueva Inglaterra la Iglesia ocupara el centro de la vida social y política. Estos protestantes pretendían que las prescripciones religiosas normaran el comportamiento de la población, tanto en el plano legal como a través de la vigilancia de la congregación. Así, se promulgaron leyes contra la blasfemia, el adulterio, la conducta moral desordenada y la disidencia religiosa. Esta combinación de compromiso, seriedad y celo teológico podía resultar letal. Por "promover y divulgar opiniones que causaban problemas" Anne Hutchinson fue expulsada de la colonia en 1637, y tres cuáqueros fueron ahorcados en Boston entre 1659 y 1661, mientras que los célebres juicios de Salem llevaron a más de 150 personas a ser juzgadas por brujería, de las cuales 20 murieron ejecutadas entre 1692 y 1693. La intolerancia de los "santos visibles" —como se describían a sí mismos los puritanos— llevó a grupos de pobladores a abandonar las primeras colonias para fundar otras: en 1636 Roger Williams y otros disidentes radicales fundaron Rhode Island como un espacio excepcional de libertad religiosa en el que incluso tuvieron cabida familias judías. El mismo año el teólogo conservador Thomas Hooker fundó Connecticut.

La rígida y exigente vida religiosa de los puritanos partía de la igualdad espiritual de los "conversos" —aquellos que, tras una experiencia sobrecogedora habían cambiado su vida para seguir los dictados divinos de la manera más estricta posible— y rechazaba toda jerarquía eclesiástica. Esta visión religiosa tuvo como corolario político la apertura de la cosa pública, en la que debían participar todos los jefes de familia que contaran con alguna propiedad. Éstos elegían el gobierno municipal, eje de la vida política en las colonias del Noreste. Se trataba, quizá, del gobierno más participativo del mundo. Dentro de la sociedad inglesa los puritanos no se habían dado mucho a querer por su radicalismo religioso y sus afanes moralistas. En América su dominio del mercado caribeño y de la navegación, así como su entusiasmo "republicano", alimentaron la antipatía y las sospechas que inspiraban.

Ni la devoción ni el radicalismo político de los "santos" los llevaron, sin embargo, a establecer relaciones distintas con los pueblos indios que los rodeaban, aunque, a diferencia de otras experiencias inglesas, los puritanos realizaron un esfuerzo —más bien modesto— para evangelizar a la población nativa, estableciendo "pueblos de oración" para congregar y "civilizar" a los indios conversos. Éstos tenían que cortarse el pelo, cambiar de nombre y abandonar la "pereza" y la "falta de disciplina" que según los europeos caracterizaban su forma de vida. No debe sorprender que sólo algunos miembros de las tribus más debilitadas por los embates de la colonización (massachusett, nipmuck, pennacook) decidieran establecerse en estas poblaciones. Otros grupos, en cambio, enfrentaron con ambivalencia los avances de la población inglesa: adoptaron, a través del comercio, aquellos implementos que hacían la vida más fácil y más cómoda, pero rechazaron la ocupación de su tierra y el cobro de tributo. Terminaron, a menudo, involucrados en conflictos violentos, alternativamente como aliados o enemigos de los colonos.

Divididos por las rivalidades entre distintas tribus y diezmados por la enfermedad los indígenas del Noreste procuraron defender su tierra y su modo de vida por medio de la diplomacia, las alianzas bélicas y, en última instancia, la rebelión. Especialmente brutales fueron la guerra que hicieron colonos, mohegans y narragansetts a los pequot en 1636 y la rebelión de los wampanoag entre 1675 y 1676, conocida por los puritanos como la "Guerra del rey Felipe", que otra vez enfrentó a grupos indígenas entre sí y pronto adquirió rasgos de violencia extrema. Como sucedió en Chesapeake, estos episodios trastocaban e incluso parecían poner en riesgo la supervivencia de las colonias, pero la población indígena no podía sostener la resistencia activa por periodos largos. Reducida, empobrecida y abatida, fue confinada a los márgenes de la sociedad colonial, hasta volverse prácticamente invisible.

Las colonias del Atlántico medio

Como se ha mencionado, las primeras colonias británicas en América, incluyendo las islas caribeñas que se convirtieron en los territorios más preciados de la Corona —St. Christopher (1624), Barbados (1627), Nevis (1628), Montserrat y Antigua (1632) y Jamaica (1655)—, se habían establecido en parajes que interesaban poco a otras potencias. De hecho, cuando Holanda, en 1614, y Suecia, en 1638, establecieron colonias en los valles templados y fértiles de los ríos Hudson y Delaware, cercanos a los emplazamientos ingleses, y que eventualmente quedarían entre sus dos núcleos de población sobre el continente —Chesapeake y Nueva Inglaterra—, los ingleses no reaccionaron: carecían de los recursos necesarios para defender este territorio y no querían enemistarse con otras potencias protestantes, que eran sus aliadas contra España. Medio siglo después, en 1664-1667, la conquista de Nueva Holanda —que para entonces había absorbido a Nueva Suecia— señaló la consolidación tanto del poderío británico en el Atlántico como de una nueva política internacional en la que las rivalidades comerciales pesaban más que las afinidades religiosas.

Entre las potencias europeas la expansión transoceánica más sorprendente fue quizá la de los Países Bajos. A pesar de ser un país pequeño y poco poblado, construyó, en un tiempo relativamente corto, un imperio que abarcaba de Asia a América. Tras sacudirse el yugo español en la década de 1570, respaldados por una sólida tradición manufacturera, naviera y comercial, los holandeses se lanzaron a la conquista de rutas comerciales, desplazando a los portugueses como los principales intermediarios en el comercio de dos mercancías claves para la que se ha llamado la "primera globalización": los productos asiáticos de lujo (textiles, porcelana, marfil, especias) y los esclavos africanos que se compraban en América. Para 1670 los barcos holandeses transportaban, en volumen, más que las flotas española, inglesa y francesa juntas.

En el contexto de la visión mercantilista que privaba en la época los funcionarios de las monarquías europeas estaban convencidos de que las ganancias holandesas significaban pérdidas para ellos. En Inglaterra comerciantes y políticos miraban con envidia los logros de sus otrora aliados. Los monarcas, recién restaurados tras décadas turbulentas de guerra civil y gobierno revolucionario (1642-1660), buscaron apuntalar las prerrogativas reales y consolidar su hacienda sin tener que aumentar los impuestos que pagaban sus súbditos. Vieron en el Imperio holandés un campo de oportunidad para apropiarse de una extensa red de comercio global, y emprendieron una campaña en su contra.

Para fortalecer la presencia inglesa en los mares y debilitar a los holandeses se promulgaron en 1651 unas Leyes de Navegación cuyo objetivo era monopolizar el comercio colonial inglés, con el fin de aumentar los ingresos aduanales, fomentar la industria naviera y favorecer a los comerciantes. Estas disposiciones establecían que sólo barcos ingleses, tripulados por ingleses, podían comerciar con las colonias inglesas. Algunos productos coloniales —azúcar, tabaco— sólo podían enviarse a la metrópoli, y todos los productos europeos tenían que pasar por un puerto inglés y cubrir un arancel antes de poder ser vendidos en las colonias en Asia o América. Estas disposiciones representaban una agresión en contra del comercio holandés, y los Países Bajos respondieron con una declaración de guerra.

Las dos potencias se enfrentaron en 1652-1654 y otra vez en 1664-1667 y 1672-1674. Los enfrentamientos se redujeron, las más de las veces, a unas batallas navales poco decisivas que, sin embargo, debilitaron a los Países Bajos. Cuando, durante la segunda guerra anglo-holandesa, los ingleses quisieron apropiarse de las posesiones de sus contrincantes en la América continental los holandeses decidieron no desperdiciar fuerzas y recursos para conservar sus posesiones en una región que dentro de su extendido imperio resultaba más bien marginal. Prácticamente sin pelear cedieron la Nueva Holanda a Gran Bretaña en el tratado de paz de 1667. Ésta se convirtió en Nueva York —en honor al hermano del rey, el duque de York, propietario de la colonia—, y el activo puerto de Nuevo Ámsterdam, que también cambió de nombre, se erigió en uno de los principales nodos de una red comercial cada vez más extensa y dinámica. Los ingleses consolidaban así su dominio de la costa atlántica de América del Norte, de Acadia hasta Florida.

Aunque al emprender la campaña en contra de los holandeses Carlos II y su hermano habían querido afirmar su control sobre América, se vieron orillados a entregar parte importante de estos nuevos territorios a un grupo de aristócratas a quienes debían dinero y favores. Uno de ellos era William Penn, promotor del "experimento" cuáquero en Pensilvania. Otros optaron por promover la inmigración entre los escoceses. Los holandeses, por convicción tanto como por necesidad, ya habían abierto sus colonias americanas a emigrantes protestantes de toda Europa: escandinavos, flamencos, alemanes y hugonotes franceses convivían en la región. Esta diversidad se vio reforzada por la política de tolerancia de los cuáqueros. Así, ningún grupo, nacional o religioso, dominaba el gobierno o la economía de la región.

Además, las colonias entre la bahía de Chesapeake y Nueva Inglaterra (Nueva York, Nueva Jersey, Pensilvania y Delaware) gozaban de tierras fértiles y un clima más sano que el de los territorios sureños y menos riguroso que el de Nueva Inglaterra. Tres ríos navegables —el Hudson, el Delaware y el Susquehanna— irrigaban la región, permitiendo que las granjas de las zonas de poblamiento reciente en el Oeste estuvieran vinculadas con la costa y con la densa red de comercio transoceánico, por lo que se dedicaban a la agricultura comercial y no al autoconsumo. Las fértiles tierras resultaron especialmente bien adaptadas al cultivo de cereales y a la ganadería, por lo que estas colonias se convirtieron en el granero de la América inglesa.

De este modo, las colonias del Atlántico medio se beneficiaron tanto del legado holandés como del nuevo dinamismo del sistema imperial, que se ensanchó a partir de 1707 al confirmarse la unión de las coronas inglesa y escocesa, con lo que el imperio pudo llamarse propiamente "británico". Los comerciantes y manufactureros escoceses se integraron a la economía transatlántica, imprimiéndole mayor energía. A decir del historiador Frederick Jackson Turner, autor de la célebre "tesis de la frontera" (1893), que afirmaba que la identidad americana —con lo que quería decir estadounidense— se había forjado en la conquista de las regiones de frontera, esta región "de en medio", comercial y próspera, móvil, diversa y secular, que mediaba entre el sur esclavista y la Nueva Inglaterra puritana, y entre la costa atlántica y el Oeste por colonizar, era la región "típicamente americana", en la que se ensayaba la sociedad que estaba por venir.

VIDA COLONIAL Y AJUSTES IMPERIALES

Durante el último tercio del siglo XVII los reyes Estuardo, Carlos II (1660-1685) y Jacobo II (1685-1688), intentaron incrementar el control de la Corona sobre el sistema colonial para hacerlo más redituable. Mientras muchos de los británicos, en ambas orillas del Atlántico, presumían las peculiaridades del sistema inglés, los hijos del rey decapitado por los republicanos en 1649 seguían con gran interés y no poca envidia los procesos de centralización política que llevaban a cabo las monarquías continentales, y que encarnaba mejor que nadie el "rey Sol", Luis XIV de Francia. Al acceder al trono, el menor de los Estuardo vio en las posesiones americanas la posibilidad de reforzar su poder y conseguir los recursos que tanta falta le hacían. Buscó implementar un proyecto audaz: consolidar Nueva York y Nueva Jersey con las de por sí poco populares colonias de origen puritano, conformando un "Dominio de Nueva Inglaterra" que debía funcionar como un virreinato español, sometido a la autoridad directa de la Corona.

Los afanes centralizadores de Jacobo II, su apetito de fondos y sus simpatías por el catolicismo provocaron gran malestar dentro de la clase política inglesa. En América el rey nombró a uno de sus colaboradores más cercanos, el militar Edmund Andros, gobernador de la nueva región administrativa. Andros proclamó la tolerancia de cultos, clausuró las asambleas representativas, estableció un impuesto predial y ordenó que los terrenos baldíos se integraran al patrimonio de la Corona, para ser distribuidos por un consejo nombrado por el monarca. Con esto el funcionario real horrorizó a los puritanos, arrebató el poder a las élites coloniales y agredió a los propietarios en una región en donde éstos conformaban parte importante de la población.

El experimento jacobita se estrelló contra las rebeliones que se fraguaron en Boston, Nueva York y Maryland y el levantamiento que lo derrocó en Inglaterra. En 1689, en una estratagema que los británicos consagraron como la "Revolución gloriosa", la oposición llamó al trono al príncipe holandés Guillermo de Orange, protestante, casado con la hermana del rey. En la metrópoli ésta salvaguardó el anglicanismo como religión de Estado, confirmó y consolidó el carácter mixto de la monarquía y ratificó una declaración de derechos que, entre otras cosas, garantizaba la reunión anual del Parlamento y la autoridad de éste sobre temas fiscales, consolidándose así al "rey dentro del Parlamento" como instancia soberana.

En América los rebeldes se declararon, inmediatamente, adictos al nuevo orden. Pero si bien Guillermo y María no quisieron seguir el camino ambicioso e imprudente de los Estuardo, tampoco estuvieron dispuestos a abonar a los deseos autonómicos de las colonias.

MAPA 1. Las Trece Colonias, 1607-1732

Mapa con los siguientes elementos:

Grandes Lagos

TERRITORIO FRANCÉS

TERRITORIO FRANCÉS

Río Ohio

Montes Apalaches

NEW HAMPSHIRE (1629)

MASSACHUSETTS (1620)

Boston

NUEVA YORK (1664)

Providence

RHODE ISLAND (1636)

CONNECTICUT (1636)

PENSILVANIA (1681)

Nueva York

Filadelfia

NUEVA JERSEY (1664)

Baltimore

DELAWARE (1664)

VIRGINIA (1607)

MARYLAND (1632)

Richmond

Jamestown

Bahía de Chesapeake

CAROLINA DEL NORTE (1663)

CAROLINA DEL SUR (1663)

Wilmington

GEORGIA (1732)

Charles Town (Charleston)

Savannah

OCÉANO ATLÁNTICO

TERRITORIO ESPAÑOL

Golfo de México

0 50 100   200 km
0 50 100   200 millas

Leyenda:
- Nueva Inglaterra
- Atlántico medio
- Sur

Se restablecieron, con ciertas modificaciones, las concesiones y cartas que habían sido otorgadas a las colonias, así como las asambleas coloniales, pero los nuevos monarcas garantizaron su capacidad de actuar sobre ellas, para lo cual se adjudicaron el nombramiento de los gobernadores, con excepción de Rhode Island y Connecticut, que siguieron eligiendo al jefe del gobierno. En Nueva York los líderes del movimiento antijacobita —que resultara profundamente conflictivo— fueron incluso acusados de traición y ejecutados, a pesar de haber proclamado su lealtad a los Orange y su adhesión a los principios de la "Revolución".

Aunque brevemente amenazada por la ambición de los Estuardo, la autonomía de los gobiernos coloniales y su carácter representativo ofrecían espacios excepcionales de participación política a hombres comunes y corrientes. En sociedades con un nivel de alfabetización elevado esto se tradujo en la publicación de panfletos y periódicos para debatir temas de "interés común". Si en el siglo XVII ningún gobierno colonial permitía la circulación de periódicos, para 1740 había ya 13, que se publicaban en siete puertos coloniales y que trataban de asuntos locales y metropolitanos. Rara vez se ocupaban de lo que sucedía en las colonias vecinas.

Los historiadores han insistido en la importancia de la prensa en la conformación de una "esfera" y una "opinión" públicas y "modernas". No obstante, en el caso de la América británica fue quizá más trascendental la transformación de la religión en el siglo XVIII, fenómeno más extenso y ubicuo que el de la constitución de un público lector de noticias. A la pluralidad religiosa, al celo de algunas denominaciones —puritanos, cuáqueros, bautistas— y a la debilidad de las jerarquías eclesiásticas —por la lejanía de la metrópoli y la dispersión de los fieles— se sumó, entre las décadas de 1730 y 1750, una marejada de entusiasmo religioso conocida como el "Gran Despertar".

Animado por carismáticos ministros itinerantes, que a veces no habían sido formados como clérigos, fincado en la importancia de la experiencia personal y la relación del individuo con la divinidad, valorando el sentimiento profundo por encima de la doctrina o de la reflexión filosófica, este movimiento religioso sacudió a la sociedad colonial, tocando a todos los sectores, en el Norte tanto como en el Sur, en el campo y en la ciudad. El Gran Despertar tuvo consecuencias importantes: rompió con la identificación de ciertas iglesias y credos con territorios determinados; confirmó el carácter voluntario de la religión, creando una especie de mercado religioso en el que distintas iglesias competían por persuadir al mayor número de feligreses y, finalmente, afectó el estatus y la autoridad del clero, con lo que puso en entredicho que las iglesias fueran instituciones que debían estructurar naturalmente toda comunidad.

El siglo XVIII también presenció cambios profundos en el ámbito económico, que afectaron la cultura material de los habitantes de las colonias y la naturaleza de los lazos que las unían con la metrópoli. Superadas las dificultades de las primeras décadas —y el desequilibrio demográfico que había significado una emigración abrumadoramente masculina—, la sociedad colonial se volvió excepcionalmente fértil, lo que reflejaba su salud, productividad y bienestar. Los conscriptos americanos rebasaban a los de la metrópoli por dos o tres pulgadas en promedio, y no había viajero que no comentara sobre lo numerosos —y mal educados— que eran los niños en la América británica.

Como todas las sociedades de la época, la de las trece colonias estaba dominada por el sector rural. A diferencia de lo que sucedió en la América española, las ciudades eran pequeñas, y no se desarrolló una gran cultura urbana: en 1790 la ciudad de México reunía más habitantes (104 760) que los tres centros urbanos británicos más poblados de las trece colonias (Filadelfia con 44 100, Nueva York con 33 100 y Boston con 18 300). Se trataba, sin embargo, de una sociedad rural fuertemente penetrada por el mercado, que disponía de excedentes para adquirir bienes de consumo fabricados fuera del hogar. En este contexto la Revolución industrial que se vivió en Gran Bretaña, aparejada a unas comunicaciones transatlánticas más frecuentes y eficaces, se tradujo en una revolución en el consumo de los americanos. Para la década de 1760 la producción mecanizada y masiva puso al alcance de los consumidores americanos una variedad alucinante de productos, entre textiles, herramientas de trabajo y enseres domésticos y de ornato.

Los objetos de importación —que se ofrecían en una enorme variedad de materiales, colores y estilos— se convirtieron rápidamente en símbolos de estatus. Las élites coloniales, a un tiempo prósperas e inseguras, fueron ávidas consumidoras de estos productos; intentaban paliar su complejo de inferioridad a través de la ostentación. Gracias a la caída en los precios de lo que se producía industrialmente también los sectores intermedios de la sociedad —los prósperos granjeros, los abogados, los maestros artesanos— pudieron decorar sus casas con tapetes, cubrir sus muebles con coloridas telas de "calicó" y "chintz" —nombres que recordaban el origen indio de sus diseños—, y preparar té con los numerosos y sofisticados implementos que se incluían en los juegos de té, que podían estar hechos de cerámica, porcelana, estaño o plata. Este gusto por los productos coloridos, variados y aparatosos de la industria manufacturera británica conllevó la intensificación de la relación comercial con la metrópoli, y una dependencia creciente: entre 1720 y 1770 las importaciones per cápita aumentaron en 50%. Si en 1700 las colonias americanas consumían el 10% de las exportaciones británicas, para 1772 representaban el destino del 37 por ciento.

El gusto americano por los productos ingleses y el aumento en la producción y el intercambio parecían confirmar la estampa que dibujaban los panegiristas de los dominios británicos como un "imperio de bienes", para contrarrestar la imagen —en muchos sentidos falsa— del imperio de leyes, prohibiciones e imposición religiosa que habían construido de las posesiones del rey español. Sin embargo, el siglo XVIII pondría a prueba, y eventualmente resquebrajaría, esta concepción amable de la relación colonial. Ya en 1688 el derrocamiento de Jacobo II —que tenía el apoyo del rey francés— había arrastrado a Inglaterra a un conflicto europeo, enfrentándola con la que buscaba consolidarse como la mayor potencia continental. Durante los siguientes 75 años las dos grandes monarquías se batieron en guerra cuatro veces, a menudo involucrando a potencias menores.

A lo largo de estos conflictos las posesiones coloniales americanas adquirieron una importancia cada vez mayor. Así, las colonias prácticamente no figuraron en la Guerra de los Nueve Años (1689-1697) o en la Guerra de Sucesión Española (1702-1713), aunque al finalizar ésta la colonia francesa de Acadia se convirtió en una posesión británica. En cambio, tanto la Guerra de la Oreja de Jenkins (1739-1748) como la Guerra de los Siete Años (1756-1763) se originaron en pleitos imperiales y se desarrollaron en escenarios tanto americanos como europeos.

El primero de estos conflictos se desató cuando un grupo convencido de que era posible apropiarse de las riquezas que tan mal aprovechaba el Imperio español persuadió al Parlamento de que el trato humillante que habían dado las autoridades españolas a un contrabandista inglés cerca de Florida era razón suficiente para declarar la guerra a Su Majestad Católica. La defensa española resultó menos ineficiente de lo que se había vaticinado: los colonos británicos fracasaron cuando trataron de tomar Cartagena en el Caribe y San Agustín en Florida. La defensa exitosa de Georgia representó su único logro militar. Al entrar Francia a la guerra ésta se trasladó a Europa, donde se transformó en la Guerra de Sucesión Austriaca, que se dirimió en los campos de batalla europeos. Estas guerras, sangrientas y destructoras, apenas modificaron las fronteras de la América colonial.

La Guerra de los Siete Años, en cambio, involucró a un número importante de milicias coloniales y transformó profundamente la geopolítica de América del Norte. La guerra terminó con una clara victoria británica. Gran Bretaña había ocupado La Habana (que desalojó), gran parte de Luisiana (que cedió a España en el tratado de paz), el Canadá francés y la Florida española. Se quedaba prácticamente sola en el norte del continente. Este triunfo significó, sin embargo, desafíos importantes. El imperio ensanchado bordeaba en el sur a un Imperio español cuya debilidad contribuía a la inseguridad de su vecino. A lo largo de sus fronteras enfrentaba a grupos indígenas —muchos antiguos aliados de los franceses— cuyas relaciones históricas con los colonos británicos difícilmente podían servir de base para una buena relación. Las nuevas conquistas americanas habían resultado muy onerosas: 45 000 hombres sobre las armas —la mitad de ellos americanos— y un costo de cuatro millones de libras, 20 veces más de lo que habían gastado los franceses para defender unas posesiones que no contribuían de manera significativa al tesoro imperial.

Estos retos estratégicos y económicos obligaron a Londres a replantear su relación con las colonias de la América continental y a abandonar el trato distante y relativamente benévolo que había imperado hasta entonces. La transformación de la política imperial en la estela de un conflicto armado en el que los colonos habían participado, y percibido como propio, tendría consecuencias trascendentales sobre las visiones y el sentido de pertenencia de los británicos de ultramar. Hasta entonces las distintas colonias habían colaborado poco y competido entre ellas. Se miraban con recelo, y sus vínculos con Londres eran mucho más intensos que con sus vecinas. Se trataba, como ha escrito Alan Taylor, de un esquema colonial diseñado para la sumisión por separado, no para la defensa mutua. Sin embargo, la intensificación de la política imperial generó una sensación compartida de agravio y un sentido común de identidad "americana", gentilicio que, hasta el último tercio del siglo XVIII, se había utilizado para referirse, con un dejo de desprecio, a las poblaciones nativas. Este sentimiento justificó un reclamo común y, eventualmente, la ruptura con el Imperio.

II. REVOLUCIÓN Y CONSTITUCIÓN
1763-1799

¿A qué nos referimos cuando hablamos de la Revolución? ¿A la guerra? Ésta no formó parte de la Revolución; fue sólo su efecto y consecuencia. La Revolución se llevó a cabo dentro de las cabezas […] a lo largo de quince años, antes de que se vertiera una gota de sangre en Lexington.

John Adams a Thomas Jefferson, 1815

Desde los inicios de la vida independiente políticos e historiadores calificaron la Revolución americana y el nacimiento de la "primera república moderna" de actos heroicos. Obra de unos "Padres Fundadores" de virtudes portentosas, y apoyada por todos "los americanos" —la historia silenció eficazmente a opositores y disidentes—, la Revolución había destruido un antiguo régimen tan vetusto que era ya inoperante en las trece colonias. A diferencia del desorden que desencadenara la Revolución francesa, en Estados Unidos los mismos revolucionarios que rompieron con la madre patria concibieron la constitución escrita más antigua y más estable de la historia. La memoria gloriosa de la Independencia se perpetuó a lo largo del siglo XIX. Sin embargo, para finales de éste las profundas transformaciones que acarrearon la urbanización, la industrialización y la clausura de la expansión hacia el Oeste llevaron a algunos historiadores —ya académicos profesionales, que cultivaban la historia como ciencia— a cuestionar lo inmaculado del proceso revolucionario.

Inmersos en un mundo que parecía fracturarse por los antagonismos de clase y las acciones ominosas de los "monopolios" y los "intereses especiales", estos historiadores cuestionaron el origen consensual y bondadoso de la nación desigual y facciosa en la que vivían. Su "interpretación económica" de la Revolución y la Constitución reveló la lucha interna por el poder que había corrido paralela a la oposición a Gran Bretaña. Ahí donde la versión tradicional ponía en escena a héroes virtuosos que se habían sobrepuesto a sus intereses y desacuerdos en aras del bien común, los nuevos relatos describieron a banqueros agresivos, plantadores ambiciosos y granjeros endeudados que incursionaron en política precisamente para proteger sus intereses.

La transformación de Estados Unidos en superpotencia, y el papel que desempeñó como "líder del mundo libre" durante la Guerra Fría, a un tiempo actualizaron e imprimieron cierta inercia a las dos visiones antagónicas del nacimiento de la nación. Los estudiosos más "patrióticos" —los llamados "historiadores del consenso"— revelaron el atractivo popular que el capitalismo tuvo en su momento, exploraron los heterogéneos "orígenes ideológicos" de la Revolución americana y exaltaron el genio y pragmatismo de quienes dieron vida al "Imperio de la Libertad". La versión escéptica se desdibujó entre las dos guerras y hasta la década de 1960, cuando muchos historiadores dejaron a un lado a los "hombres, blancos, protestantes" que tenían a Dios, la justicia y la razón de su parte y que habían sido los únicos protagonistas de la crónica tradicional.

Así, estos historiadores rescataron las experiencias de los actores que el relato heroico había relegado a la oscuridad: miembros de las clases populares, afroamericanos, mujeres, indígenas y disidentes —los "leales" (*loyalists*) que se opusieron a la Independencia, los "antifederalistas" que combatieron la Constitución—. Además, volvieron a escribir bajo los razonables supuestos de que los intereses importan, y de que un proceso histórico de tanta complejidad y trascendencia no podía sino generar ganadores y perdedores. Hoy el clivaje entre los historiadores del consenso y los del conflicto, entre quienes historian la Revolución y la Constitución por ser procesos liberales, democráticos y buenos y los que subrayan su carácter contencioso y excluyente, sigue siendo central para la historiografía sobre el nacimiento de la nación. Ambas perspectivas han producido relatos ricos y complejos, aunque sorprende, quizá, la ausencia de puentes entre una y otra versión.

EN LA ESTELA DE LA GUERRA DE LOS SIETE AÑOS

El desenlace de la Guerra de los Siete Años tuvo profundas repercusiones para los contendientes. La sangría de fondos que significó hizo crecer la deuda pública, y los gobiernos carecían de mecanismos para aumentar la recaudación de manera efectiva. Así, al vaciar las arcas la guerra engendró tanto las vigorosas reformas de los gobiernos "ilustrados" de finales del siglo XVIII para resarcir las finanzas imperiales como las crisis imperiales y políticas que les siguieron: la Revolución en las trece colonias, la rebelión de Túpac Amaru en el virreinato del Perú, los levantamientos del Bajío en Nueva España y el malestar que llevó al rey de Francia a convocar a los Estados Generales, cuerpo representativo del reino. Este periodo de ajustes y reacciones desembocó en la llamada "era de las revoluciones".

La crisis era quizá menos apremiante para la potencia vencedora, dada la solidez del Banco de Inglaterra y los vigorosos nexos de esta institución con el capitalismo británico. Sin embargo, Jorge III se vio obligado a hacer dos cosas: aumentar los ingresos del gobierno —ahí donde no tenía la opción de subir los impuestos en la metrópoli, pues la población no lo toleraría, tras varios años de guerra y elevados gravámenes— y estabilizar los espacios más vulnerables del Imperio, encarando las dificultades diplomáticas y estratégicas que acarreaba consigo la nueva extensión territorial. A lo largo de poco más de diez años Londres promulgó una serie de medidas congruentes con el diseño de una nueva política imperial. Éstas, sin embargo, representaron, para los colonos de la América continental, actos de agresión y expoliación que terminaron por declarar "intolerables". Superaron la antipatía y la desconfianza que habían caracterizado las relaciones intercoloniales para presentar un frente unido en contra de estas supuestas injusticias, para organizarse y movilizarse.

Geopolítica para un nuevo imperio

Como sabemos, mantener la paz con las naciones indias era una prioridad para el gobierno metropolitano. Por eso, al finalizar la guerra el gobierno de Jorge III intentó eliminar lo que generaba las disputas más frecuentes y más álgidas con las poblaciones nativas: el proceso de expansión colonial y la apropiación —por las buenas y las malas— del territorio indígena por parte de los europeos. Así, la Proclamación de 1763 prohibió a los colonos británicos pasar al oeste de los Apalaches. En 1765, para mantener el orden y vigilar las fronteras, y dado que, según los oficiales del Ejército imperial, las tropas coloniales habían demostrado ser indisciplinadas, conflictivas y de poca utilidad para la defensa del Imperio, la Corona decidió establecer una presencia militar permanente en América, cuyo costo debían cubrir las colonias. Para asegurar la gobernabilidad del poco poblado territorio que había arrebatado a Francia en 1774, Londres concedió a sus habitantes el derecho a mantener tanto la religión católica como su sistema legal. En contraparte, Quebec sería gobernado directamente por el rey y el Parlamento, sin la participación de una asamblea colonial electa.

Los colonos consideraron peligrosa la integración del Canadá francés al Imperio, dada la "diferencia tan absoluta de religión, ley y gobierno" en un territorio que les quedaba tan cerca. La presencia de tropas irritaba a una población a la que los políticos en campaña le recordaban sin cesar que los ejércitos permanentes eran peligrosos. La convivencia —tensa y cotidiana— entre los militares y una población civil crispada dio pie a confrontaciones que provocaron

MAPA 2. Norteamérica, 1763

escándalo, como la "masacre de Boston" de 1770, en la que murieron cinco civiles durante una refriega que enfrentó a unos manifestantes enardecidos que insultaron, escupieron y arrojaron bolas de nieve con unos soldados que dispararon en medio de la confusión y el desorden.

Sin embargo, la medida más dolorosa para los colonos fue la que cerraba el acceso a las tierras del Oeste, al tiempo que los súbditos americanos de Jorge III se ufanaban —en contra de las apreciaciones de los oficiales europeos— de lo mucho que habían contribuido a la victoria de 1763. Sin un Oeste que poblar, América dejaba de ser la tierra de oportunidades por excelencia. La medida, además, afectaba tanto a los hombres que contaban con las tierras de frontera para construir una vida nueva como la de los miembros de la élite, que especulaban comprando grandes extensiones de tierra en los márgenes de las colonias para luego dividirlas y venderlas a emigrantes empeñados en convertirse en propietarios.

Que paguen las colonias

El gabinete de Jorge III consideró que para sanear las finanzas públicas las colonias de la América continental debían asumir por lo menos parte de los costos de unas estructuras imperiales que, hasta ese momento, sólo las habían beneficiado. Para reducir el contrabando, ampliar la base fiscal, ejercer mayor control sobre el sistema financiero imperial y aumentar sus ingresos el gobierno de Londres creyó prudente recurrir tanto al palo como a la zanahoria. Así, en 1764 redujo el impuesto sobre la melaza británica para desincentivar la importación, legal e ilegal, del dulce proveniente de las Antillas españolas y francesas, pero al mismo tiempo extendió las facultades de la armada para abordar y revisar embarcaciones americanas y amplió el alcance de las cortes de almirantazgo, encargadas de aplicar las leyes de navegación. Además, el gobierno imperial empezó a exigir permisos y fianzas a casi todas las embarcaciones, incluyendo aquellas que se dedicaban sólo al comercio de cabotaje a lo largo de la costa atlántica. También prohibió la emisión de papel moneda en las colonias, lo que restringió el acceso al crédito de una élite colonial siempre falta de liquidez, sobre todo entre los agroexportadores del sur.

El año siguiente el Parlamento aprobó, por abrumadora mayoría, la Ley del Timbre, que obligaba a los consumidores a pagar una contribución sobre casi todo el papel que utilizaban: los documentos legales, los periódicos y panfletos, los calendarios y los naipes tendrían que ir timbrados. Se trataba de una imposición más bien modesta, común en el mundo atlántico de la época. Sin embargo, como se ha mencionado, para los habitantes de las trece colonias el gobierno metropolitano había sido hasta entonces una figura distante y más bien benévola. Nunca había implementado una medida que, como ésta, lo hiciera pesar sobre la vida cotidiana de tantos colonos.

Los habitantes de las colonias denunciaron estas leyes por ser "anticonstitucionales", por violar sus derechos como "súbditos británicos libres" y por ser, más que onerosas, vejatorias y peligrosas. En lo que para la metrópoli pareció una reacción absolutamente exagerada, se multiplicaron periódicos y panfletos para condenar las políticas imperiales. En las ciudades se movilizaron grupos —blandiendo nombres como "Hijos de la Libertad"— que organizaron tumultuosas manifestaciones de protesta y atacaron verbal y físicamente a los representantes de la autoridad real (funcionarios de aduana y recolectores de impuestos). Asambleas coloniales y asociaciones gremiales promovieron acuerdos para boicotear los productos ingleses, manifestando su rechazo al lugar subordinado que, en su opinión, se les asignaba dentro del Imperio y con la esperanza de afectar los intereses comerciales para presionar al Parlamento y lograr que se derogaran estas medidas. En agosto de 1765, tras el ataque a Peter Oliver, encargado de cobrar el impuesto de timbre en Massachusetts, y de que una turba incendiara la casa del gobernador —el nativo de Boston Thomas Hutchinson— se derogó la

Ley de Timbre, no sin que el Parlamento insistiera en su derecho a legislar en las colonias, sobre cualquier asunto.

A pesar de la reacción de las trece colonias Londres siguió legislando con perspectiva imperial. Aunque las reformas en la recaudación tuvieron un impacto positivo —los ingresos aduanales aumentaron de 2 000 libras anuales en 1763 a 45 000 en 1766—, la participación americana no cubría ni la décima parte del costo de mantener el ejército en América. De ahí que el ministerio encabezado por Charles Townsend, supuestamente más cercano a las posturas americanas, cambiara de estrategia, pero no de objetivos, y volviera a tratar de fiscalizar a los colonos. Dada la resistencia que había provocado la imposición de un impuesto directo sobre el uso del papel, el Parlamento decretó, en 1767, impuestos al consumo de productos importados, como el vidrio, la pintura, el papel y el té.

La regulación de la venta de este último producto, cuyo consumo había adquirido un importante valor simbólico, resultó particularmente polémica. Jorge III, para apoyar a la Compañía de las Indias Orientales, que estaba al borde de la quiebra, le permitió vender té directamente en América, sin pagar la tasa del 25% que normalmente cubría cuando se subastaba en Londres, antes de distribuirlo al resto del Imperio. Esta medida reducía el precio a los consumidores americanos, pero dejaba fuera del negocio a los comerciantes que vendían el popular producto en América, donde el mercado era dominado por el té holandés, importado ilegalmente.

En las distintas colonias los impuestos Townsend provocaron las mismas reacciones de movilización y protesta que la Ley del Timbre, pero en muchos casos tuvieron un efecto más prolongado y una expresión más radical. Así, en septiembre de 1773, en Boston, los "Hijos de la Libertad", disfrazados de indios, abordaron uno de los barcos de la Compañía y lanzaron el cargamento de té al mar. Jorge III, exasperado ante la insubordinación americana, cerró el puerto, clausuró los gobiernos municipales que eran la columna vertebral de la política en Nueva Inglaterra y nombró a un militar, Thomas Gage, gobernador de Massachusetts. Las colonias percibieron estos actos punitivos como una afrenta colectiva y su protesta se articuló de manera compleja e institucional. Con la promulgación de los "Actos Intolerables", la de por sí desgastada relación colonial se deterioraba hasta el punto de quiebre.

REVOLUCIÓN

Una revolución mental

En la América continental las medidas del gobierno imperial fueron acogidas con una hostilidad cada vez mayor, pues dislocaban circuitos económicos y prácticas arraigadas. Los colonos, en muchos casos imbuidos de la ideología fatalista y suspicaz que desde el siglo XVII promovían los opositores a la centralización y a la consolidación de la autoridad real —los llamados republicanos *(commonwealthmen)*—, vieron en este despliegue legislativo la manifestación dolorosa del desprecio con el que los contemplaba la metrópoli, que además parecía ahora empeñada en establecer un gobierno tiránico. De ahí que un lema tan poco romántico como *"No taxation without representation"* ("No a los impuestos sin representación") tuviera un arrastre comparable al mucho más idealista "Libertad, igualdad, fraternidad" de los revolucionarios franceses.

En sus peticiones y protestas los americanos siguieron recurriendo, prácticamente hasta la declaración de Independencia en 1776, a los términos tradicionales de la política monárquica e imperial. Enfatizaron su orgullo de ser británicos y su fidelidad a un rey que consideraban un "padre amoroso". Por lo tanto, los colonos hicieron de su oposición a los esfuerzos de Londres por intensificar su control sobre el Imperio una cuestión de principios. Recurrieron a una retórica a menudo rencorosa y alarmista que, afirmaron, era la expresión razonada y razonable de los hombres comunes y corrientes que conformaban la mayoría de la población. De ahí, por ejemplo, que el connotado abogado John Dickinson, autor de uno de los panfletos más vendidos en 1767, firmara como "un granjero de Pensilvania". Siguiendo esta lógica los políticos y publicistas de las trece colonias replantearon, y eventualmente desmantelaron, algunos de los supuestos centrales del sistema político británico.

En la época, la sabiduría convencional afirmaba que dentro de un régimen político el soberano estaba por encima de todo, incluso de las reglas. Los británicos tenían la suerte de que su soberano —el rey en el Parlamento— fuera eminentemente razonable, por su carácter equilibrado y representativo. Los americanos, para justificar su desacato al órgano soberano, arguyeron que éste estaba facultado para normar algunas cosas, pero otras no. En América, afirmaron, el gobierno imperial podía imponer aranceles —impuestos "externos"—, pero no impuestos "internos": ni gravámenes directos (como el del timbre) ni al consumo (como las contribuciones Townsend). Sólo las asambleas coloniales podían imponer impuestos de este tipo, pues representaban a los contribuyentes y gastaban, bajo el ojo fiscalizador de sus comitentes, en cosas que interesaban a los colonos.

Para el resto de los súbditos de Jorge III era absurdo — incluso una "monstruosidad"— afirmar que la soberanía, la facultad de estar, literalmente, "sobre todas las cosas", podía dividirse o restringirse. Por otra parte, los americanos alegaron que, dado que no estaban representados en el Parlamento —representación que, por otra parte, no habían buscado, puesto que preferían cabildear directamente a la Corona, al gabinete o a miembros clave del Parlamento a través de hábiles agentes como Benjamin Franklin— toda imposición a las colonias se hacía sin el consentimiento de los contribuyentes. Equivalía, pues, a un robo. En contra de la idea de que la participación en el Parlamento de los hombres más calificados y experimentados del reino protegía todos los intereses del Imperio —la representación "virtual"—, los americanos afirmaron que, para ser legítima, la representación política tenía que ser "real". Los diputados debían ser electos directamente, de forma regular y por periodos lo más cortos posible, y obedecer el mandato de sus electores, independientemente de sus intereses e incluso de su mejor opinión.

La crisis imperial generó así un diálogo de sordos que no hizo sino radicalizar las posturas: el gobierno metropolitano insistía en lo legítimo de su autoridad sobre todos los súbditos del rey y los colonos denunciaban su ejercicio como un acto tiránico. Para 1776 el difundidísimo panfleto *Sentido común* del antiguo corsetero inglés Thomas Paine sostenía que no sólo había que romper con Gran Bretaña sino poner fin al sistema monárquico, puesto que carecía de fundamentos naturales o religiosos y era "absurdo" y "perverso". De esta forma, en su afán por volver a los buenos viejos tiempos, los americanos establecieron, como escribiría más tarde Alexis de Tocqueville, los principios de una ciencia política nueva para un mundo nuevo.

La resistencia a las leyes imperiales engendró también nuevas formas de hacer política. Por una parte, porque se constituyó una plataforma nueva, continental, para interpelar a Londres. Aunque las posesiones del extremo norte —despobladas y vulnerables— y las caribeñas —cohibidas por el temor pertinaz a las rebeliones esclavas— se mantuvieron al margen de la agitación de las trece colonias, las asambleas coloniales se convirtieron, casi inmediatamente, en los principales foros de oposición a las políticas metropolitanas. Los respetables miembros de la élite colonial —plantadores esclavistas, comerciantes y abogados provincianos— fueron quienes se pusieron al frente de la Revolución para defender los "derechos naturales" de los "americanos".

Ya desde la década de 1760 pasquines y panfletos habían insistido en que la política metropolitana agredía a las colonias en su conjunto y merecía una respuesta colectiva. Para finales de la década —siguiendo una primera carta circular enviada por la Cámara de Representantes de Massachusetts en febrero de 1868— las asambleas coloniales establecieron comités de correspondencia permanentes y entablaron una comunicación estrecha y constante entre ellas. Cuando, tras la "Fiesta del Té", Londres decidió castigar a Massachusetts, los gobiernos coloniales dieron una respuesta colectiva, vigorosa e institucional: la convocatoria de un Congreso Continental, compuesto por representantes de casi todas las colonias —sólo Georgia, que enfrentaba incursiones violentas de los indios, se mantuvo al margen— que se reunió en Filadelfia en septiembre de 1774.

Proclamando "los derechos e inmunidades" de "las colonias de Su Majestad" este cuerpo representativo promulgó un acuerdo intercolonial de no importación y no consumo que provocó la caída vertiginosa del comercio transatlántico: el valor de las importaciones británicas, que en 1771 había sido de casi cuatro millones y medio de libras, pasó a 2 400 000 en 1774 y bajó a la mitad —1 200 000— el año siguiente. En la primavera de 1775 el Congreso justificó que las "devotas colonias" tomaran las armas en contra de la Madre Patria, al tiempo que imploraba a Jorge III que interviniera para "aliviar los temores y envidias" de los americanos. Al fracasar los intentos de conciliación y estallar la guerra el Congreso Continental dirigió el esfuerzo bélico y diplomático de las colonias e imprimió papel moneda para financiarlo. En mayo de 1776 tomó un paso del que difícilmente podría haber dado marcha atrás: ordenó a las colonias establecer gobiernos independientes, "bajo la autoridad del pueblo". El 4 de julio de 1776 promulgó la declaración que debía legitimar las acciones de los insurgentes americanos, transformando las colonias rebeldes en *estados libres e independientes*.

Por otra parte, el éxito de las campañas de firma de peticiones, las protestas, los boicots y los acuerdos de no importación y de no consumo de aquellos productos que a un tiempo eran bienes de consumo cotidiano y símbolos de estatus exigía la persuasión y movilización de sectores amplios de la población, a menudo indiferentes a las complejas cuestiones constitucionales que apasionaban a los políticos. El éxito de estas tácticas de resistencia dependía de que los consumidores —incluyendo a las mujeres, que en muchos casos eran las que hacían la compra y las que tendrían que hilar y tejer para sustituir los artículos de importación— asumieran abiertamente una postura política. Aquellos productos que los americanos, como vimos, compraban para sentirse parte de un mundo civilizado y moderno se convirtieron en símbolos de patriotismo y convicción revolucionaria. En todas las colonias se formaron "comités de seguridad" que presionaron, concientizaron e intimidaron a sus vecinos para galvanizarlos en apoyo a la Revolución. Ésta politizó a la sociedad colonial, dividiéndola en "patriotas" y los que no lo eran.

En tiempos tan turbulentos la lógica de las lealtades políticas no podía ser sino compleja. En el contexto de lo que en muchos sentidos era una guerra civil que enfrentaba a quienes habían pertenecido a una misma comunidad política, la adhesión a alguno de los dos bandos se vio influida, pero no determinada, por intereses y convicciones, posturas religiosas y vínculos familiares, circunstancias y decisiones personales. Así, Joseph Galloway, defensor de los derechos de los colonos, representante de Pensilvania en el Primer Congreso Continental y autor de un "Plan de unión" que pretendía salvaguardar "el interés de ambos países", "los derechos y libertades de América" y "la fuerza de todo el Imperio" (1774), terminó colaborando con los ejércitos del rey. Al igual que William Franklin, hijo del líder revolucionario y último gobernador colonial de Nueva Jersey, tuvo que exiliarse y murió en Inglaterra.

Aproximadamente 20% de la población blanca de las colonias —cerca de 2.5 millones de personas— se opuso a la Revolución. A pesar de que en Estados Unidos no se desplegó una política del terror parecida a la de la Francia revolucionaria (1792-1794) o de "guerra a muerte" como la que declarara Bolívar a los españoles en lo que sería la Gran Colombia (1813), los despectivamente apodados "leales" (loyalists) o tories (apodo de los tradicionalistas británicos) padecieron vejaciones, confiscaciones y exclusiones. Al final de la guerra, en 1783, una minoría significativa, alrededor de 60 000 personas, abandonaron su hogar y se dirigieron a Canadá, el Caribe o Gran Bretaña para seguir siendo súbditos del rey y miembros del Imperio. También tomaron el camino del exilio aquellos pueblos indios que, como los mohawks capitaneados por Joseph Brant, habían tomado partido por Gran Bretaña durante la Revolución, y los esclavos que huyeron de sus amos para luchar bajo las banderas británicas. Estos "leales negros" (*black loyalists*) —alrededor de 3 500, que se refugiaron en Nueva Escocia, el Caribe o Gran Bretaña—, podían preservar la libertad conquistada sólo si permanecían bajo la protección del rey.

Independencia y guerra

En 1776 los autores de la Declaración de Independencia, bordando hábilmente sobre la tradición inglesa de petición, el derecho de gentes y los ideales ilustrados de libertad, igualdad y felicidad, crearon un documento elocuente que sigue siendo vigente hoy como modelo para quien pretende fundar una nueva nación. Sin embargo, en ese momento las facultades que reclamaban para las nuevas entidades políticas —de establecer lazos comerciales con otros países, así como "de hacer la Guerra, concluir la Paz, concertar Alianzas"— dependían menos del derecho que justificaba la ruptura con la Madre Patria que de su capacidad de ejercerlas y del reconocimiento de sus interlocutores sobre el escenario internacional. Cabe decir que los "Padres Fundadores" tenían pocas razones para ser optimistas.

El gobierno de Londres había mirado con azoro la reacción de los colonos, para después desestimar sus razones. En 1775 consideró que estaban en abierta rebeldía. Con la guerra de los Siete Años Gran Bretaña se había convertido en el más potente de los imperios transoceánicos, dotado de un ejército y una armada de vanguardia: en 1778 contaba con 50 000 tropas en América del Norte, que pronto llegarían a reforzar 30 000 mercenarios alemanes. Por su parte, las colonias contaban sólo con las milicias locales, cuya experiencia se reducía a las luchas en contra de los indios y que además tenían que permanecer cerca de casa para trabajar los campos y atender a sus familias. El "Ejército Continental" que reclutara George Washington tras ser nombrado comandante por el Congreso en junio de 1775 no reunió sino a unos 5 000 soldados, en su mayoría —y a diferencia de lo que cuenta el mito patriótico— hombres pobres, desarraigados y ajenos a la agitación revolucionaria que había precedido a la guerra.

La guerra que dio a luz a Estados Unidos duró ocho años y fue larga, sangrienta y costosa. En la historia de la república sólo la guerra de Vietnam (1961-1975) duró más tiempo. Como ésta, la de Independencia fue una guerra en la que triunfó quien, en apariencia, era el contendiente más débil. A pesar de las dificultades que enfrentaron los colonos, la gran ventaja militar de Gran Bretaña no resultó determinante. Quienes confiaban en el triunfo del Imperio sobreestimaron la eficacia y fidelidad de los súbditos leales y subestimaron los problemas que significaba dirigir y pertrechar un ejército al otro lado del Atlántico, en contra de un enemigo inferior en número y fuerza pero que contaba con las simpatías de la población local. Quienes apostaron por Gran Bretaña tampoco pensaron que una expedición para poner en orden a unas colonias rebeldes se convertiría en una confrontación internacional que dejaría aislada a la metrópoli. Además, a lo largo de la guerra los jefes del ejército británico buscaron —apegándose a lo que uno de los ministros del rey describiera como la "manera sentimental de hacer la guerra"— limitar el saqueo y la destrucción, y negociar e indultar antes que aniquilar. Su objetivo era restablecer la paz entre la Madre Patria y sus hijas distanciadas, no acabar con un enemigo. Al final, lo que aseguró la derrota de Londres fue quizá que a los angloamericanos les importaba más la independencia que a los británicos preservar la relación colonial.

La larga crisis imperial había estado pautada por lo que los británicos describían con desprecio como motines "incendiarios", animados por gente "de la más baja ralea". Estos enfrentamientos cambiaron de registro en 1775. Tras una escaramuza mortífera entre milicianos y soldados en Concord y Lexington, en las afueras de Boston, los colonos sitiaron al Ejército británico en el puerto y, para sorpresa de muchos, lo derrotaron en junio, en la batalla de Bunker Hill. Incluso en el contexto de un enfrentamiento armado abierto muchos americanos siguieron pensando que la reconciliación era posible. Pasó más de un año antes de que declararan la Independencia. Sin embargo, quedaba claro que la situación no se resolvería con argumentos y peticiones, sino con las armas. La guerra formal empezó cuando, en marzo de 1776, William Howe, comandante en jefe de las fuerzas británicas en América, desembarcó en Nueva York con 30 000 hombres.

Durante dos años Howe intentó aislar a Nueva Inglaterra para debilitar y remover al gobierno patriota. No lo logró, pues el control de la Madre Patria se limitaba al territorio que ocupaban las tropas británicas, y éstas no podían avanzar sin perder la retaguardia. Además, Washington logró, hábilmente, arrebatar a Howe dos de sus posiciones más expuestas, Trenton (diciembre de 1776) y Princeton (enero de 1777) en Nueva Jersey, con lo que el Ejército británico tuvo que abandonar la ribera del río Delaware. En 1777 los británicos decidieron cerrar una cuña desde el norte para asfixiar a los rebeldes neoingleses. Ocho mil hombres marcharon desde Canadá, capitaneados por John Burgoyne. A ellos debía unirse el ejército de Howe; este comandante, sin embargo, había tomado Filadelfia y no podía abandonar los territorios ocupados. Desamparado, hostigado por milicias insurgentes, Burgoyne fue derrotado en las batallas de Bennington y Saratoga. En octubre se rindió ante los americanos con todo su ejército.

El triunfo de Saratoga tuvo implicaciones profundas. Francia, que desde los inicios de la rebelión había apoyado con armas y dinero a quienes se habían sublevado en contra de su gran rival, vio en la rendición de Burgoyne la señal de que la independencia de las trece colonias era viable. Por su parte, Gran Bretaña se vio obligada a reconsiderar sus objetivos en el Nuevo Mundo, y quiso negociar con los colonos la restauración de una relación imperial en los términos que los americanos habían defendido. Benjamin Franklin, que estaba en París desde 1776 como representante del Congreso Continental, se aprovechó de la situación para negociar que Francia reconociera a la nueva nación y la apoyara de forma abierta, firmando un tratado en febrero de 1778. España se uniría a esta alianza al año siguiente, mientras que, en 1780, Rusia, seguida por las demás potencias marítimas, se declaró neutral. Por primera vez en un siglo Gran Bretaña enfrentaba, sola, un conflicto bélico de dimensiones transatlánticas.

Ante la mayor extensión y trascendencia del conflicto americano el Ejército británico se centró en la región del Sur, donde dio prioridad a la protección de las posesiones caribeñas. A diferencia de Howe, Charles Cornwallis, el comandante de la campaña en el sur, no pretendía contemporizar con los rebeldes. Esta etapa de la guerra fue la más violenta, dadas las profundas divisiones que cruzaban la sociedad sureña. Los llamados de Cornwallis y otros jefes británicos —como el gobernador de Virginia, John Murray o lord Dunmore— a los esclavos para que tomaran las armas en contra de los ejércitos patriotas horrorizaron a los habitantes blancos de la región. La hostilidad que despertaban los inmigrantes escoceses-irlandeses por su protestantismo militante y célebre tacañería generó enfrentamientos y venganzas, parecidos a los que afectaron a los "gachupines" en la Nueva España durante la guerra de Independencia.

En un principio las fuerzas británicas parecieron tomar la ventaja. En agosto de 1780, en Camden, Carolina del Sur, Cornwallis destruyó el ejército americano capitaneado por Horatio Gates, el héroe de Saratoga. Sin embargo, sus tropas se dispersaron a lo largo de la costa. Al no recibir el apoyo de las tropas británicas acantonadas en Nueva York, Cornwallis tuvo que atrincherarse en el puerto de Yorktown, en la bahía de Chesapeake, en donde no pudo resistir el embate por mar y tierra de tropas americanas y francesas y hubo de rendirse en octubre de 1781.

La capitulación de Yorktown anunció el principio del fin: Gran Bretaña, consciente de su vulnerabilidad en un conflicto que la exponía a la enemistad de todas las potencias europeas, comprendió que más valía abandonar su proyecto de reconquista. En 1783 los "Estados Unidos de América" firmaron en París un tratado en el que la antigua metrópoli reconocía la independencia de las que habían sido sus colonias. Las fronteras de la nueva nación le resultaron más favorables de lo que habían previsto tanto España como Francia: Estados Unidos llegaría hasta el Misisipi al oeste, al paralelo 31 al sur y al norte hasta lo que hoy es la frontera con Canadá. Así, tras casi 20 años de lucha anticolonial la recién nacida confederación emprendía, sin brújula confiable, un camino azaroso para fundar un nuevo sistema de gobierno.

Republicanos del Nuevo Mundo

Durante la crisis imperial los colonos lanzaron un desafío al orden imperante que los llevó a replantear los principios de la autoridad política. La resistencia en contra de las reformas imperiales engendró prácticas novedosas, por medio de las cuales los gobernados ocupaban un lugar distinto dentro de la esfera pública, trastocando su relación con el poder. Esto desembocó no sólo en el resquebrajamiento del Imperio sino en la transformación de los modos en los que se pensaba y se hacía la política. La guerra de Independencia había obligado a los insurgentes por una parte a reforzar el aparato de gobierno para sostener el esfuerzo bélico y por la otra a poner en práctica los ideales que tan airadamente habían proclamado. No obstante, la construcción de regímenes fincados en "la autoridad del pueblo" —y, por lo tanto, republicanos— significaba, teóricamente, un salto al vacío. A pesar de las connotaciones gloriosas que la república tenía en la literatura clásica y que tanto entusiasmaban a los miembros de la élite colonial, se había convertido, para el siglo XVIII, en un sistema de gobierno inusual y peligroso.

Muchos creían que el gobierno republicano era posible sólo en las islas imaginadas por Tomás Moro y James Harrington. Los recuerdos que había dejado el experimento republicano británico —el Commonwealth de Cromwell (1653-1660)— no tranquilizaban a nadie. Los más connotados estudiosos de las formas de gobierno —Montesquieu, por ejemplo— creían que el gobierno republicano estaba reservado a entidades pequeñas y peculiares, como Suiza o San Marino. Sin embargo, los revolucionarios americanos alegaron que su innovadora empresa no sería tan distinta a lo que ya habían experimentado bajo el régimen colonial, dada la distancia que los había separado del rey, de su corte y de toda la parafernalia monárquica. Su convicción republicana reflejaba así tanto la fe del revolucionario como el pragmatismo del político experimentado.

Al transformar las colonias en estados los artífices del nuevo orden conservaron mucho del aparato y de las funciones del gobierno colonial, como la organización de los tribunales y la estructura de los poderes, pero fincaron su autoridad sobre bases distintas. La "constitución", pensada como la interacción entre mecanismos de equilibrio, tradiciones políticas y legislativas, derechos consuetudinarios y antecedentes judiciales, dispositivo que había sido el orgullo de los británicos, fue considerada insuficiente para evitar la arbitrariedad de la autoridad. Para fundar, como escribiera John Adams, un gobierno "de leyes, y no de hombres", las reglas para el ejercicio del poder tenían que fijarse de manera clara, indiscutible y por escrito. La "constitución" se convirtió, a partir de entonces, en un documento en el que se definen la estructura y las facultades del "Estado", entidad abstracta que ejerce el dominio político, no vinculada ya con una dinastía reinante, con la tradición o con un mandato religioso.

De esta forma, entre 1776 y 1780 casi todos los estados se lanzaron a redactar "leyes fundamentales" para legitimar el poder y organizar su ejercicio. Sólo se mantuvieron al margen de este proceso Connecticut y Rhode Island, que simplemente corrigieron sus cartas coloniales: tacharon "rey" para poner "gobernador" y borraron las referencias al Imperio. Fuertemente condicionado por el discurso revolucionario y anticolonial, el proceso constituyente de los estados se articuló en torno a visiones radicales de lo que debían ser la autoridad, la representación y la ciudadanía. La ingeniería de los nuevos gobiernos estatales reflejaba un arraigado temor a la concentración del poder y a su corrupción.

Así, en la mayoría de los casos el poder Ejecutivo quedó sometido a un Legislativo poderoso, cuyos integrantes eran electos por periodos muy cortos (uno o dos años). Los estados de Pensilvania y Georgia, así como el nuevo estado de Vermont —que se había independizado de Nueva York— establecieron incluso legislativos unicamerales. Los diputados debían transmitir de manera eficaz los deseos y necesidades de sus votantes, para luego regresar a formar parte, casi inmediatamente, del cuerpo para el que habían legislado. Este nuevo orden también tuvo una expresión geográfica: muchas de las capitales estatales se establecieron no en los principales puertos que habían dominado la política colonial sino en poblados cercanos al centro geográfico del estado, supuestamente lejos de la influencia corruptora de los más ricos y al alcance de las zonas de ocupación reciente en el oeste.

Estas constituciones limitaban la capacidad de acción del gobierno, y abrían, en cambio, un espacio importante para los gobernados. Dentro del esquema republicano el ciudadano representaba una pieza clave, pues, a diferencia del "súbdito", era el titular de la soberanía. Pero el cambio conceptual de la Revolución fue más dramático en la definición del hombre político que en la puesta en práctica de estos nuevos principios. Como se ha visto, la vida política en las colonias británicas había sido, para los hombres libres y blancos, excepcionalmente abierta y participativa. El derecho al voto estaba, sin embargo, vinculado con la propiedad. Sólo eran lo suficientemente responsables para votar, se argüía, los dueños de bienes raíces, cuyas tierras los arraigaban a la comunidad y los comprometían con el orden, el bienestar de la comunidad y la defensa de la propiedad.

En un contexto de revolución y guerra, en el que se insistía en la importancia de la representación "real" y del consentimiento de los gobernados, los estadounidenses empezaron a concebir el voto como un privilegio del que debía disfrutar todo el que tuviera una "participación en la sociedad", siempre y cuando fuera hombre, blanco y libre. Los constituyentes afirmaron entonces que debían poder votar no sólo los propietarios sino también quienes pagaran impuestos o participaran en la milicia. Al transformar a artesanos, profesionistas modestos, comerciantes en pequeño y jornaleros en electores, las primeras constituciones estatales provocaron el mayor ensanchamiento del cuerpo de votantes en la historia de Estados Unidos hasta la promulgación del sufragio femenino, en 1920.

Este discurso libertario tuvo, sin embargo, sus límites. Como en el resto del Atlántico —con la notable excepción de Haití en 1804—, ni la Revolución ni un discurso que deploraba la "villana esclavitud" a la que la metrópoli sometía a los súbditos de ultramar, ni el establecimiento de la república, ni la democratización de los gobiernos estatales significaron la desaparición de la esclavitud. Sólo la recién creada "República de Vermont", que se unió a Estados Unidos en 1793, en la que no había ni esclavos ni registro público de la propiedad, abolió la esclavitud. Posteriormente, en los estados del Norte la institución se fue desmantelando, de manera desigual, gradual e intermitente, hasta desaparecer de la región en 1830. En cambio, como se verá, en el Sur las transformaciones económicas reforzaron el sistema esclavista porque lo hicieron más redituable. Paulatinamente, la defensa de este tipo de propiedad se convirtió en uno de los elementos centrales del republicanismo sureño.

Una unión desganada

La unión entre las colonias había sido un elemento imprescindible del triunfo sobre Gran Bretaña. Sin embargo, la construcción de esta autoridad colectiva tuvo que fincarse en la soberanía que habían asumido los nuevos estados independientes, y en la desconfianza y recelos que habían caracterizado sus relaciones como colonias. A pesar de que el peligro acechaba, no fue sino hasta noviembre de 1777 que se formalizó la unión de los estados, por medio de unos "Artículos de Confederación" que daban base legal a la acción diplomática y a las transacciones financieras de la colectividad de estados. Los Artículos no fueron ratificados por todos los asociados sino hasta marzo de 1781.

Los términos del acuerdo de confederación establecían vínculos laxos entre los componentes de lo que, para efectos de la política exterior, se suponía era una entidad consolidada: abolía las barreras a la circulación de bienes y personas, sancionaba el reconocimiento mutuo de los "privilegios e inmunidades" de los ciudadanos de los distintos estados y afirmaba la validez de las decisiones judiciales estatales en todo el territorio. Además, tras una muy ardua negociación, se decidió que fuera el gobierno central —y no los estados de forma individual— el que definiera las condiciones para el deslinde, venta y colonización de las tierras por colonizar. Las Ordenanzas de 1784 y 1787 establecieron la división territorial, los derechos políticos de los habitantes y el precio mínimo de venta de la tierra para la región al noroeste del río Ohio, en lo que eventualmente serían los estados de Ohio, Michigan, Wisconsin, Indiana e Illinois.

Estas tierras, previamente demarcadas, se dividirían según un esquema reticular, y se establecerían gobiernos municipales conforme avanzara el poblamiento. Los habitantes de los territorios gozarían de derechos políticos básicos bajo la autoridad del gobierno federal. Al llegar a 60 000 habitantes una convención electa redactaría y promulgaría una constitución, el territorio se erigiría en estado y se integraría a la confederación, en pie de igualdad con los que ya pertenecían a ella. Con las Ordenanzas se establecieron las reglas básicas de la expansión hacia el Oeste durante más de un siglo. Las "tierras vírgenes" —que no lo eran tanto— del interior del continente se constituían en patrimonio de la nación. Por ley, se prescribía que su ocupación engendraría repúblicas, único modelo político posible. Se volvían por lo tanto inoperantes los esquemas de conquista, negociación y convivencia con grupos establecidos en el territorio que se integraba a la nación —naciones indígenas, colonos españoles, mexicanos o franceses— que habían seguido, por casi tres siglos, los imperios atlánticos.

Las Ordenanzas del Noroeste fueron el logro más trascendental del gobierno de la Confederación. De ahí en fuera los Artículos resultaron bastante ineficaces. El gobierno central carecía de poder ejecutivo, e incluso de sede permanente. El proceso de toma de decisiones era engorroso: cada estado tenía un voto, y se requería de una mayoría de siete votos para aprobar las leyes, aunque los asuntos de mayor importancia —las declaraciones de guerra, la aprobación de tratados internacionales, la emisión de moneda y la contratación de deuda— exigían una mayoría de nueve, con lo que la confederación quedaba a menudo maniatada. Ante las dificultades insuperables que enfrentaron las propuestas de imponer aranceles a las importaciones el gobierno colectivo no disponía, prácticamente, de más ingresos que los que generaba el servicio de correos. Por su parte, los estados tenían derecho a legislar y a tomar la decisión final sobre prácticamente todos los asuntos de gobierno, incluyendo la regulación del comercio y la política fiscal.

La estrechez del campo de maniobra del gobierno general ya había dificultado la conducción de la guerra. Después de 1783 hizo vulnerable la postura de Estados Unidos en el escenario internacional; difícilmente podía resistir a las extorsiones de los piratas en el Mediterráneo o a las posibles agresiones de los imperios vecinos. En 1784 España cerró el Misisipi al comercio estadounidense, lo que ponía en graves aprietos a quienes habían emigrado a los territorios de Kentucky y Tennessee. El tratado que negoció la joven república con Su Majestad Católica —el Jay-Gardoqui— puso de manifiesto la debilidad del nuevo gobierno y su torpeza diplomática: España abría sus puertos al comercio estadounidense pero reclamaba a cambio derechos de navegación exclusivos por el gran río durante 25 años. Los estados del sur rechazaron el tratado, dejando el conflicto irresuelto.

No sólo preocupaba la inseguridad frente la agresión que venía de fuera. Muchos miembros de la élite revolucionaria consideraban que el abuso de los nuevos principios políticos había dado pie al desorden y a la inestabilidad. La virtud de los ciudadanos americanos, opinaban, se quedaba corta ante las exigencias del orden republicano. Muchos de los artífices del nuevo orden miraron con disgusto y preocupación lo perturbador que resultaban los llamados constantes al electorado, la audacia e irresponsabilidad de las mayorías legislativas, los escandalosos conflictos entre grupos de interés y la manipulación de la legislación, sobre todo para posponer y cancelar deudas o facilitar el acceso al crédito. Los agobiaba la incertidumbre jurídica, que se generaba sobre todo cuando los líderes locales llamaban sin empacho a la acción popular para, por ejemplo, suspender los fallos judiciales de embargo, como sucedió en 1786 en Massachusetts con la llamada "rebelión de Shays". Los revolucionarios no habían luchado contra Gran Bretaña, escribía Thomas Jefferson, autor principal de la Declaración de Independencia, para someterse a un "despotismo electivo".

En este contexto, los políticos más conservadores buscaron reformar las constituciones estatales, introduciendo mecanismos para estabilizar y restringir los alcances de las legislaturas. Reforzaron la autoridad de los gobernadores, crearon senados ahí donde no los había, alargaron los periodos entre elecciones e impusieron requisitos de edad e ingresos para los representantes populares. Para 1790 habían desaparecido los rasgos más radicales de las primeras constituciones estatales. Sin embargo, muchos consideraron que estos cambios eran insuficientes, y en nada contribuían a resolver los problemas que enfrentaba la Confederación. La situación requería una reforma radical y profunda que permitiera prevenir tanto la vulnerabilidad de la joven nación como los excesos de la política popular sin recurrir a esquemas reaccionarios. A decir de James Madison, connotado joven estadista de Virginia, los "males republicanos" que aquejaban a Estados Unidos debían curarse sólo con "remedios republicanos". Para los reformistas más radicales lo indicado era el establecimiento de una nueva forma política: la federación.

CONSTITUCIÓN

En mayo de 1787, después de una serie de cabildeos y negociaciones tentativas, se reunieron en Filadelfia 55 representantes de 12 estados para intentar resolver los problemas que aquejaban a la Confederación. Rhode Island, renuente a permitir la injerencia de la autoridad central en la regulación del comercio, decidió mantenerse al margen. Los hombres reunidos en Filadelfia, designados por las legislaturas estatales y no por elección popular, tenían, en su mayoría, experiencia legislativa y de gobierno. Durante más de tres meses filosofaron, debatieron y negociaron a puerta cerrada, para finalmente promulgar, a nombre de "Nosotros el Pueblo de los Estados Unidos" un nuevo esquema de convivencia política.

"Una unión más perfecta"

Al principio de las discusiones las delegaciones de Virginia y Nueva Jersey presentaron cada una un "plan". Virginia proponía erigir un gobierno nacional que fuera el titular de la soberanía y acaparara el ejercicio de la autoridad, con lo cual los estados se convertirían en meras divisiones administrativas. Por su parte, los delegados de Nueva Jersey propusieron reforzar la autoridad central, ampliando sus facultades y recursos pero conservando la soberanía estatal como pieza fundamental del sistema. La primera opción era inaceptable para la mayoría de los estadounidenses, que estaban apegados a su estado como comunidad política preeminente. La segunda era claramente insuficiente para quienes no querían un ajuste al esquema existente sino su transformación.

Estos hombres —Alexander Hamilton de Nueva York, James Wilson y Gouverneur Morris de Pensilvania y James Madison, quizás el más influyente entre los artífices de un nuevo pacto institucional— recuperaron algunos de los elementos del debate revolucionario para construir un nuevo sistema de gobierno en dos niveles: el federal y el estatal. Ambas instancias debían estar firmemente plantadas en el carácter republicano del gobierno, sometidas a la voluntad de los ciudadanos —no de los estados— y sujetas a saludables restricciones en el ejercicio del poder. Dado que el ímpetu republicano había resultado vivificante pero perturbador, buscaron insertar un mecanismo de pesos y contrapesos articulado en torno a la división de poderes, entre los estados y el gobierno federal por una parte, y entre el Ejecutivo, el Legislativo y el Judicial por otra. Buscaban, a un tiempo, ampliar la esfera de la república y contener los impulsos de lo que muchos seguían considerando era el populacho. Algunos esperaban que con esto se ensanchara el mercado nacional como espacio de desarrollo económico y financiero. Otros pretendían impedir que, a través del proceso democrático, se impusieran los deseos de las mayorías sobre los derechos de las minorías.

Estos legisladores dieron un sentido nuevo a la separación de poderes. No se trataba sólo de cumplir con el objetivo ilustrado de evitar el despotismo, impidiendo que las funciones de gobierno se concentraran en una misma mano. La nueva constitución estadounidense exigía además, en momentos clave, la intervención de un poder para acotar la acción de otro. El Legislativo, por ejemplo, ratificaba algunos nombramientos de los poderes Ejecutivo y Judicial, así como los tratados internacionales. En el mismo sentido, el presidente —electo por todos los ciudadanos pero de forma indirecta, para evitar que, montado en su popularidad, actuara de manera irresponsable— era el comandante en jefe de las fuerzas armadas, pero sólo el Congreso podía declarar la guerra.

La Constitución evitaba mencionar el término "soberanía", y asignaba poderes específicos a cada instancia de gobierno. Además de hacerse cargo, como era de esperarse, de la política exterior, el gobierno federal debía administrar las tierras públicas, normar el comercio exterior y el interestatal, así como la acuñación de moneda. La relación política esencial entre gobernantes y gobernados seguiría siendo la que vinculaba a éstos con el gobierno estatal que otorgaba el derecho al sufragio y protegía los derechos civiles. La ciudadanía estadounidense se definiría constitucionalmente sólo al concluir la Guerra Civil. No obstante, los estados no podían emitir moneda, cancelar contratos ni promulgar leyes retroactivas, como las que liberaban de sus pagos a los deudores en aprietos, tan socorridas durante el primer momento republicano.

Para paliar los temores y la desconfianza de quienes defendían la autonomía estatal los constituyentes establecieron que, dentro del Congreso federal, los estados estuvieran representados cada uno por dos senadores, designados por las legislaturas estatales, independientemente de su extensión y del tamaño de su población. Más complicado fue establecer los parámetros para la representación política dentro de la Cámara de Diputados. ¿Qué debían representar los diputados? ¿Las localidades, a la población o la propiedad? El asunto se resolvería por medio de la negociación, y sobre todo gracias al toma y daca entre los delegados del Norte y los del Sur, preocupados por el futuro de la propiedad esclava dentro de un marco de soberanía dividida.

La solución, de dudosa solidez matemática pero indudable conveniencia política, vinculaba el pago de contribuciones con la representación. Ambas se calcularían con base en la población, que era la suma de todos los habitantes libres, a los que se sustraían los indios, que no pagaban impuestos, y las tres quintas partes de "todas las otras personas", o sea, los esclavos. Esclavos e indígenas —a menos que hubieran roto su relación con su tribu— quedaban así tajantemente excluidos de la comunidad política. No sólo no podían votar sino que no contaban como personas cuyos derechos e intereses tuvieran que expresarse políticamente. Los esclavos, reducidos a una fracción abstracta, servían para reforzar el poder político de sus amos. Hasta 1860 la "cláusula de las tres quintas partes", inserta en un texto constitucional que por otra parte evitaba mencionar la esclavitud, aseguró el predominio del Sur dentro del aparato federal. Por eso los abolicionistas la describieron como el producto de "un convenio con el diablo, un acuerdo con el infierno". Sin embargo, como argüiría James Wilson, en opinión de los hombres de 1787 "a todas las dificultades debía superponerse la necesidad del acuerdo".

Para establecer un orden constitucional

Para convertirse en ley suprema el texto que redactaron en privado y sin mandato popular los constituyentes de Filadelfia —entre los cuales 16 se rehusaron a firmar la versión final— tenía que ser sancionado explícitamente por el pueblo que debía someterse a su autoridad. Para esto se convocaron, en cada estado, convenciones electas para discutir y aprobar o rechazar la Constitución. El proceso de ratificación, al que no había sido sometida ninguna constitución estatal —salvo la de Massachusetts, con resultados bastante poco halagüeños—, abrió el debate político más amplio y polémico de la historia de Estados Unidos.

En contra de los federalistas que cantaban las loas de la nueva constitución —entre los que cabe destacar a John Jay, James Madison y Alexander Hamilton, cuyos artículos en la prensa neoyorkina se convertirían, reunidos en *El federalista*, en el texto clásico de la ciencia política estadounidense—, los antifederalistas deploraron la creación de un gobierno "consolidado", alejado de la gente y que seguramente abusaría de su poder. Se quejaron de la excesiva autoridad que el texto concedía al presidente, de que no incluyera una declaración de derechos, del predominio de los intereses comerciales y financieros y de la pérdida de autonomía de los estados.

Los debates se vieron moldeados por factores distintos en cada estado. Las consideraciones geopolíticas pesaron sobre los estados más pequeños, como Delaware, Nueva Jersey, Georgia y Connecticut, que no querían quedar fuera de la Unión y desprotegidos. Por lo tanto, ratificaron la Constitución por mayorías abrumadoras antes de que concluyera 1787. La discusión fue más ardua en tres estados determinantes —Pensilvania, Virginia y Nueva York—, que finalmente votaron, a mediados de 1788, por ratificar, aunque con una oposición significativa y con numerosas propuestas de enmienda (31 en el caso de Nueva York). Ante la fuerza de los antifederalistas Massachusetts y New Hampshire pospusieron la decisión final hasta que soplaran vientos más favorables. Carolina del Norte y Rhode Island rechazaron la ley fundamental y permanecieron fuera de la Unión hasta 1789 y 1790.

El accidentado camino a la ratificación sentó las bases para el arraigo de la Constitución como ley superior. Esto, sin embargo, no aseguró de manera automática un orden constitucional funcional. Hacía falta diluir las suspicacias que despertaba la Ley fundamental, mitigando los temores de los antifederalistas. Para esto, en 1791 se incluyó en la Constitución la declaración de derechos que sus críticos habían echado en falta. Las primeras diez enmiendas ponían a salvo del poder federal las libertades de asociación, expresión y culto, así como los derechos a portar armas y al debido proceso en materia judicial. Éste fue el primero de una serie de ajustes que buscaron adaptar la Constitución a la política imperante, o restringir el poder de la federación. Así, en 1795 la undécima enmienda puso a los estados soberanos fuera del alcance de las demandas de individuos dentro de los tribunales federales, mientras que, en 1804 y después de la polémica elección de Jefferson en 1800, la duodécima enmienda legitimó la participación de los partidos políticos en el proceso electoral, exigiendo que se eligiera, por separado y para desempeñar específicamente uno de los dos cargos, al presidente y al vicepresidente, para que el principal rival del Ejecutivo no fuera su segundo de a bordo y sucesor designado.

Por otra parte, la constitucionalidad se consolidó como el criterio esencial para determinar la legitimidad de las acciones de gobierno, pero no quedaba muy claro quién tenía derecho a juzgar si una norma o una medida administrativa se apegaban a la Ley fundamental. Cuando en la estela de la Revolución francesa se intensificó la hostilidad entre los gobiernos francés y estadounidense las relaciones se desgastaron hasta generar una "casi guerra". En 1798, dado lo caldeado del ambiente, se polarizó la lucha política, y el Congreso estadounidense promulgó una serie de leyes para reforzar el ejército, acallar el disenso y expulsar a los extranjeros perniciosos.

Quienes se opusieron a estas políticas, aglutinados en torno al vicepresidente Thomas Jefferson y a James Madison, denunciaron escandalizados la agresión a los derechos del hombre y a las libertades de expresión e imprenta, pero deploraron sobre todo el carácter anticonstitucional de las medidas. Las legislaturas de Virginia y Kentucky reclamaron para los estados, artífices y por lo tanto garantes del pacto constitucional, el derecho a declarar que una ley era inconstitucional y por lo tanto nula. Sin embargo, no recibieron el apoyo de otros estados. La crisis terminó por resolverse al esfumarse el peligro de la guerra con Francia, fenecer las disposiciones de 1798 y derrotar Jefferson a John Adams en la elección de 1800.

No sería la última vez que los estados se proclamaran titulares del derecho a pronunciarse sobre la validez y el sentido de las leyes. Hacía falta, sin embargo, un "árbitro desinteresado" que pudiera poner fin a este tipo de disputas, pronunciándose sobre la validez de las acciones de la autoridad pública sin que las distintas instancias de la autoridad se atacaran las unas a las otras. Este faltante en el sistema se subsanó gracias a la acción acotada y consistente de la Suprema Corte de Justicia y de quien fuera su presidente por 34 años, el virginiano John Marshall. Fincándose en la tradición jurisprudencial británica, pero sin mandato constitucional explícito, la Suprema Corte resolvió una serie de casos que enfrentaban a individuos con el gobierno federal (Marbury v. Madison, 1803), a ciudadanos con los tribunales por asuntos relacionados con la legislación federal (Martin v. Hunter's Lessee, 1816) y a estados con el gobierno federal (McCulloch v. Maryland, 1819). El tribunal supremo avaló la supremacía de la Constitución de 1787 sobre otras normas e instituciones, ya fueran federales o estatales. Al afirmar que era "enfáticamente la facultad y el deber del poder Judicial decir lo que es la ley" la Corte erigió la revisión judicial como mecanismo esencial en la definición de la autoridad política, tanto para determinar los alcances y límites de la autoridad política como para cristalizar los derechos de los gobernados.

III. LA JOVEN REPÚBLICA Y SU IMPERIO
1800-1850

> América es el país del futuro. Es un país de comienzos, de proyectos, de inmensos bocetos y de expectativas.
>
> Ralph Waldo Emerson, 1844

Los historiadores a menudo describen la primera mitad del siglo XIX en Estados Unidos como el periodo *antebellum* —el que precede a la guerra—, como si en esos 50 años todo hubiera sido esperar que estallara la Guerra Civil. La historia que se cuenta es a menudo una crónica optimista de consolidación democrática, triunfo en la guerra y prosperidad y expansión en la paz. Es la historia de cómo la joven y frágil república se transformó en una potencia continental, y de la forma en que este ascenso se vio trágicamente interrumpido por la Guerra Civil. Mucha de esta historiografía celebra una vida política que, a pesar de haber sufrido tensiones y enfrentamientos, logró mantener la Unión a través de un sistema abierto y flexible de partidos y tribunales, y gracias a la capacidad de negociación y flexibilidad de unos políticos hábiles que serían tristemente suplantados, al mediar el siglo, por unos idealistas testarudos. Algunos observadores contemporáneos deploraron el lado oscuro de estos procesos —el racismo como elemento medular de la democracia estadounidense, la esclavitud, la violencia y el despojo de los pueblos nativos—, pero la narrativa histórica no reconoció estos aspectos negativos sino hasta mucho después, y entonces sólo de manera intermitente y desigual.

Así, por ejemplo, aunque en la década de 1880 la poeta y novelista Helen Hunt Jackson denunció el maltrato de los grupos indígenas en *A Century of Dishonor. A Sketch of the United States Government's Dealings With Some of the Indian Tribes* (1882), el gobierno federal tardó 100 años más en asumir la responsabilidad de conmemorar el traslado forzoso de los indios que habían poblado el este del Misisipi. La historia social, atenta a las vivencias de trabajadores y mujeres, frecuentemente abandonó, para este periodo, el revisionismo que la caracteriza, reforzando la imagen de la llamada "democracia jacksoniana" como popular, vigorosa e incluyente. Sólo a partir de la década de 1960 —bajo el impulso de la lucha por los derechos civiles y del feminismo— los historiadores empezaron a explorar, de manera sistemática, los fenómenos dolorosos que también dieron forma al periodo, al tiempo que la historia económica y demográfica revelaba la escala de la transformación de la sociedad a lo largo de estos años. Actualmente, la historiografía que busca rescatar los mundos que construyeron los esclavos y los plantadores, las mujeres y los activistas, es la que presenta el retrato más complejo y colorido de un periodo abigarrado y contradictorio.

En 1801 Thomas Jefferson describiría su llegada a la presidencia como una "revolución". Estaba convencido de que su visión política había sido ratificada por una abrumadora mayoría de los estadounidenses. El entusiasmo del célebre estadista, tratadista, arquitecto, músico e inventor era sin duda exagerado: había derrotado al presidente John Adams en una elección muy reñida, que el hombre de Massachusetts hubiera ganado de no haberse contado a las tres quintas partes de los esclavos en los estados del Sur. Posteriormente, en la Cámara de Diputados hubo 35 rondas de votaciones para desempatar a Jefferson y al otro candidato del Partido Republicano Democrático, Aaron Burr, quien sería su vicepresidente. Como sabemos, lo enojoso del proceso llevó a los legisladores estadounidenses a reformar la Constitución. Aunque no era la intención de sus promotores, la duodécima enmienda, al separar la elección de presidente y vicepresidente —y por lo tanto favorecer que se presentaran mancuernas en las elecciones del poder Ejecutivo—

facilitó la conformación de un sistema político competitivo bipartidista.

Sin embargo, la historia parece haberle dado la razón a Jefferson: con su presidencia se inauguró una era de estabilidad notable. En el plano de la política, el Partido Federalista, que se formara en 1787 menos para contender por el poder que para impulsar la ratificación de la Constitución, y de cuyo seno surgieron los dos primeros presidentes de la república —Washington y Adams— no resistió los embates democratizadores y libertarios de sus opositores. Desapareció con el nuevo siglo, y hasta 1828, durante lo que se conoce como la "era de los buenos sentimientos", no hubo enfrentamiento partidista: todos los candidatos a presidente se proclamaron republicanos (aunque unos se calificaron de "demócratas", otros como "nacionales"). Incluso al radicalizarse la oposición durante la presidencia de Andrew Jackson (1829-1837) y hasta el surgimiento de un partido republicano distinto en 1850, la competencia entre asociaciones políticas estuvo relativamente contenida, sobre todo si se compara con los antagonismos liberal-conservador, blanco-colorado, federal-unitario que enfrentaron a la clase política en las otras repúblicas americanas.

Por otra parte, casi 25 años de guerra en Europa, aparejados a la transformación de la relación de Estados Unidos con su antigua metrópoli, constituyeron una coyuntura política y económica excepcionalmente favorable para el desarrollo de la joven república. A diferencia de las naciones hispanoamericanas, que durante la segunda y tercera décadas del siglo XIX padecieron la animadversión de la Europa de Metternich, Estados Unidos se insertó en el "concierto de las naciones" sin enfrentar una hostilidad excesiva. La guerra europea protegió el mercado interno estadounidense al tiempo que alentaba sus exportaciones. Internamente, los cambios revolucionarios en el transporte y la comunicación redujeron distancias y fomentaron la prosperidad, impulsando el crecimiento económico. En tan favorable contexto los estadounidenses abrazaron el ideal jeffersoniano de una nación de granjeros dinámicos e independientes, libres de interferencia gubernamental, volcados hacia la expansión territorial, cuyo potencial, se verá, adquirió dimensiones inesperadas.

Habría, sin duda, momentos de peligro y tensión. Los estadounidenses siguieron mirando al Viejo Mundo con una mezcla de envidia y desasosiego, y entraron a la arena de las relaciones internacionales, dominada por regímenes monárquicos y europeos, con gran desazón. A menos de dos décadas de la Independencia se vieron enfrascados en su primera guerra internacional, en la que volvieron a enfrentar a la potente monarquía británica. Poco más de 20 años después declaraban la guerra a la —mucho menos potente— república vecina. Por otra parte, el dinamismo económico resultó fecundo pero inestable. En 1819, en 1837 y otra vez en 1857 la economía estadounidense se sumergió en una serie de "pánicos" que afectaron todas las regiones del país: las primeras crisis de corte capitalista, caracterizadas por la desaceleración económica, la contracción del crédito, la caída de los precios y el desempleo.

Éste resultó entonces ser un periodo de logros y crecimiento, pero también de sobresaltos e incertidumbre. Quizá porque individuos y colectividades aspiraban a mayor seguridad, la época se vio marcada por el entusiasmo religioso y el surgimiento de numerosas comunidades religiosas (bautistas, metodistas, mormones), entre las que cabe destacar las iglesias afroamericanas, que se erigieron en espacios de sociabilidad e intercambio, así como por el activismo proselitista de quienes se pensaron artífices de un mundo mejor. Profundos cambios sociales inspiraron movilizaciones, rupturas y proyectos de reforma. Estos movimientos tenían lógicas particulares, pero también reflejaban una búsqueda compartida de comunión, seguridad y consuelo, así como de cimientos morales para estabilizar un mundo desordenado. Esta efervescencia invadió también la política, multitudinaria, ruidosa y agitada, tanto en las calles como en los cuerpos representativos. En el seno del Legislativo federal lo más inquietante fue quizás el enfrentamiento de los intereses divergentes de las distintas regiones del país —Norte, Sur y, en menor medida, Oeste—, que en algunos casos parecían poner en riesgo el acuerdo federal. Sin embargo, la mayoría de los observadores interpretó estas conmociones y conflictos como los inevitables dolores de crecimiento de la que estaba destinada a convertirse en una gran nación.

ALLENDE LAS FRONTERAS, ¿REPÚBLICA O IMPERIO?

Thomas Jefferson fue el primer presidente que pronunció el juramento presidencial en la capital federal, cuya construcción el Congreso había ordenado en 1891 para un gobierno nacional que, hasta entonces, había sido itinerante. Washington, D. C., a pesar de la elegancia y grandeza del proyecto del arquitecto francés Pierre Charles L'Enfant, fue, durante décadas, una pequeña ciudad de aire provinciano, en permanente construcción y remodelación, fiel reflejo de un gobierno federal que carecía de preeminencia y que sólo se impondría como autoridad nacional tras la Guerra Civil. La visión republicana triunfante en 1800 proclamaba la libertad de estados y ciudadanos hacia adentro, y una política exterior fincada en, como diría Jefferson, "paz, comercio y amistad honesta con todas las naciones, alianzas que enredan con ninguna". Sin embargo, este gobierno, supuestamente enclenque y pacifista, emprendió una vigorosa política de expansión sobre territorios ajenos, recurriendo, con gran pragmatismo, a un amplio abanico de estrategias, igual al de las potencias europeas de las que la república americana pretendía deslindarse.

La expansión como transacción: La Luisiana

A pesar de la desconfianza con la que los republicanos demócratas miraban el poder federal, cuando en 1803 Napoleón ofreció vender Luisiana a Estados Unidos Jefferson aceptó gustoso, a pesar de que, constitucionalmente, no quedaba claro que el presidente tuviera la facultad de comprar territorio. Francia había cedido la Luisiana a España en 1763, pero la obligó a devolver este territorio, y tres semanas después el primer cónsul se lo ofreció a Estados Unidos. Los enviados de Jefferson pretendían asegurar sólo la posesión de Nueva Orleáns y sus alrededores, esenciales para el control del importantísimo río Misisipi. Sin embargo, el gobierno francés, agobiado por las guerras europeas y a punto de perder su colonia caribeña de Saint Domingue, estuvo dispuesto a intercambiar, por 15 millones de dólares, más de dos millones de kilómetros cuadrados, que iban del golfo de México hasta lo que hoy es Canadá (mapa 3).

La transacción se realizó a pesar de la oposición de quienes —sobre todo en el Noreste— denunciaron la adquisición como anticonstitucional y peligrosa, pues implicaba el riesgo de una guerra con España y la integración al cuerpo político de una población de antecedentes monárquicos, y en muchos casos de distinta raza y religión. Sin embargo, una vez consumada la operación nadie dudó de sus ventajas: Nueva Orleáns se convirtió, casi inmediatamente, en la ciudad más poblada y próspera del Sur, y en el segundo puerto más importante de Estados Unidos, sitio que ocupó hasta entrado el siglo xx, cuando fue desplazada por Los Ángeles. Los nuevos territorios se incorporaban no como posesión de los estados que bordeaban el Atlántico sino como parte integral de la nación, siguiendo los lineamientos de la Ordenanza del Noroeste. Sus habitantes —a pesar de sus sospechosos orígenes raciales y desagradables convicciones religiosas— se convirtieron automáticamente en ciudadanos. Así, la adquisición de la Luisiana representó un primer paso en la transformación de Estados Unidos en un gigante continental, para provecho de los ciudadanos que se mudaban al Oeste con todas las prerrogativas que habían gozado en su lugar de origen pero provocando a menudo la ruina de quienes, excluidos de los parámetros de la ciudadanía republicana —indios, esclavos, mexicanos— vieron estrecharse sus espacios de maniobra.

Con la adquisición de la Luisiana Estados Unidos multiplicaba por dos la extensión de su territorio. Pero si, como exclamaban entusiastas muchos periodistas en la década de 1840, era el "destino manifiesto" de la joven nación propagar la civilización y la democracia hasta las costas del Pacífico, tendría que apropiarse del "lejano Norte" mexicano y del territorio de Oregón, que reclamaban tanto británicos como rusos. El civilizado intercambio de territorio por dinero que había beneficiado tanto a Francia como a Estados Unidos a principios del siglo XIX no era una posibilidad ni frente a la antigua metrópoli en el norte ni con la república vecina al sur. Diplomacia y guerra se erigieron, entonces, como dos de tantos medios para obtener lo que se quería en política exterior.

República, guerra y diplomacia

En 1803 la relación entre Estados Unidos y Francia resultó muy provechosa para la joven república. Sin embargo, durante los primeros años de vida independiente sus relaciones con el exterior fueron, en general, fuente de gran ansiedad. Convencida de su carácter excepcional, reacia a participar en lo que consideraba el juego corrupto de la diplomacia europea, la nación americana pretendía desempeñar un papel limitado y distinto sobre el escenario internacional. Independientemente de sus intenciones, los representantes estadounidenses en el exterior eran a menudo despreciados, y carecían de los elementos necesarios para asegurar las prioridades de la política exterior: la seguridad de la nación frente a la amenaza de los imperios hostiles que la rodeaban, la observancia del derecho marítimo y en particular de la libertad de comercio de las potencias neutrales, que en el contexto de las guerras napoleónicas (1803-1815) no respetaba nadie.

La relación con la antigua metrópoli era especialmente difícil. Enfrascada en una lucha desgastante en contra de la Francia revolucionaria y expansionista, Gran Bretaña restringía el comercio transatlántico, abordaba navíos neutrales en busca de desertores, desconocía la naturalización de los súbditos británicos que se habían convertido en ciudadanos americanos, reclutándolos por la fuerza, y apoyaba a grupos indígenas que se oponían a la expansión estadounidense. El gobierno de Jefferson percibía la arrogancia y la agresividad británicas como insultos intolerables. Con el "honor" de la nación en juego muchos empezaron a insistir en la necesidad de una "segunda guerra de independencia". En 1807 Jefferson declaró un embargo sobre el comercio británico que afectó más a Estados Unidos que a los británicos y resultó más irritante que efectivo. Las tensiones aumentaron, y al tomar posesión James Madison, en enero de 1812, solicitó al Congreso una declaración de guerra.

Frente a la gran conflagración que la enfrentaba a Napoleón, el conflicto americano era, para Gran Bretaña, claramente secundario. Los estadounidenses, en cambio, vieron en él la ocasión de reivindicar su derecho a ser nación. Militarmente, la guerra resultó desgastante, confusa e incierta. Creyendo que conquistarían Canadá "con sólo marchar", los estadounidenses capturaron York —hoy Toronto—, pero pronto tuvieron que abandonarla. En represalia, los británicos incendiaron la joven capital estadounidense. Durante dos años los estadounidenses intentaron volver a ocupar territorio británico, sin lograrlo. Tras vencer y capturar a más de mil navíos británicos al principio de la guerra, tanto en altamar como en los grandes lagos, la armada estadounidense terminó siendo inmovilizada, y sus puertos bloqueados, por la superior fuerza naval de su contendiente. El único hecho de armas notable, la contundente victoria de Andrew Jackson en Nuevo Orleáns, no influyó en el desenlace del conflicto, pues sucedió tras la firma de la paz, en Gante, en diciembre de 1814. Aunque la guerra no produjo ganancia alguna para Estados Unidos, ni territorial ni en cuanto a los derechos de navegación, se consagró como un triunfo, tanto para el país como para el partido en el poder.

La guerra de 1812 podría haber sido un desastre para Estados Unidos, pero en cambio reforzó la confianza y el sentido de misión de la joven república. Beneficiándose de este optimismo, el sucesor de Madison, James Monroe (1817-1825) fue más prudente que sus antecesores, y su legado terminaría siendo más trascendental. En 1823 Gran Bretaña, inquieta por las amenazas de reconquista que profería España y por los exploradores rusos que merodeaban las costas del Pacífico norte, y apoyada por la Santa Alianza, ofreció a su antigua colonia hacer una declaración conjunta en contra de la intervención de otras potencias europeas en el continente americano. Esto superaba lo que Estados Unidos había estado dispuesto a hacer, hasta entonces, en la región: a pesar de las simpatías y del interés que habían despertado los movimientos de independencia hispanoamericanos, la joven nación norteamericana había hecho poco para contribuir materialmente a su emancipación. Gran Bretaña le ofrecía la oportunidad de marcar pautas y deslindar campos en la relación entre el Nuevo Mundo y el Viejo. Sin embargo, el gobierno de Washington no quería servir de coro y acompañamiento a su antigua metrópoli.

De manera unilateral el presidente Monroe anunció entonces, en su mensaje anual ante el Congreso, que América estaba cerrada a nuevas empresas de colonización europea. Estados Unidos consideraría cualquier "extensión del sistema" del Viejo Mundo al hemisferio occidental como "peligrosa para su paz y seguridad". Su declaración de "América para los americanos" permitió al gobierno estadounidense expresar, de manera inequívoca y a bajo costo, su rechazo a las incursiones europeas en el continente. Representaba también una fanfarronada, dado que Estados Unidos no tenía —y durante largo tiempo no tuvo— ni la intención ni los medios para poner un alto a una eventual incursión europea en América. Eventualmente, el mensaje de Monroe se convirtió en una de las "doctrinas" de la política exterior estadounidense. A ella apelaron anexionistas yucatecos, cubanos y dominicanos entre 1840 y 1880, y los diplomáticos latinoamericanos ante las intervenciones europeas de la década de 1860 (de España en el Pacífico sur y en Dominicana; de Francia en México). Desde finales del siglo XIX se convirtió en una eficiente herramienta en manos de los artífices de la política exterior estadounidense, que recurrieron a ella para justificar una intervención cada vez más descarada en América Latina y el Caribe.

La doctrina Monroe puso de manifiesto que la política exterior podía servir de escaparate al idealismo americano. Esto era posible, entre otras cosas, porque las relaciones con otros países no representaban una prioridad para la mayoría de los estadounidenses, excepto cuando tocaban un asunto de vital importancia: la expansión hacia el Oeste. Para lograr su cometido en este campo Washington recurriría a medios menos idealistas. "El Oeste", lo hemos visto ya, desempeñó un papel clave en la construcción tanto del imaginario como de las instituciones que dieron vida a las colonias británicas primero, y a la federación estadounidense después. La frontera representaba la reserva de tierras que permitía a los hombres trabajadores y emprendedores cambiar de vida, convirtiéndose en propietarios independientes, en ciudadanos autónomos.

Así, miles de estadounidenses, o de inmigrantes que querían serlo, se abrieron paso para establecerse en tierras que compraban u ocupaban ilegalmente, pues a pesar de un discurso público que exaltaba consistentemente a los valientes pioneros que poblaban la frontera el Congreso federal no otorgó a los colonos el derecho a la tierra que ocupaban sino hasta 1862, en el contexto del reclutamiento en masa para la guerra. Prácticamente desde la guerra de Independencia los migrantes fundaron nuevas comunidades, redactaron constituciones e instituyeron estados. Entre 1792 —cuando el territorio de Kentucky, al oeste de Virginia, se erigió en estado— y el estallido de la Guerra Civil en 1861, se fundaron 17 estados, incorporando a la nación las tierras entre el río Ohio y el Misuri (mapa 3).

De este modo el ensanchamiento de la Unión se presentaba como una aspiración universal. Se trataba, no obstante, de un proceso profundamente conflictivo. La expansión tendía a desestabilizar los equilibrios políticos dentro del gobierno federal, y representó una fuente de tensiones diplomáticas, tanto con México —con el cual se convirtió en causa de guerra— como con las potencias europeas (Gran Bretaña, Francia) que promovían en América un modelo de equilibrio continental como el que buscaban asegurar en el Viejo Continente. Además, muchos estadounidenses veían la propagación de sus instituciones en territorio "salvaje" con más preocupación que gusto: algunos porque se escandalizaban ante el costo humano que significaba; otros porque temían que la república se corrompiera y degradara al integrar a unos "ciudadanos" tan poco aptos para el autogobierno como los mulatos de Luisiana o los miembros de las despreciadas "razas mezcladas" (*mongrel races*) de la América española.

No obstante las preocupaciones que albergaban algunos, la expansión territorial era, como tema electoral, prácticamente invencible. Sólo así se explica que en la elección presidencial de 1844 el poco conocido y nada carismático James Polk, antiguo gobernador de Tennessee, se impusiera a un político tan popular y experimentado como Henry Clay, gracias a su promesa de apropiarse, por las buenas o por las malas, de Texas —cuya declaración de Independencia en 1836 México no había reconocido— y de Oregón —cuya posesión reivindicaban tanto Gran Bretaña como Rusia y Estados Unidos—. La anexión de Texas y la guerra con México (1846-1848) pusieron de manifiesto el poder de las fuerzas económicas y políticas que promovían la expansión.

Desde la década de 1820 el Norte mexicano había estado sometido a fuerzas contradictorias. Los pobladores sufrían de forma recurrente las incursiones de grupos indígenas —notablemente de apaches y comanches— sin que el Estado nacional pudiera auxiliarlos. En Texas, la única provincia mexicana donde tuvieron éxito los proyectos de colonización de los primeros gobiernos mexicanos, los inmigrantes angloamericanos pronto constituyeron una mayoría de la población: en 1832 había más de 6 000 colonos angloamericanos —dueños de unos 1 000 esclavos— y sólo 3 000 "tejanos" mexicanos. Además, la economía del valle del Misisipi, más dinámica, moderna y cercana a los territorios norteños que la del México central, ejercía un poderoso influjo sobre la región a través de la ruta comercial de Santa Fe, e incluso las de California y Oregón.

En Texas el magnetismo del comercio estadounidense, y el malestar que provocaban los intermitentes y normalmente ineficaces esfuerzos del gobierno mexicano por asentar su control sobre la región, alimentaron el deseo de autonomía de muchos de sus habitantes, incluyendo a algunos miembros de la élite mexicana, que declararon su independencia en 1836.

Casi desde el principio de la relación entre México y Estados Unidos Washington había hecho patente su deseo de apropiarse de las tierras del Norte, lo que crispó la relación entre las dos repúblicas. El gobierno mexicano enfrentaba una situación imposible: lo que para Estados Unidos era una simple transacción de compraventa para México significaba sacrificar la integridad de la nación. De este modo, a pesar de lo tenue de los lazos que vinculaban el centro con un norte árido, despoblado y problemático, el Estado mexicano se rehusó a vender, ceder o compensar los reclamos de ciudadanos estadounidenses con territorio nacional. En 1836, aunque derrotado militarmente, se negó a reconocer la independencia de Texas, y consideró la anexión de este territorio a Estados Unidos en 1845 como una causa de guerra. Poco después Polk accedía a la presidencia en un contexto de gran tensión, dibujándose en el horizonte una posibilidad de guerra con los dos vecinos.

A pesar de lo belicoso de sus discursos de campaña el presidente estadounidense buscó un acuerdo diplomático con Gran Bretaña por el cual le cedió la mitad del territorio de Oregón. En cambio, el acercamiento al gobierno de México no fue sino una provocación: lo que Polk quería era suscitar un conflicto armado para legitimar la anexión de Texas y la adquisición de más territorio. Su enviado a la capital mexicana, John Slidell, no pretendía llegar a un arreglo, sino denunciar al gobierno mexicano por insensato y renuente a aceptar una salida negociada. Al mismo tiempo Polk envió tropas a la franja de territorio entre los ríos Grande y Nueces, cuya posesión se disputaban Texas y México. Eventualmente éstas se encontraron y enfrentaron con soldados mexicanos que patrullaban la región. Polk proclamó que "se había vertido sangre americana en suelo americano".

Ante la indignada —y tramposa— proclama del presidente el Congreso declaró la guerra a México en mayo de 1846, con sólo 14 diputados votando en contra. Los ejércitos estadounidenses —durante los 20 meses que duró la guerra participaron casi 27 000 miembros del ejército y más de 73 000 voluntarios— ocuparon el Norte para asegurar el dominio estadounidense sobre Nuevo México y California, e invadieron el México central por El Paso en el norte y desde los puertos de Matamoros, Mazatlán y Veracruz. En septiembre de 1847 las fuerzas del general Winfield Scott ocuparon la ciudad de México y Polk envió a Nicholas Trist, funcionario de alto nivel en el departamento de Estado, a negociar la paz.

El éxito de la campaña militar y la agitación de la opinión pública, alebrestada por la prensa, que describía la guerra como una cruzada en contra de la barbarie, la decadencia y la tiranía religiosa papista, exacerbaron los apetitos de los líderes demócratas. Montados sobre un movimiento que reclamaba "todo México", exigieron la cesión de un territorio dos veces mayor al que demandaba Polk. Por otra parte, los desacuerdos en torno al tipo de sociedad que debía construirse en los territorios conquistados fracturaron el partido del presidente: un demócrata del Norte, David Wilmot, propuso que se vedara la esclavitud en los nuevos dominios. Además, el conflicto, que tuvo el índice más alto de deserción (8%) y de mortalidad (10%) de todas las guerras estadounidenses, había generado un movimiento antiguerra de escala nacional, minoritario pero adornado por personajes notables como el filósofo Henry David Thoreau. En este contexto, e impelido por sus principios morales, Trist negoció y firmó la paz con los representantes del gobierno mexicano en febrero de 1848, en contra de las ambiciones e instrucciones explícitas de Polk.

El tratado de Guadalupe-Hidalgo puso fin a la guerra y fijó una de las fronteras internacionales más estables de la historia moderna, que se ha alterado sólo con el acuerdo de los dos vecinos: por la compra de más territorio a México en 1854 (los 76 845 km^2 vendidos en el tratado de la Mesilla), y en 1967, tras unas negociaciones

centenarias, por la devolución a México de los terrenos de El Cha-
mizal, que por la modificación del curso del río que los estadounidenses llaman Grande y los mexicanos Bravo habían pasado al
norte del cauce. No obstante, la derrota sumió a México en una crisis
profunda que terminó, menos de diez años después, en una sangrienta guerra civil. Para la nación vencedora la "Guerra del Señor
Polk" trajo consigo la mayor adquisición territorial de su historia (lo
que posteriormente serían los estados de California, Nevada, Utah,
Arizona y partes de Colorado, Kansas, Nuevo México y Oklahoma)
(mapa 3). Pero el triunfo resultó, como lo predijo el escritor Ralph
Waldo Emerson, tan trascendente como corrosivo. Como se verá, los
debates que generó el legado de la guerra envenenaron la política
durante más de diez años, hasta encender un conflicto que puso
en peligro la supervivencia misma de la primera nación americana.

LA CONSOLIDACIÓN DE LA "DEMOCRACIA AMERICANA"

Tras la violenta polarización que caracterizó la década de 1790, la "Era
de los buenos sentimientos", durante la cual gobernaron, respaldados
por un sólido consenso, los presidentes Madison y Monroe (1815-
1820), desactivó la rivalidad política, hasta que los desplantes del
presidente Andrew Jackson (1829-1837) llevaron a sus opositores
a fundar el partido Whig. En el marco de lo que la clase política celebraba como un amplio consenso se consolidó la sociedad democrática que tanto llamara la atención a los europeos e hispanoamericanos que viajaron por Estados Unidos. Así, durante las primeras
décadas del siglo XIX se desmantelaron las últimas restricciones al
derecho al sufragio de los hombres blancos y libres. Al calor de una
retórica apasionada que exaltaba al pueblo, y ante la competencia
entre estados que querían atraer pobladores, la boleta electoral se
convirtió en el símbolo de la igualdad política entre ciudadanos, a
pesar de las diferencias sociales —de origen, religión, educación,
ingreso— que los separaban.

Para 1830 sólo dos estados conservaban requisitos de propiedad o ingreso para poder votar: el pequeño Rhode Island, en donde vivía un número excepcionalmente elevado de trabajadores asalariados —que se pensaba carecían de autonomía, y votarían como ordenara el patrón— y, paradójicamente, Virginia, patria de muchos de los más entusiastas promotores de la democracia. Si a principios de la década de 1830 Virginia eliminó las restricciones económicas al sufragio, Rhode Island tuvo que esperar a que en 1840 una amplia movilización, acompañada de un levantamiento armado, desembocara en la derogación de unas leyes electorales que privaban del derecho al voto a casi la mitad de los hombres adultos.

De este modo, por encima del paradigma de responsabilidad y participación que había motivado la apertura del sufragio durante el periodo revolucionario se impuso un ideal fincado menos en los derechos del individuo que en una visión de comunidad republicana, vigorosa, igualitaria y sin fisuras, articulada en torno a la raza. En el Sur el derecho al voto pretendía apuntalar la solidaridad entre blancos. A decir de los contemporáneos, la igualdad política —entre hombres que vivían en condiciones profundamente desiguales— erigía una "muralla de fuego" alrededor de la autonomía estatal y de la institución de la esclavitud. Pero también en los estados "libres" se estableció el sufragio como privilegio exclusivo del hombre blanco. Algunas constituciones estatales —Ohio, Illinois e Indiana— incluso prohibieron la inmigración de afroamericanos libres, por considerar su presencia perturbadora y anómala. En vísperas de la Guerra Civil los afroamericanos podían votar, en igualdad de condiciones, sólo en cinco de los 34 estados de la Unión, todos ellos en Nueva Inglaterra.

La república se componía de hombres que, además de votar, celebraban ruidosamente su derecho a participar en la cosa pública. Participaban en debates, desfiles y mítines y proclamaban ruidosamente su filiación partidista. Procuraban utilizar un lenguaje llano y "democrático" —reemplazando, por ejemplo, la palabra "amo" (*master*) por la aparentemente menos jerárquica *"boss"*, de origen holandés— y adoptaron, precozmente, el saco y el pantalón como una vestimenta que reflejaba a un tiempo la dignidad de quien lo portaba y el rechazo de la parafernalia de la distinción. La estadounidense era también una república de asociaciones. Los herederos de la Revolución estaban empeñados en "mejorar" el mundo en el que les había tocado vivir, construyendo escuelas, caminos y canales, desbrozando las tierras del Oeste y contribuyendo al enaltecimiento moral de sus compatriotas, y sabían que serían más eficaces si no lo hacían solos.

Así, los estadounidenses —hombres y mujeres— se organizaron, de manera muchas veces institucional y duradera, para emprender proyectos de perfeccionamiento individual y colectivo. La educación pública no fue concebida como una dádiva para las clases menos favorecidas sino como columna vertebral de la comunidad democrática. Era esencial para la formación del ciudadano, que tenía que saber leer, escribir y contar. La escuela —sujeta, entonces como ahora, al control democrático— se convirtió en un elemento constitutivo de prácticamente todas las comunidades estadounidenses, viejas y nuevas. Además de esta aspiración universal surgieron otras muchas, que fomentaron la creación de multitud de organizaciones. Se formaron grupos para promover la abstinencia —que buena falta hacía en un país en el que, en 1825, se consumían en promedio 28 litros de alcohol por persona al año—; para impulsar la participación autónoma de los trabajadores en política; para concientizar al público y exigir que se pusiera un alto al maltrato de los pueblos indios, que se restringiera la entrada de los inmigrantes, que se prohibieran el trabajo dominical y la venta de alcohol y eventualmente, y generando gran polémica, que se aboliera la esclavitud.

Para lograr sus objetivos los activistas viajaban, pronunciaban discursos, recaudaban fondos, escribían en periódicos —en 1822 había, proporcionalmente, más lectores de periódicos en Estados Unidos que en ningún otro país del mundo— y organizaban campañas por correo para convencer a sus compatriotas y presionar a sus representantes. Muchos de estos republicanos, celosos de sus espacios, de su autonomía y de sus prerrogativas, creyeron ver en Andrew Jackson a su paladín. El séptimo presidente de Estados Unidos era un héroe de guerra, un sureño, dueño de esclavos —al igual que nueve de los 15 primeros presidentes de ese país—, un hombre de frontera que se ufanaba de haberse hecho a sí mismo. Su airada defensa de los derechos estatales frente al poder federal, y del "hombre común" en contra de los poderosos y privilegiados, lo hizo tremendamente popular. Sus banderas conformaron la base ideológica del partido político más longevo de Estados Unidos, el Demócrata.

A pesar de sus alardes, Jackson recurrió sin empacho a las prerrogativas del poder Ejecutivo, ensanchándolas cuando le pareció necesario para promover lo que él —y sus numerosos y entusiastas seguidores— consideraban necesario para afianzar su visión política y social. Durante su administración repartió, como no se había hecho antes, los empleos del gobierno federal para recompensar a sus allegados y forjar nuevas alianzas. Actuó con fuerza y decisión para desmantelar el sistema bancario nacional, para abrir nuevos territorios a la colonización, desplazando a pueblos indios, y para detener a quienes, en su opinión, ponían en peligro a la Unión.

Dentro de la cultura política de la primera república el mundo de las finanzas inspiraba gran desconfianza, por la mala maña que tenían los acreedores de exigir pagos puntuales y completos, y porque se creía que los bancos restringían el acceso al crédito. Jackson, especulador en tierras y pagarés, abrigaba una versión exacerbada de esta hostilidad, convencido de que, respaldados por la autoridad pública, los bancos destruían las ilusiones y los proyectos de los audaces emprendedores estadounidenses. Cuando en 1832 vetó la ley que extendía la concesión del Banco Central por 15 años el presidente alegó que esta institución —que apodaba "El Monstruo"— era anticonstitucional. No obstante, dada la debilidad de su argumento insistió en que su deseo de verlo desaparecer respondía, sobre todo, al llamado de los "miembros más humildes de la sociedad" —los granjeros, "mecánicos" y trabajadores— que no tenían "ni el tiempo ni los medios para conseguir favores". El Banco Central era una herramienta para que "los ricos se hicieran más ricos y los potentes más poderosos". Como resultado de esta decisión Estados Unidos se quedó sin Banco Central hasta 1913, lo que contribuyó a la inestabilidad del sistema financiero y a la profundidad y extensión de las dramáticas crisis que periódicamente sacudían al capitalismo estadounidense.

Al tiempo que destruía la principal institución financiera del gobierno federal, Jackson se dispuso a resolver un problema que agobiaba a un nutrido grupo de estadounidenses: el de la ocupación de tierras indias. Alrededor de 125000 indios vivían al este de Misisipi, y su presencia era vista como un obstáculo para quienes buscaban extender el cultivo del algodón en los estados de Georgia, Alabama, Misisipi, Carolina de Norte, Tennessee y Florida. Al salir Francia de América del Norte, y desdibujarse la presencia española en la región, los indios perdieron la ventaja de poder mediar entre potencias rivales. Por otra parte, por lo menos en el caso de algunas naciones indígenas, se esfumaba la excusa que durante largo tiempo había legitimado la desposesión de los grupos nativos: su "barbarie" y el "mal uso" que hacían de la tierra, por no ocuparla, fraccionarla y cultivarla. Para la década de 1820 las llamadas "cinco tribus civilizadas" (cheroquis, creeks, choctaws, chickasaws y semínolas) habían adoptado con provecho ciertos elementos de la "civilización" europea, como la agricultura sedentaria —incluyendo el recurso a la mano de obra esclava—, las misiones cristianas, la escritura y hasta el gobierno constitucional: los cheroquis promulgaron una ley fundamental en 1827.

Ante la agresividad de los blancos que los rodeaban, y reclamando "no ser extranjeros sino los habitantes originales de América", este pueblo recurrió a una estrategia muy estadounidense para defender sus prerrogativas: a principios de la década de 1830 demandó al estado de Georgia ante un tribunal. Bajo estas presiones se resquebrajaba la de por sí difícil e inestable relación entre los estadounidenses y los pueblos indios. La relación con los pueblos indios resultaba conflictiva en toda América, pero la república del Norte le daría una respuesta peculiar. Las otras naciones americanas, donde la población indígena era mayoritaria, normalmente hicieron de los indios ciudadanos. Aunque a menudo se establecieron mecanismos, nuevos o de origen colonial, para extraer trabajo, recursos y tierras de las comunidades indígenas —la mita, el repartimiento y la desamortización de tierras comunales—, las relaciones entre indígenas y gobierno se estructuraron en torno a las categorías de ciudadano, contribuyente, miliciano y propietario, y a un discurso de derechos y obligaciones. En cambio, en Estados Unidos, donde la Constitución excluía explícitamente a los indios de "Nosotros el Pueblo", las relaciones se vieron enmarcadas —como sucedería también en ciertas zonas de frontera en América Latina, como la Araucaria en Chile, El Chaco en Argentina o el norte de México— por un repertorio más rígido, pautado por la negociación diplomática y la violencia.

La iniciativa judicial de los cheroquis pretendía fincar las prerrogativas de la tribu en el sólido terreno de la Constitución federal, interpretada por la Suprema Corte. Sin embargo, los veredictos en los dos casos que promovieron —Worcester v. Georgia (1832) y Cherokee Nation v. Georgia (1831)— tuvieron efectos perniciosos y de largo alcance: por una parte, la Suprema Corte afirmó la facultad exclusiva del gobierno federal para entablar relaciones con las naciones indias; éstas no eran sujetos de jurisdicción estatal. Hasta entonces, la intervención del gobierno federal —que no tenía que responder directamente a los colonos y especuladores que conformaban el grueso del electorado en muchos de los nuevos estados— había protegido a los grupos indios. Pero Jackson rechazaría este papel de mediador y garante de los tratados, pues afirmó no poder frenar a los estados en el ejercicio de su soberanía. Sabiendo que contaban con el apoyo del presidente, Georgia, Misisipi y Alabama procedieron impunemente en contra de los tratados que preservaban el territorio indígena.

Por otra parte, la Corte fijó el estatus de los grupos indios como "naciones domésticas dependientes". Con esto los privó tanto de los derechos que hubieran tenido como ciudadanos como de la sobe-

ranía de la que gozaban las naciones independientes. Quedaban so-
metidos, como menores, a la tutela del Ejecutivo federal. En 1830 el
gobierno le propinó otro golpe a la población indígena del sureste:
el Congreso aprobó la Ley de Remoción Indígena, que autorizaba
al presidente a negociar tratados para que la población nativa aban-
donara su tierra y fuera reubicada en "territorio indio", en lo que
hoy es Oklahoma. La Ley fue aprobada con un margen mínimo (97
votos contra 102 en la Cámara de Diputados), y por encima de una
fuerte oposición dentro de la opinión pública, movilizada por mujeres y clérigos protestantes que consideraban que se trataba de un
despojo inmoral, cuyo único móvil era la avaricia. Sin embargo, fue
recibida con regocijo por los potenciales colonos, que promovieron
su ejecución inmediata.

Los choctaws fueron los primeros en partir. Los cheroquis se
dividieron: la mayoría no quería abandonar su patria, pero algunos
consideraron que no pactar la remoción los exponía a desterrarse
más tarde, bajo condiciones aún menos favorables. En 1835 una
minoría del liderazgo cheroqui firmó un tratado con el gobierno federal. A pesar de las protestas de la tribu —el jefe John Ross envió al
Congreso una petición firmada por 16 000 de sus conciudadanos—
el Senado ratificó el tratado de New Echota, que sirvió de base para
que el que el ejército expulsara a esta nación del territorio que había
ocupado y defendido, sin éxito, mediante la política democrática y
el pleito judicial. A lo largo del "camino de lágrimas" que los con-
dujo al Oeste murieron de hambre, enfermedad y frío entre 2 000 y
6 000 cheroquis.

Otros grupos optaron por la resistencia armada. El Ejército
federal aplastó la resistencia de los sacs y los fox en 1832, y emprendió una guerra larga y sangrienta en contra de los semínolas
en Florida, que no terminó sino diez años más tarde. El amplio
territorio que los indios dejaron atrás se convirtió en el corazón
de la producción algodonera estadounidense (mapa 3). El estatus
ambiguo de los indígenas, sujetos, como colectividades, a la tutela del gobierno federal, pero excluidos de la comunidad política

—no fueron reconocidos como ciudadanos por nacimiento sino hasta 1924—, contribuyó, a lo largo de siglo y medio, a su desposesión, desplazamiento y reclusión en reservaciones y al poco respeto otorgado, hasta muy recientemente, a los tratados que supuestamente protegían sus espacios y prerrogativas.

Jackson se declaró incapaz de frenar a los estados cuando se trataba de lidiar con la población indígena. Fue mucho menos tolerante cuando algunos políticos sureños buscaron ajustar el pacto constitucional para preservar una autonomía que creían amenazada. A partir de la década de 1820 la política arancelaria —los impuestos a las importaciones serían, durante todo el siglo xix, la principal fuente de ingresos del gobierno de Washington— enfrentó al Norte contra el Sur. Los norteños pretendían promover la naciente industria en la región encareciendo los productos importados mediante tarifas proteccionistas. Los sureños resentían tener que pagar más por productos que necesitaban pero no producían, dado que la energía de la región se avocaba a la muy rentable agricultura de exportación. Temían, además, las represalias del gobierno inglés. En 1828 el Congreso aprobó una serie de elevados impuestos a la importación que escandalizaron a los estados del Sur, que se movilizaron para oponerse al "arancel de abominaciones". El vicepresidente, John C. Calhoun, nativo de Carolina del Sur, buscó una solución constitucional a lo que consideraba era una situación peligrosa. Este impuesto no sólo imponía una carga excesiva a una región del país para beneficiar a otra sino que ponía de manifiesto la posibilidad de que un Congreso hostil legislara en contra de la esclavitud e incluso pudiera hacerla desaparecer. Calhoun abogaba por establecer un mecanismo que limitara a la mayoría, para evitar que el gobierno de los más numerosos degenerara en despotismo.

La teoría de la "invalidación" (*nullification*) partía de que la soberanía radicaba en el pueblo de cada estado, no en la masa de la nación. Los verdaderos árbitros de la constitucionalidad debían ser, entonces, los estados. Cuando el Congreso federal promulgaba una ley que agredía los intereses de algún estado una convención estatal tenía el derecho de anularla. En 1832 Carolina del Sur votó para prohibir el cobro de aranceles en los puertos del estado. El Congreso federal reaccionó comprometiéndose a reducir los aranceles progresivamente durante nueve años, al tiempo que autorizaba al presidente a utilizar la fuerza para disciplinar a los estados rebeldes. Por su parte, Jackson equiparó la resistencia a las leyes federales a la traición, y describió el gusto que le daría colgar de un árbol a su antiguo vicepresidente. Carolina del Sur dio marcha atrás.

La "crisis de la invalidación", además de cortar de tajo los sueños presidenciales de Calhoun, puso de manifiesto que el tan celebrado y estable sistema constitucional estadounidense carecía, igual que las menos prestigiosas y mucho más cambiantes leyes fundamentales de las repúblicas hispanoamericanas, de los mecanismos para zanjar diferendos profundos entre regiones, que se expresaban en el enfrentamiento de los gobiernos estatales con el federal. De este modo, el éxito de la "primera república moderna" no se debía tan sólo a su exaltado sistema constitucional sino también a otros factores, más difíciles de identificar. Estaba, por un lado, una praxis política fincada en la negociación, la flexibilidad y la valoración del avenimiento, que llevaba a legisladores y gobernantes a ponerse de acuerdo en lo que podían y a dejar a un lado aquello sobre lo que discrepaban... Hasta que esto se volvió imposible.

Otro elemento que contribuyó a articular la política estadounidense, digerir tensiones y desactivar situaciones explosivas fue el sistema de partidos. La política competitiva exige organización, y desde los inicios de la vida independiente, a pesar del desprecio que inspiraban las facciones políticas —por fracturar una "voluntad general" y un "bien común", unívocos por definición—, los estadounidenses fundaron asociaciones para ganar elecciones y para gobernar. Esta tendencia se reforzaría con la democratización de la vida política. Dentro de un marco político federal, y con un sistema electoral en el que el ganador se lleva todo, las organizaciones políticas tendieron a polarizarse en torno a dos núcleos, a aspirar a la permanencia y a una cobertura nacional. De ahí que, durante la mayor parte de la historia de Estados Unidos, dos partidos de masas dominaran la escena política —aunque sin monopolizarla— y que representaran espacios privilegiados de agregación de intereses, sociabilidad y movilización.

Así, entre 1787 y 1789 federalistas y antifederalistas se movilizaron para promover o frenar la ratificación de la Constitución, mientras que durante la tormentosa década de 1790 federalistas y republicanos defendieron visiones encontradas de Estado y gobierno. Si las primeras décadas del siglo XIX vieron diluirse la oposición partidista, ésta resurgió, fortalecida, al consolidarse, a finales de los años 1820, la oposición a Andrew Jackson. A diferencia de los primeros partidos políticos, que se constituyeron en respuesta a temas contenciosos coyunturales —la Constitución, la naturaleza de la federación— los partidos decimonónicos —republicanos nacionales y demócratas en 1828 y 1832; demócratas y *whigs* (nombre que adoptaron en Inglaterra a finales del siglo XVII quienes se oponían al absolutismo real, y que importaron los opositores del "rey Andrew") entre 1836 y 1852, demócratas y republicanos hasta el día de hoy— se organizaron sobre todo para competir y ganar elecciones.

Para tener presencia nacional en una sociedad tan dispersa y diversa los partidos tenían que responder a exigencias locales, sin que esto resquebrajara unas plataformas nacionales que por definición tenían que ser incluyentes y poco antagónicas. A nivel local, entonces, los candidatos podían formular propuestas coyunturales y eclécticas, pero a nivel nacional las grandes organizaciones políticas tenderían a "abrazar el centro". De ahí, por una parte, que sea difícil leer la política partidista estadounidense, hasta bien entrada la segunda mitad del siglo XX, con base en las oposiciones clásicas, de corte europeo, liberalismo/conservadurismo o derecha/izquierda. Por otra, esto explica que la profunda crisis que sacudió Estados Unidos a mediados del siglo XIX fuera a un tiempo causa y efecto del colapso del sistema de partidos vigente. Finalmente, aclara por qué, en distintos momentos, los dos grandes partidos no pudieron dar voz a las preocupaciones de minorías sustanciales. Éstas organizaron entonces un "tercer partido" —en algunos casos también un cuarto o un quinto— para contender por el poder e impulsar los objetivos, normalmente muy específicos, que las movían.

De esta manera, en las décadas de 1840 y 1850 el "Partido Americano" —conocido también como el "Nativo Americano" o el "Know-Nothing Party"— luchó porque se restringiera la inmigración y se excluyera a los extranjeros, y sobre todo a los católicos, de la ciudadanía. Durante las últimas décadas del siglo XIX el "Partido del Pueblo" promovió una agenda populista y agrarista y ejerció una influencia considerable sobre los estados del sur y del oeste. La conflictiva elección presidencial de 1860, en la que contendieron cuatro candidatos —el republicano, dos distintos por el Partido Demócrata y el abanderado del Partido Constitucional de la Unión— reflejó la quiebra de la república. Pero incluso tras el regreso a la normalidad después de la Reconstrucción los dos partidos principales no lograron contener las esperanzas políticas de los estadounidenses: entre 1880 y 1892 y otra vez entre 1900 y 1924 se presentaron por lo menos tres partidos en cada elección presidencial y en la de 1912 participaron cinco, incluyendo el Partido Socialista, capitaneado por el líder sindical Eugene Debs. Un candidato del Partido de la Prohibición, empeñado en que se impidiera la fabricación y venta de alcohol, participó en ocho elecciones para presidente entre 1884 y 1916.

La proliferación de asociaciones políticas, la promoción de plataformas alternas e incluso la influencia que estos grupos tuvieron a nivel local y estatal no pudieron allanar el dominio que ejercían sobre la política federal los dos grandes partidos, gracias a su legado histórico, a la extensión y densidad de sus redes, a su solidez institucional y a la eficiencia de sus maquinarias electorales. Así, durante gran parte del siglo XX hacer política fuera de las estructuras del bipartidismo demócrata-republicano representó una opción —bastante pírrica— sólo para quienes pretendían protestar en contra de la corrupción o cerrazón del sistema: el sureño Storm Thurmond y el progresista Henry Wallace en 1948, el segregacionista George

Wallace en 1968, el millonario texano Ross Perot en 1992 y 1996 y, en 2000, Ralph Nader, activista defensor del consumidor y del medio ambiente. En contraparte, como se verá en el último capítulo de este libro, en estos años los dos grandes partidos históricos experimentaron cambios profundos al integrar nuevos grupos de presión y de interés, con aspiraciones y reclamos distintos. Como estructuras institucionales, han sobrevivido por muchos años la transformación de los ideales sobre los que se fundaron y de las bases demográficas que los sustentaban.

Así las cosas, y a pesar de las incontestables virtudes que daban coherencia y estabilidad a la política estadounidense, la imposición de medidas arancelarias que disgustaba a una sección del país, así como los desplantes presidenciales que provocara la rebeldía de un estado, ponían de manifiesto que lo que parecía ser un sistema robusto tenía serias fallas estructurales. Cuando, tras la guerra con México, resultó imposible llegar a un arreglo estable sobre la expansión de la esclavitud en los territorios conquistados, el desacuerdo entre regiones se institucionalizó, al fundarse en 1854 el Partido Republicano, que no tenía presencia más que en el Norte. Como promotora de los principios de "tierra libre, trabajo libre, hombres libres", esta asociación política estaba comprometida, si no con la abolición de la esclavitud sí con la limitación del poder de la "esclavocracia" sobre la política nacional. Al radicalizarse la situación no habría punto de encuentro posible entre quienes abogaban por la ruptura y quienes reclamaban el uso de la fuerza para impedirla.

OTRAS REVOLUCIONES

Las primeras décadas de vida independiente coincidieron también con profundas transformaciones de la geografía —física y mental— en la que vivían los estadounidenses. De ocupar, a la hora de nacer, poco más de dos millones de kilómetros cuadrados entre el Atlántico y los Apalaches, la joven república cubría, para 1860, más de siete millones y medio de kilómetros cuadrados, de la costa Este hasta el océano Pacífico. El crecimiento demográfico resultó igual de impresionante: el número de habitantes pasó de poco menos de cuatro millones en 1790 (año del primer censo) a casi 31 millones y medio en 1860. La población creció en promedio 35% por década entre 1820 y 1860, multiplicándose por dos cada 25 años. Durante el mismo periodo en ningún país, europeo o americano, creció la población siquiera a la mitad de lo que crecía en Estados Unidos.

CUADRO 1

Año	Población	Extensión territorial (millas cuadradas)
1790	3 929 214	888 811
1810	7 239 881	1 716 003
1850	23 191 876	2 992 747
1860	31 443 321	3 022 387

Al vigoroso crecimiento natural de la población se sumó un importante flujo migratorio, proveniente principalmente del noroeste de Europa. Durante la primera mitad del siglo XIX llegaron 1.7 millones de irlandeses y 1.3 millones de alemanes, además de ingleses, suizos y belgas. Artesanos desplazados por los procesos de industrialización, campesinos, intelectuales y políticos exiliados tras las revoluciones de 1830 y 1848, estos migrantes abandonaban su tierra natal para dejar atrás la pobreza —una hambruna devastadora provocada por una enfermedad de la papa en el caso de los irlandeses en la década de 1840—, la opresión política o la falta de trabajo. Ya en 1860 los nacidos fuera de Estados Unidos representaban el 13% de la población, proporción que se mantendría, con ciertas oscilaciones, hasta 1920. Los inmigrantes se concentraban en las ciudades: en Boston y Nueva York casi la mitad de la población había nacido en el extranjero. Esto alimentó la xenofobia y el anticatolicismo de ciertos sectores que promovieron, sin éxito alguno, la restricción legal de la inmigración. Como tantos impulsos que podían tener un influjo importante a nivel local (el abolicionismo, la prohibición y los movimientos para imponer el descanso dominical obligatorio), los reclamos de los nativistas se diluyeron dentro de la gran masa de una población heterogénea, móvil y dinámica.

Lo expansivo del territorio y de la población se fincaba y al mismo tiempo alimentaba un dinámico crecimiento económico. Las innovaciones tecnológicas y las inversiones en infraestructura permitieron acortar las distancias, vinculando a los pioneros con mercados regionales, nacionales y atlánticos. Así como muchos estadounidenses se movilizaron para mejorar el nivel moral o educativo de sus compatriotas, buscaron hacer lo mismo con su entorno físico. Dados los escrúpulos de los políticos jeffersonianos y jacksonianos, reacios a fortalecer el gobierno nacional, fueron los estados los que se hicieron cargo de las grandes obras de infraestructura. Las entidades federales se consolidaron entonces como piezas clave de la acción de gobierno, frente a un Estado federal reducido y distante. A través del ejercicio de los "poderes de policía", que los facultaban para asegurar el "bienestar general", el orden, la seguridad y la salud pública, los estados otorgaron concesiones bancarias, construyeron caminos, canales y puertos, que se ocuparon de dragar, mantener y ampliar, y prohibieron comportamientos que preocupaban a sus electores: la producción de sustancias peligrosas o malolientes dentro de los límites urbanos, la vagancia, la venta de bebidas alcohólicas y el desembarco en sus puertos de inmigrantes pobres o de marinos negros.

Las posibilidades del gobierno federal podían atisbarse en espacios bastante acotados, pero centrales por el papel que desempeñaron para vertebrar a la nación, para conocer su territorio y para explotar sus recursos. Así, el gobierno federal tuvo, desde su nacimiento, un mandato constitucional para "enumerar", cada diez años, a los habitantes de la nación, con el que cumplió puntualmente a partir de 1790. En 1812 el Congreso, que contaba con la autoridad constitucional para hacer "todas las reglas y reglamentos necesarios para disponer del territorio", creó una Oficina General de la Tierra (General Land Office), abocada a medir, deslindar y asignar valor catastral a las tierras por vender y colonizar. Para 1837 la Oficina disponía ya de 65 sucursales distritales, y para 1844 recababa datos geológicos, además de información sobre la geografía, la hidrología y el potencial agrícola de los territorios por conquistar.

Quizás el aparato burocrático más impresionante del gobierno federal fuera el Servicio Postal, que el profesor universitario e inmigrado alemán Francis Lieber describiera como "uno de los medios más eficientes de la civilización". Era una de las instituciones más grandes y geográficamente extendidas del mundo. En 1815 contaba con 3 000 oficinas, que para 1830 se habían convertido en 8 000. En el Oeste la oficina de correos llegaba, con la escuela y quizá dos iglesias, con los grupos de vanguardia que establecían los primeros poblados sobre la línea de frontera. El Servicio Postal representaba, además, la principal fuente de empleos federales para recompensar, a lo largo y ancho del país, a los adictos del presidente. Jefes de oficina y carteros trabajaban los siete días de la semana —el Servicio no empezó a cerrar los domingos sino hasta 1912—, tejiendo una red de comunicación y contactos que unía a prácticamente todos los estadounidenses.

Entre la costa Este y los Grandes Lagos, y en todo el valle del Misisipi, regiones muy irrigadas y sin grandes desniveles, el entorno se prestaba a que la intervención humana lo hiciera más transitable. El Misisipi, con un largo de 3 777 km y navegable en largas extensiones, atraviesa diez estados, de Minnesota hasta el golfo de México. La construcción de presas y canales y la introducción de la navegación de vapor convirtieron este río, y sus principales afluentes (el Ohio, el Misuri) en una supervía, cuya importancia para el desarrollo del Medio Oeste (los estados de Illinois, Iowa, Indiana, Minnesota, Michigan, Kansas, Nebraska, Wisconsin, Dakota del Norte y del Sur, Ohio y Misuri) y del Sur algodonero es difícil de exagerar. De manera similar, y con una trascendencia comparable, en el Noreste la red fluvial se complementó con un sistema de canales artificiales.

Más eficiente y barato que el transporte terrestre —un animal que jala dos toneladas por carretera puede tirar de 50 si se colocan sobre una barca en un canal—, el transporte fluvial —como después el ferrocarril— agilizó el tránsito, multiplicó los intercambios y abarató los bienes de consumo en los territorios que surcaban ríos y canales. El vapor permitió que las embarcaciones viajaran por el Misisipi a contracorriente: mientras que en 1817 un barco tardaba más de 25 días en ir de Nuevo Orleáns a Louisville, Kentucky, en 1826 tardaba ocho. En el Norte, con la construcción del canal de Erie (1825), de 584 km de largo, que unía Albany, sobre el río Hudson, con Búfalo, sobre el lago Erie, el número de barcos en el puerto de Nueva York pasó de 324 en 1824 a 1 241 en 1836, y crecieron de manera notable las ciudades a lo largo de la vía: en 30 años Rochester pasó de 1 502 habitantes a 36 403, Syracuse de 1 814 a 22 271. El auge del comercio transformó el entorno de quienes vivían cerca de estas rutas: los habitantes del oeste del estado de Nueva York, que habían pagado 60 dólares por un reloj de pared en 1820 y 50 por un colchón, para 1850 podían adquirir estos bienes por 3 y 5 dólares respectivamente.

Este mercado expansivo, dinámico y diversificado llevó a los productores —muchos de ellos artesanos independientes, al frente de sus propios talleres— a buscar producir más, a ser más eficientes y a experimentar. Una legislación que recompensaba la innovación —añadiendo, como decía Abraham Lincoln, el único presidente en haber registrado una patente, "el combustible del interés al fuego de la invención"— incentivaba el espíritu de empresa y el progreso tecnológico. Así, para la década de 1840 Ichabod Washburn tenía la fábrica de alambre más grande del mundo, Charles Goodyear había patentado un sistema para galvanizar el hule y Elias Howe había inventado —y registrado— una máquina de coser. El telégrafo —cuyo primer mensaje se enviaría de Washington a Baltimore en mayo de 1844— introdujo una ruptura revolucionaria entre el intercambio de información y el contacto físico. Con ello aceleró los tiempos de la política y de la diplomacia, transformó la manera en la que se transmitían y circulaban las noticias y, sobre todo, consolidó un mercado nacional: en 1851 el 70% de los mensajes telegráficos intercambiados contenían información comercial.

LA "PECULIAR INSTITUCIÓN" Y SUS CONSECUENCIAS POLÍTICAS

Las transformaciones económicas y la innovación tecnológica tuvieron efectos especialmente trascendentes en una región y sobre una institución. Mientras que en el Norte y el Noroeste la modernización económica desmanteló progresivamente la esclavitud, el Sur, al insertarse en la red del capitalismo global, articulada en torno a la industria textil del algodón, fue testigo de la consolidación de la sociedad esclavista más exitosa y próspera del Nuevo Mundo. A diferencia de otras economías de plantación, como Cuba y Brasil, en el Sur de Estados Unidos, al prohibirse la trata transatlántica en 1807, la población esclava siguió incrementándose de forma natural, sin necesidad de importar más esclavos de África. Entre 1820 y 1860 el número de esclavos pasó de un millón y medio a cuatro millones. La explotación de la mano de obra esclava a gran escala se convirtió, además, en el más rentable de los negocios: para 1860 la mayoría de los hombres ricos de Estados Unidos —entre quienes disponían de un capital mayor a 100 000 dólares, dos de cada tres— vivían en el Sur. Los cambios que se dieron en el cultivo y procesamiento del algodón desempeñaron un papel central en este proceso.

La desposesión de los indios del Sureste, la posibilidad de navegar el Misisipi río arriba y la introducción de la máquina cardadora hicieron posible la transformación del Sur en el "reino del algodón". La máquina, que permitía separar mecánicamente y con gran eficiencia la fibra de la semilla —procesaba en un día más de 20 kilos de algodón, mientras que, manualmente, una persona tardaba lo mismo en limpiar medio kilo—, hizo rentable el cultivo de un algodón de fibra corta, de menor calidad que el que se había exportado hasta entonces, pero que se adaptaba a distintos tipos de tierra. El algodón americano invadió el mercado internacional de los textiles en un momento en el que la industrialización liberaba la producción de prácticamente todo límite, excepto del de la demanda. Así, mientras que en 1801 sólo 9% del algodón que se utilizaba en el mundo provenía de Estados Unidos, para mediados de siglo los esclavos estadounidenses producían el 77% de los más de 360 millones de kilos de algodón que consumían las fábricas británicas, y más del 90% de lo que procesaba la industria textil en Francia y en Rusia.

En Estados Unidos la consolidación de un sistema esclavista que podemos llamar moderno se llevó a cabo en el contexto de la democratización y exaltación de los derechos de los ciudadanos. Así, la mano de obra esclava pasó de ser una forma de trabajo entre otras —varias (el trabajo por contrato, el aprendizaje) caracterizadas por limitar la libertad del trabajador—, presente en prácticamente toda la república, a convertirse en una característica regional, fuertemente determinada por la raza y que en el discurso se oponía al trabajo libre asalariado. Se transformó además en pieza clave de un sistema capitalista e industrial de vanguardia de dimensiones planetarias. Su expansión, fortalecimiento y rentabilidad, en un contexto político articulado en torno a estados, partidos y tribunales, exigieron ajustes de mentalidad y de prácticas, tanto dentro de los estados esclavistas como en las relaciones entre los miembros de la federación.

Para los "padres fundadores", paladines de la libertad americana —muchos de ellos dueños de esclavos—, la esclavitud había sido un fenómeno incómodo, arcaico y moralmente condenable. Consideraban que aunque no podían escapar de ella inmediatamente, la institución estaba "naturalmente" en vías de extinción. De ahí que la introducción de mecanismos para su protección en la Constitución de 1787 —la cláusula de las tres quintas partes, la protección del derecho a importar esclavos hasta 1808— se viera matizada por el cuidado con el que se evitó introducir el término "esclavo" en el texto de la Ley fundamental. La consolidación de la sociedad esclava en las décadas de 1820 y 1830, que corrió paralela a las críticas que se enunciaron en su contra, llevó a los sureños ya no a excusar la que se había convertido en su "peculiar institución" sino a defenderla, con hiperbólicos argumentos religiosos y filosóficos, como benigna, provechosa y moderna. Como escribía en 1857 el más enfático de sus propagandistas, George Fitzhugh:

> La situación en el Norte es anormal y anómala. Establecer la igualdad de derechos no es sino dar licencia a los fuertes para oprimir a los débiles. El capital ejerce una coacción más perfecta sobre los trabajadores libres que los amos humanos sobre los esclavos, pues los trabajadores libres deben trabajar todo el tiempo, o morir de hambre, y se mantiene a los esclavos, trabajen o no. La esclavitud era la más antigua, la mejor, la más común forma de Socialismo.

En todos los estados del Sur, a pesar de la diversidad de experiencias, una poderosa élite de plantadores esclavistas dominaba la vida política. Se sentían constantemente amenazados, desde dentro porque eran una minoría en una sociedad democrática y por la posibilidad, siempre presente, de una rebelión de esclavos; desde fuera por lo que percibían como el asedio de los estados libres, empeñados en carcomer sus derechos, imponiendo aranceles injustos, desafiando las leyes para la protección de su propiedad y seguramente conspirando para abolir la esclavitud. Los plantadores recurrieron a los instrumentos de gobierno para reforzar sus posturas, pero en el contexto de la política federal y republicana los resultados podían ser contraproducentes.

Como se ha mencionado ya, los estados esclavistas buscaron fomentar la solidaridad de raza por encima de la desigualdad económica y social, constituyéndose en repúblicas de hombres blancos. Con el fin de reforzar la autoridad de los amos recurrieron a la legislación para estrechar el de por sí exiguo espacio de maniobra de los esclavos, prohibiendo con mayor rigor que en la época colonial aquellos comportamientos que podían afianzar algún grado de autoridad o poder dentro de la población esclavizada: aprender a leer, portar armas, fungir como testigos en juicios en contra de hombres blancos e incluso ser manumitidos por sus amos. Otros —sobre todo clérigos— promovieron, con poco éxito, reformas que pondrían de manifiesto la superioridad moral de la institución: el reconocimiento de los matrimonios de esclavos, el respeto a la integridad de sus familias y a sus prácticas religiosas. Por otra parte, se mantuvo abierto el acceso —con trabas y cortapisas, como se ha mencionado— de los esclavos a los tribunales, espacios centrales para la adjudicación de derechos. Las decisiones judiciales, que tenían que compaginar la tradición jurisprudencial del *common law* con el estatus profundamente anómalo del esclavo, a un tiempo propiedad y ente dotado de sentido moral, tenían un gran potencial desestabilizador. Como se verá en el siguiente capítulo, uno de estos casos, el de Dred Scott, contribuiría a la polarización que desembocó en la Guerra Civil.

En el contexto de la política federal los políticos sureños se mostraron irritables, quisquillosos e intolerantes. Gracias a la sobrerrepresentación de los estados esclavistas —por medio de la cláusula constitucional de las tres quintas partes— colocaron en la presidencia a una abrumadora mayoría de sureños o de simpatizantes de la esclavitud. Aunque fracasaron en su esfuerzo por blindar los derechos estatales y de las minorías a través del recurso a la invalidación, los políticos del Sur lograron, las más de las veces, aislar a sus instituciones no sólo de la interferencia de la política federal sino incluso del debate crítico. Entre 1836 y 1844 consiguieron que el Congreso prohibiera la discusión de la abolición, y lograron que las oficinas de correos destruyeran los "escritos incendiarios" que difundían los críticos de la institución.

La cuestión de la esclavitud, a pesar de que no aparecía sino de manera esporádica sobre el escenario de la política federal, constituía el tema más conflictivo y potencialmente divisivo. Esto no se debía a que los estados libres pretendieran destruirla; los abolicionistas representaban una minoría reducida. Hombres y mujeres como William Lloyd Garrison, editor del periódico *The Liberator,* el antiguo esclavo Frederick Douglas, Angelina Grimké, hija de un próspero plantador de Carolina del Sur, y el activista radical John Brown estaban convencidos de que la esclavitud era un pecado nacional, contrario a la ley divina, y que había que extirparlo de inmediato y, de ser necesario, con violencia. Al mediar el siglo se adhirió a sus principios —pero no a su estridentismo— un número todavía más reducido de políticos como el senador Charles Sumner, William H. Seward, gobernador de Nueva York y Salmon P. Chase, que fuera senador por Ohio y gobernador de este estado.

En cambio, la gran mayoría de los estadounidenses estaba convencida de que el gobierno federal no podía hacer nada para interferir con la esclavitud ahí donde ya existía, pues carecía de facultades constitucionales para ello. Por otra parte, muchos desaprobaban la esclavitud pero temían la emancipación. Suponían que el orden republicano del que estaban tan orgullosos se derrumbaría si se introducía a la comunidad política a una masa de hombres pervertidos por haber vivido sin libertad, y considerados natural y permanentemente inferiores a los blancos. De ahí que sólo se contemplaran esquemas de emancipación lenta y progresiva, firmemente fincados en el ámbito de la iniciativa privada, que aseguraran la indemnización de los propietarios.

Quizás el más popular de estos proyectos fue el de la "colonización" de los libertos: su envío "de regreso" a África. La fundación de Liberia en la costa oeste del continente africano en 1822 por colonos afroamericanos forma parte de uno de estos planes barrocos, promovido por la Sociedad Americana de Colonización, a la que pertenecieron políticos notables como Henry Clay, Daniel Webster, notable jurista y legislador por Massachusetts, y el general Winfield Scott, héroe de la guerra con México y cuyos principios promovieron, por un tiempo, William H. Seward y Abraham Lincoln. La colonización se presentaba como una "solución" al "problema" racial de Estados Unidos, a pesar de que era enfáticamente rechazada por la mayor parte de los que tendrían que haber sido los primeros interesados: los negros libres.

MAPA 4. La esclavitud y sus consecuencias políticas, 1820-1854

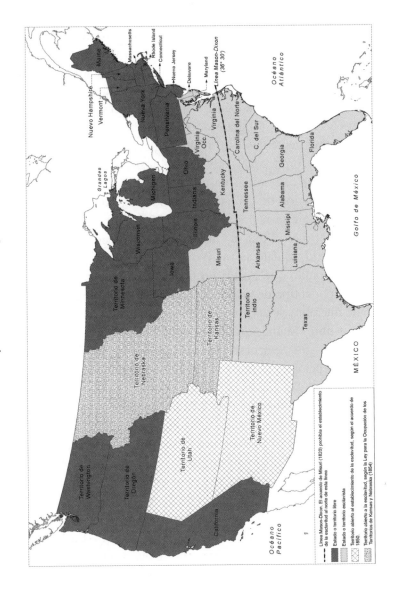

Océano Pacífico

Territorio de Washington

Territorio de Oregón

California

Territorio de Utah

Territorio de Nuevo México

Territorio de Nebraska

Territorio de Kansas

Territorio de Minnesota

Iowa

Misuri

Territorio Indio

Texas

MÉXICO

Wisconsin

Illinois

Indiana

Michigan

Ohio

Kentucky

Tennessee

Arkansas

Lusiana

Misisipí

Alabama

Georgia

Florida

Virginia Occ.

Virginia

Carolina del Norte

C. del Sur

Golfo de México

Grandes Lagos

Maine

Massachusetts

Rhode Island

Connecticut

Nueva Jersey

Delaware

Maryland

Línea Mason-Dixon (36° 30')

Nuevo Hampshire

Vermont

Nueva York

Pensilvania

Océano Atlántico

Línea Mason-Dixon. El acuerdo de Misuri (1820) prohibía el establecimiento de la esclavitud al norte de esta línea

Estado o territorio libre

Estado o territorio esclavista

Territorio abierto al establecimiento de la esclavitud, según el acuerdo de 1850.

Territorio abierto a la esclavitud, según la Ley para la Ocupación de los Territorios de Kansas y Nebraska (1854)

A pesar de los silencios que la rodeaban, la cuestión de la esclavitud se volvió explosiva cuando en el Legislativo federal tuvo que discutirse la posibilidad de su expansión en tierras por colonizar, como en 1820, y de forma recurrente, y cada vez más polémica, después de la guerra con México. En el marco de discursos apasionados los legisladores estadounidenses —destacando entre éstos el "gran triunvirato" conformado por Henry Clay, Daniel Webster y John C. Calhoun— lograron desactivar estas situaciones, más que por lo congruente de sus principios gracias a una hábil manipulación de los comités legislativos y del texto de la ley, y de negociaciones en las que ambas partes cedían pero que, como dependían de la aprobación de los paranoicos políticos sureños, beneficiaban sobre todo a esta región. Así, en 1820 Misuri, que formaba parte del territorio en el que la Ordenanza del Noroeste había prohibido la esclavitud, solicitó su ingreso a la Unión como estado esclavista. Argumentando que Misuri no podía "discriminar entre sus ciudadanos" por el tipo de propiedad que poseían el Congreso lo admitió como miembro de la Unión; su integración se equilibró con la de un estado libre, Maine, que hasta entonces había formado parte de Massachusetts. Se acordó sin embargo que el caso de Misuri había sido excepcional: al norte de su frontera sur —conocida como la línea Mason-Dixon, trazada entre 1763 y 1787— no podrían ya establecerse regímenes de esclavitud (mapa 4).

Como sabemos, al final de la guerra con México el Legislativo federal se vio paralizado por los desacuerdos que suscitó la cuestión de la esclavitud en los territorios conquistados. En 1848 la propuesta de David Wilmot, que establecía como "condición expresa y fundamental" de la conquista de nuevas tierras que "la esclavitud o la servidumbre involuntaria nunca existiera en ellas" dividió el Congreso prácticamente a la mitad (85 contra 80). En 1850, en este ambiente caldeado, California, que había prohibido la esclavitud, solicitó convertirse en estado, lo que rompía con la paridad entre estados libres y esclavistas dentro del Senado, institución que para los sureños constituía una última línea de defensa. Tras una difícil negociación el Norte obtuvo el ingreso de California como estado libre y la prohibición de la venta de esclavos en la capital del país, mientras que el Sur consiguió que se autorizara la esclavitud en los territorios de Nuevo México y Utah, y que se promulgara una nueva ley del esclavo fugitivo, más estricta y más exigente con las autoridades norteñas que la disposición anterior (de 1793). Si bien estas "concertaciones" (*compromises*) lograron destrabar conflictos que parecían irresolubles no conformaron las bases de una política federal unívoca para normar la expansión de la esclavitud. En la estela de la guerra con México y la apertura del "Gran Oeste" a la colonización estos acuerdos se volvieron cada vez más frágiles, y la política federal cada vez más contenciosa.

La primera mitad del siglo xix representa, para Estados Unidos, un periodo de grandes transformaciones. Los consensos —nunca automáticos, ni permanentes— en torno al gobierno descentralizado, a la democracia de los hombres blancos y a la expansión territorial coincidieron con el dinámico desarrollo de una economía comercial, vigorosa pero inestable. Parecía que la exaltada imagen que los estadounidenses habían construido de sí mismos como la nación excepcional, encarnación de un futuro de progreso, se hacía realidad. Sin embargo, las consecuencias políticas de la vigorización del sistema esclavista enturbiaban la política federal y revelaban la vulnerabilidad de lo que parecía ser un orden sólido. Así, al mediar el siglo una fogosa federación, segura de sí misma, había derrotado a su antigua metrópoli, comprado Luisiana y arrebatado a México la mitad de su territorio. Se disponía a ocupar, bajo las banderas de la democracia y del "destino manifiesto", las tierras que iban de las riberas oeste de los ríos Misuri y Misisipi hasta el Pacífico. La enorme violencia de la Guerra Civil interrumpiría la consolidación de este imperio.

IV. GUERRA CIVIL Y RECONSTRUCCIÓN
1850-1877

No necesitamos luz, sino fuego; no una suave lluvia, sino truenos.
Nos hacen falta la tormenta, el torbellino, el terremoto.

Frederick Douglass,
¿Qué representa el 4 de julio para un esclavo?, 1852

Entre 1860 y 1861 la elección del candidato republicano Abraham Lincoln llevó a los estados del Sur a separarse de la Unión y a fundar una nueva nación, los Estados Confederados de América. El gobierno de Washington resolvió evitar el desmembramiento de la Unión por la fuerza de las armas. La guerra que resultó es, con la Revolución, uno de los temas del pasado estadounidense que más llaman la atención al público. Disfrazados de soldados yanquis o rebeldes los entusiastas de la Guerra Civil participan en recreaciones de las batallas más famosas, mientras que, en los estados del Sur, la memoria de la guerra y de sus muertos ha dado un barniz de legitimidad al cuestionable legado histórico de la esclavitud y la secesión.

No debe sorprender el entusiasmo por este suceso lejano, incluso en un país frecuentemente acusado de "no tener historia". La Guerra Civil fue una conflagración de escala sin precedentes que, por un momento, amenazó con destruir el que había sido el experimento republicano más exitoso de América. Durante cuatro años pelearon casi tres millones de hombres, y murieron alrededor de 620 000. La guerra clausuró el proyecto de república confederada fincado en la perpetuación de la esclavitud, y liberó a cuatro millones de esclavos (casi 13% de la población). Costó más de 6 000 millones de dólares, más del doble de lo que se hubiera requerido para indemnizar a los amos y liberar a los esclavos en 1860. Llevó a enmendar una Constitución que los estadounidenses habían venerado como inmejorable por más de 50 años. Hasta 1877 el gobierno federal recurrió a la ocupación militar y a la imposición legislativa para normar la reintegración —la "Reconstrucción"— de los estados rebeldes a la Unión.

Por todo esto, prácticamente desde que el general Lee se rindió, en abril de 1865, la llamada "Segunda Revolución Americana" y sus secuelas han sido tema de multitud de libros de historia, novelas y poemas que han abordado cuestiones constitucionales, calculado el número de muertos, descrito batallas y campañas militares y explorado las motivaciones de los soldados y la vida en el frente y en la retaguardia. Pero a diferencia de los relatos del heroico —pero razonable— nacimiento de la nación, que tanto tardaron en recuperar los disensos y las exclusiones que marcaron la Revolución americana, la bibliografía sobre la Guerra Civil fue, desde un principio, conflictiva y contestataria.

Quienes escriben sobre la guerra no se ponen de acuerdo ni en el nombre de las batallas (los norteños llaman Bull Run a las dos batallas de Manassas, los sureños Sharpsburg a Antietam) ni en el del conflicto mismo. Usar la etiqueta convencional de "Guerra Civil" —en lugar de la, históricamente más precisa, de guerra "de Secesión"— significa ya adoptar la perspectiva de los unionistas, que negaron toda legitimidad a la pretensión sureña de independencia. Se trata, sin embargo, de un rótulo menos sesgado que los de "rebelión", o "guerra de agresión norteña" a los que recurren los escritores más aguerridos. En la misma línea, los historiadores han discrepado sobre los orígenes de la guerra —conflicto inevitable o producto de la incompetencia política—; las causas que movilizaron a los contendientes —el patriotismo, la defensa de la esclavitud o de la emancipación, de la autonomía estatal o de la Unión—; las razones por las cuales ganó el Norte —su superioridad moral, demográfica, o industrial, su "modernidad", la capacidad de movilización de su gobierno— y, finalmente, sobre el sentido, alcance y límites de la Reconstrucción.

Aunque la victoria militar de la Unión fue contundente, el legado historiográfico de su triunfo resultó, sin embargo, más ambiguo. El Sur, tierra de magnolias, buena comida y *Lo que el viento se llevó*, sobre la que han bordado algunas de las mejores plumas de la literatura estadounidense —Mark Twain, William Faulkner— ha ejercido una poderosa atracción sobre el imaginario nacional, inspirando una visión idílica, nostálgica y engañosa. En cambio, la memoria de la Reconstrucción no tuvo nunca visos románticos. Hasta la década de 1960 fue vista, en el mejor de los casos, como una serie de torpes —aunque bienintencionados— errores para hacer iguales a los que claramente no lo eran. En el peor —la versión sureña exacerbada— se describiría como la imposición tiránica de los vencedores sobre los vencidos. Sin embargo, en las últimas décadas los historiadores han minado este relato, rescatando el aspecto revolucionario de la Reconstrucción y las historias de los afroamericanos que vivieron esta época como una aurora de libertad, progresiva pero ferozmente coartada.

"UNA CASA DIVIDIDA": EL CAMINO A LA GUERRA

"La elección de Lincoln es causa suficiente para la secesión", proclamó un político de Alabama tras el anuncio de los resultados. Las tensiones entre las distintas regiones del país y la suspicacia que inspiraba el gobierno central habían marcado la vida política nacional desde sus inicios. Para 1860 amenazaban con desmembrar la Unión. El partido que postulaba como candidato presidencial al poco conocido político de Illinois era en sí mismo síntoma de una crisis profunda. El Partido Republicano nació en la estela del desmantelamiento del Partido Whig, incapaz de digerir los enfrentamientos regionales y las movilizaciones de antiesclavistas y nativistas. La joven asociación política, concentrada exclusivamente en el Norte, rompía con sus antecesoras en tanto que carecía de presencia nacional. Su eventual triunfo electoral pondría de manifiesto que, dentro de un esquema de gobierno federal y democrático, los sureños —y particularmente su "peculiar institución"— estaban a la merced del resto de la nación. Si nada podían hacer para impedir la elección de un presidente republicano, estarían igual de inermes cuando una mayoría hostil en el Congreso votara por la abolición.

Desde que en 1848 David Wilmot colocara la cuestión de la expansión de la esclavitud en el centro del debate político el antagonismo entre estados "libres" y "esclavos" no había hecho sino crecer. En el marco del frágil acuerdo de 1850, la ocupación de los nuevos territorios y la posibilidad de que colonos sureños se establecieran ahí con sus esclavos debía resolverse caso por caso. En un ambiente cada vez más caldeado —en el que, en 1856, en pleno recinto legislativo, un congresista de Carolina del Sur molió a palos al senador abolicionista por Massachusetts, Charles Sumner— Norte y Sur bloqueaban toda iniciativa que pudiera interpretarse como más favorable a una sección que a la otra. Este fue el caso, por ejemplo, del supuestamente tan favorable tratado McLane-Ocampo firmado con México, que la mayoría del Senado estadounidense se negó a ratificar.

Para destrabar la parálisis que esta confrontación imponía al desarrollo del Oeste el líder de los demócratas norteños, Stephen Douglas, senador por Illinois, propuso que, fincados en la "soberanía popular", fueran los habitantes de cada territorio los que dirimieran la cuestión de la esclavitud al momento de redactar su constitución estatal. Los promotores de este principio —tan democrático y republicano— lo presentaron como una solución justa y expedita a un problema que se volvía intratable. Sin embargo, plasmada en la Ley para la Ocupación de Territorio de Kansas y Nebraska (1854), la disposición causó escándalo, fracturó profundamente el Partido Demócrata, apuntaló el surgimiento del Republicano —al que se unieron los trabajadores norteños que querían emigrar al Oeste— y desató una violenta competencia por ocupar el nuevo territorio.

En 1858, con el apoyo del presidente James Buchanan —consciente de que de los 174 votos electorales que había recibido 119 provenían de los estados del Sur—, una convención fraudulentamente electa se reunió en la ciudad de Lecompton, redactó una Constitución que legalizaba la esclavitud y la sometió al Congreso en Washington para ingresar a la Unión. Una mayoría de legisladores, capitaneada por el mismo Douglas, al ver cómo la soberanía popular era pervertida por la manipulación de los esclavistas, exigió que la Constitución de Lecompton fuera ratificada por los pobladores del territorio. Éstos la rechazaron por diez votos contra uno. Como consecuencia, Kansas no pudo integrarse a la Unión sino hasta 1861, cuando se erigió en estado libre.

En medio de este atropellado estire y afloje intervino el poder Judicial. En 1856 llegó a la Suprema Corte el caso del esclavo Dred Scott, que había vivido con su amo, un médico militar, en Illinois, estado libre, y en el territorio de Wisconsin donde, según el acuerdo de Misuri, la esclavitud estaba prohibida. Scott alegaba que debía ser, por lo tanto, libre. El presidente de la Suprema Corte, Roger B. Taney, vio el caso como una oportunidad para clausurar los acalorados debates que amenazaban con desgarrar la Unión, plantando sobre suelo constitucional firme el conflictivo tema del estatus de la esclavitud en una federación expansiva.

La decisión de la Corte fue una de las más polémicas en la historia del tribunal. Pretendía cortar el nudo gordiano que enredaba a la política estadounidense a expensas de los derechos de los afroamericanos y de las facultades del gobierno federal: Taney, tras revisar la historia de la Constitución, concluyó que los Padres Fundadores de la nación en ningún momento habían pretendido que los "negros" —libres o esclavos— fueran reconocidos como ciudadanos, pues los habían considerado "tan inferiores" que "carecían de derechos que el hombre blanco estuviera obligado a respetar". Por lo tanto, ninguno de los textos fundamentales de la república —ni la Declaración de Independencia ni la Constitución— normaba las relaciones entre los afroamericanos y la autoridad. Éstos no eran, ni podrían ser nunca, ciudadanos de Estados Unidos, y no podían demandar en tribunales federales. La Corte negaba así tener jurisdicción sobre el caso de Scott, y que Scott tuviera derecho alguno a la libertad.

El argumento de Taney, además de sellar el destino de Scott, se articulaba en torno a dos supuestos que desbarataban lo que había servido de base para la —fluctuante y más bien limitada— política federal en torno a la esclavitud. En opinión de la Corte el Congreso no tenía derecho a intervenir la propiedad de los ciudadanos, ni dentro de los estados ni en los territorios. En este sentido, las decisiones tomadas por el Legislativo —el acuerdo de Misuri y el de 1850— eran anticonstitucionales. Tampoco era sostenible el principio de soberanía popular: el pueblo de un territorio no tenía derecho a discriminar contra un tipo particular de propiedad antes de constituirse como estado.

La decisión de la Suprema Corte excluía permanentemente a la población afroamericana de la comunidad política y clausuraba toda posibilidad de regular la propiedad esclava a nivel federal. Fue acogida con júbilo en los estados del Sur, y con estupor por la mayoría de los norteños. Deslegitimaba la flexibilidad con la que negociaciones e intercambios habían distendido —aunque no resuelto— los desencuentros en torno a la esclavitud en el marco de la política federal. Parecían haberse derrumbado los canales para procesar los desacuerdos en política: se hablaba de una "crisis inminente", del inevitable derrumbe de la "casa dividida". En 1860 se hicieron realidad los temores del Sur: un republicano fue electo presidente sin recibir un solo voto popular en los estados del Sur profundo.

En diciembre, contra quienes, como el connotado jurista y político James L. Petigru, creían que su estado era "demasiado pequeño para ser país y demasiado grande para ser manicomio", Carolina del Sur declaró su independencia de la Unión. Entre enero y febrero seis estados más siguieron a la patria de Calhoun. En Montgomery, Alabama, se reunieron diputados de los estados secesionistas para constituirse como nación independiente. Buscaban, en palabras de Jefferson Davis, antiguo senador por Misisipi y presidente de la Confederación, preservar "el espíritu del gobierno de nuestros padres", supuestamente pervertido por los norteños. La nueva ley fundamental se parecía mucho a aquella cuyo imperio los secesionistas ahora rechazaban. Proclamada también en nombre de "Nosotros el Pueblo" —aunque invocando explícitamente el "favor y la tutela de Dios todopoderoso"—, establecía, en lugar de una unión, una "forma de gobierno federal permanente" en la que los estados contratantes conservaban su carácter "soberano e independiente". Protegía expresamente y sin eufemismos la esclavitud.

Los promotores de la secesión no cuestionaron la legalidad del camino que emprendían, a pesar de que no estaba contemplado en la Constitución. Recuperando los argumentos que los sureños habían esgrimido durante la crisis de invalidación, alegaron que la federación era creatura de estados libres y soberanos. La autoridad para decidir residía, por lo tanto, en el pueblo de cada estado. Unas convenciones estatales habían dado vida a la federación, ratificando la Constitución de 1787; los estados podían recurrir al mismo mecanismo para escindirse de la Unión. En cambio, los unionistas negaron tanto la legalidad como la legitimidad de la secesión. Apoyándose en una visión histórica menos precisa que la de sus cofrades sureños, sostuvieron que la soberanía estatal era "un sofisma", la secesión "anarquía", y un sinsentido pretender que una comunidad política se fundaba sobre el derecho de sus componentes a desbaratarla. De manera quizá más trascendental, afirmaron que el gobierno popular era "un absurdo" si "una minoría tenía derecho a desmantelar el gobierno cuando le pareciera".

No obstante la convicción con la que los secesionistas pontificaban sobre principios constitucionales, la suya era una lectura que no podía sino meterlos en aprietos. Su propósito, al erigir una república fincada en la supremacía blanca y la sacralidad de la propiedad esclava, era salvaguardar los intereses y el predominio de la oligarquía esclavista. Sin embargo, afirmar que era "el pueblo" el que debía tomar la decisión de independizarse y confederarse ponía el proyecto de los ricos propietarios de esclavos en manos de una mayoría de hombres blancos que no lo eran y que, en muchos casos y a pesar de la inquina que les inspiraban los norteños, estaban comprometidos con la Unión. Ni siquiera el supuesto —tan socorrido dentro de la cultura política sureña— de que la igualdad política entre blancos borraba las diferencias de clase y de opinión política surtió el efecto deseado. Con excepción de Carolina del Sur, donde la secesión se aprobó por unanimidad, las campañas a favor de la separación fueron polémicas y difíciles en todos los estados esclavistas.

Los líderes secesionistas recurrieron a todo tipo de estrategias, más o menos mugrosas: intimidación de votantes, manipulación de elecciones, alusiones constantes a la amenaza de la mezcla entre razas y la degradación sexual. A pesar de esto, para abril de 1861 sólo el Sur profundo se había pronunciado por la secesión, mientras que la convención electa en Virginia evitaba comprometerse y los demás estados sureños no hacían nada para cortar sus vínculos con la federación. También en el Norte se dividieron las opiniones. Muchos demócratas aprobaron la secesión y exhortaron a que se reconociera la Confederación como país independiente. El alcalde de Nueva York, Fernando Wood, sugirió incluso que la ciudad disolviera su "odiosa conexión" con un gobierno dominado por "especuladores, agentes de cabildeo y políticos abolicionistas". En Washington muchos políticos —incluyendo al presidente Lincoln— buscaron una salida negociada a la crisis. En diciembre y febrero, bajo la batuta del senador por Kentucky John J. Crittenden, se presentaron ante el Congreso seis enmiendas constitucionales con las que se pretendía dar al Sur la seguridad de que su peculiar institución estaba blindada en contra de cualquier intervención federal.

En abril de 1861, en un contexto marcado por el temor y la incertidumbre, fuerzas confederadas tomaron el fuerte de Sumter en la bahía de Charleston, Carolina del Sur, que, como todas las instalaciones militares federales, estaba bajo la autoridad de Washington. La respuesta del gobierno de Lincoln fue convocar a 75 000 voluntarios para poner en orden a los rebeldes. Ante lo que fue percibido como una agresión, Arkansas, Tennessee, Carolina del Norte y Virginia —y con ella el más destacado general del ejército estadounidense, Robert E. Lee— se unieron a la Confederación. Davis llamó a 100 000 hombres para defenderse del ataque norteño. Los Estados Confederados de América se habían fundado para proteger la propiedad esclava, la supremacía blanca y los derechos de los estados libres y soberanos. No obstante, la popularidad de estos principios no había bastado para engendrar una nación viable. Ésta se consolidó sólo ante la amenaza de una intervención militar. Con la adhesión del llamado "Alto Sur", la población de la Confederación se multiplicó por seis y adquirió además las fundidoras y fábricas de pólvora que no existían en el Sur profundo. Con esto la Confederación se erigía como un rival de consideración (mapa 5).

Los estados esclavistas fronterizos de Kentucky, Misuri, Maryland y Delaware, además de los 50 condados prounionistas que se escindieron de Virginia, permanecieron, a lo largo del conflicto, nominalmente del lado de la Unión, aunque a menudo fracturados por profundas divisiones y brotes de violencia. Dada la importancia estratégica de estos estados el gobierno de la Unión no dudó en intervenir —suspendiendo, por ejemplo, el respetadísimo principio de *habeas corpus*— para sofocar toda iniciativa proconfederada. Hasta muy entrada la guerra tuvo que ajustar, a veces de manera muy forzada, sus posturas frente a la esclavitud para mantener la lealtad de los esclavistas de esta zona. Esto obligó a Washington a ejecutar una complicada gimnasia tanto en el discurso como en sus acciones en contra de la república esclavista. Esta estrategia, aunque no fue particularmente congruente, resultó acertada, ya que permitió a la Unión proteger su capital y su flanco sur.

"CARNICERÍA PATRIÓTICA": LA GUERRA

Los jóvenes en el Norte y en el Sur respondieron con entusiasmo al llamado a las armas. Casi todos pensaron que la guerra sería una especie de día de campo, en el que se divertirían vistiendo unifor-

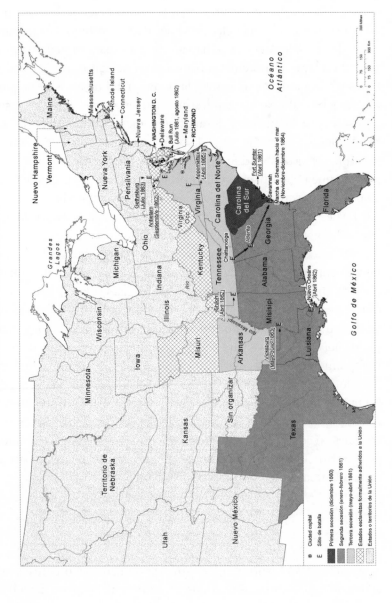

MAPA 5. La Guerra civil, 1860-1865

Nuevo Hampshire
Vermont
Maine
Massachusetts
Rhode Island
Connecticut
Nueva Jersey
Nueva York
WASHINGTON D. C.
Delaware
Bull Run (Julio 1861, agosto 1862)
Maryland
RICHMOND
Pensilvania
Gettysburg (Julio 1863)
Antietam (Septiembre 1862)
Virginia Occ.
Virginia
Appomattox (Abril 1865)
Ohio
Carolina del Norte
Fort Sumter (Abril 1861)
Carolina del Sur
Savannah
Marcha de Sherman hacia el mar (Noviembre-diciembre 1864)
Chattanooga
Kentucky
Tennessee
Atlanta
Georgia
Florida
Indiana
Illinois
Río
Shiloh (Abril 1862)
Alabama
Misisipi
Nuevo Orleans (Abril 1862)
Michigan
Grandes Lagos
Wisconsin
Río Misisipi
Vicksburg (Mayo-junio 1863)
Luisiana
Iowa
Misuri
Arkansas
Minnesota
Sin organizar
Kansas
Texas
Golfo de México
Territorio de Nebraska
Utah
Nuevo México
Océano Atlántico

300 Millas
0   75   150
0 75 150   300 Km

Ciudad capital
E   Sitio de batalla
Primera secesión (diciembre 1860)
Segunda secesión (enero-febrero 1861)
Tercera secesión (mayo-abril 1861)
Estados esclavistas formalmente adheridos a la Unión
Estados o territorios de la Unión

132

me, disparando a un enemigo desconocido y distante y durmiendo en casas de campaña. Ni ellos, ni los políticos que los alentaban, dudaban de que su causa —la preservación de la Unión o la independencia de la Confederación— triunfaría en un par de meses. Al escindirse el pequeño Ejército estadounidense —poco más de 14 500 hombres, cuyos oficiales se enlistaron, en su mayoría, en los ejércitos confederados— los improvisados cuerpos militares no pudieron absorber a tanto voluntario enardecido. En el primer año de la guerra el Ejército confederado tuvo que rechazar a 200 000 entusiasmados reclutas.

Sin embargo, lejos de cumplirse estas esperanzas la Guerra Civil resultó una de las más largas de la historia de Estados Unidos, y la más destructiva y mortífera. Ni los fuertes vínculos que unían a dos regiones que otrora habían conformado una sola nación, ni la resolución del Sur invadido, ni la superioridad demográfica e industrial del Norte —con sus 20.7 millones de habitantes contra los 3.5 del Sur; 20 000 millas de vía férrea y una fábrica de locomotoras contra 9 000 millas en el Sur— se tradujeron en la pronta conclusión del conflicto. En cambio, de ambos lados de la frontera la prolongación de la guerra exigió la movilización de toda la sociedad. El conflicto transformó ambos gobiernos, sus relaciones con los gobernados e incluso las formas de pensar.

El impasse

La Guerra Civil estadounidense ha sido descrita, con la de Crimea (1853-1856), como una de las primeras guerras "modernas", por el número de efectivos involucrados y la capacidad destructiva del armamento. A lo largo del conflicto hubo un desfase entre los esquemas convencionales de ataque y defensa y los avances tecnológicos, lo que dio pie a batallas inmensas, sangrientas y de desenlace poco contundente. Esto se agravaba quizá por el hecho de que oficiales unionistas y confederados, todos graduados de la misma escuela militar en West Point, donde habían estudiado el mismo libro de texto (el *Tratado elemental* del francés Henri de Jomini de 1847), recurrían a tácticas similares y a los mismos planes de batalla. El énfasis en el dominio del territorio y la toma de objetivos específicos —en primer lugar la capital del enemigo— se tradujo en avances lentos y enfrentamientos poco decisivos.

Por otra parte, la introducción de armas de repetición, que los soldados podían cargar sin incorporarse, de rifles y cañones estriados y de balas Minié, de forma cónica, aumentó la capacidad que tenían los ejércitos de diezmar a su contrincante, a mayor distancia y de manera más eficiente. Los tiros alcanzaron, con cinco veces más exactitud, blancos a 800 metros de distancia, cuando antes no pasaban de los 100. Durante el conflicto también se utilizaron, aunque de manera más bien excepcional, la ametralladora Gatling (antecesora de la ametralladora moderna), los vuelos de reconocimiento en globos aerostáticos y los barcos acorazados. Además, los adelantos en la fotografía y en la tecnología de reproducción de imágenes permitieron que, por primera vez, se difundieran en la prensa, sistemática y frecuentemente, testimonios visuales de la guerra que acompañaban las descripciones escritas y que llegaron a prácticamente a todos los hogares. El rostro de la guerra había cambiado, y los estadounidenses, horrorizados, podían dar fe de ello.

También los servicios médicos quedaron a la zaga del potencial para herir y matar, lo que explica que el número de muertes por enfermedades e infecciones representara dos veces el de las bajas en combate, a pesar de los esfuerzos por mejorar el tratamiento de los heridos en el campo de batalla y las condiciones sanitarias de los hospitales de campaña, emprendidos por personajes como Clara Barton, fundadora de la Cruz Roja en Estados Unidos, y Jonathan Letterman, que creó el primer cuerpo de ambulancias y organizó el servicio médico militar. Por otra parte, se intentó reducir los costos humanos de la guerra, que adquirirían dimensiones alucinantes. Abraham Lincoln pidió al profesor universitario Francis Lieber —cuyos hijos pelearon unos por la Unión y otros por la Confederación— que redactara un código para normar el comportamiento de las tropas y limitar los desmanes del ejército. Posteriormente, el trabajo de Lieber sirvió de base para la redacción de las convenciones de Ginebra (1864, 1906, 1929, 1949), textos fundamentales para el derecho humanitario internacional en tiempos de guerra.

Las batallas de la Guerra Civil se caracterizaron por los enormes estragos que causaban y por su falta de contundencia. "Grises" (confederados) y "Azules" (unionistas) se enfrentaron en batallas terribles, con un número de bajas apabullante. En un solo día en Antietam (septiembre de 1862) murieron más de 3 500 estadounidenses, superando el número de muertos en todos los conflictos que involucraron a Estados Unidos en el siglo XIX. En Shiloh (abril de 1863) casi 24 000 hombres fueron muertos, heridos o capturados. Durante los primeros años parecía que el Sur iba ganando la guerra, pero las sangrientísimas batallas no daban un giro a la situación. Las tropas terminaban tan desmoralizadas que no avanzaban. Así, después de ganar la primera batalla de Bull Run (julio de 1861) el Ejército confederado no tomó Washington, D.C., aunque estaba a sólo 40 kilómetros de distancia.

A lo largo de 1861 y 1862 los ejércitos de la Unión, aprovechando su superioridad numérica, intentaron desestabilizar y dividir la Confederación abriendo varios frentes: en el Oeste el general Henry Halleck buscó arrebatar a los sureños el control de las intersecciones ferroviarias y de los ríos Ohio, Cumberland y Tennessee. En el Este Robert McClelland intentó tomar Richmond marchando desde el mar, por la península entre los ríos York y James, en una campaña tan mortífera como ineficaz; a mediados de 1862 tuvo que emprender la retirada. Más suerte tuvo la Armada de la Unión, que se dispuso a bloquear los puertos del Sur. Aunque los sureños lograron frecuentemente burlar el cerco —conocían bien sus 5 600 kilómetros de costa y pudieron seguir exportando cantidades importantes de algodón por el puerto mexicano de Matamoros—, en abril de 1862 la Unión logró apropiarse de la ciudad más importante del Sur, el puerto de Nuevo Orleáns.

Guerra y Estado

La prolongación de la guerra tuvo importantes repercusiones. El escenario internacional adquirió una relevancia inusitada para ambos contendientes, pues el reconocimiento del Sur como nación independiente habría podido darle un vuelco a la situación. El Sur recurrió a la diplomacia del "rey algodón" para presionar a las potencias europeas cuyas fábricas tanto necesitaban la fibra. Pero tuvo un éxito limitado: aunque Napoleón III coqueteó con los diplomáticos sureños, y tanto Francia como Gran Bretaña reconocieron al Sur como beligerante, ninguna de las potencias europeas abandonó la neutralidad. El secretario de Estado de Lincoln, Seward, se abocó a mantener este delicado equilibrio, lo que significó apaciguar los ánimos alebrestados de Londres —irritado por las que consideraba faltas de respeto de la Armada de la Unión, cuyos oficiales abordaban barcos británicos para confiscar contrabando sureño o apresar a diplomáticos confederados— y meter en el cajón —para la exasperación de Matías Romero, representante en Washington de la república mexicana— a la doctrina Monroe, diciendo muy poco y no haciendo nada en contra de las intervenciones europeas en el continente.

Internamente, la escala y duración del conflicto exigieron que los gobiernos centrales rompieran viejos moldes y actuaran de forma decisiva para reclutar hombres y equiparlos y pertrecharlos, para limitar el disenso y para estabilizar la economía. Quienes debían llevar a cabo estas acciones se habían formado dentro de una cultura política recelosa de la centralización del poder, de los ejércitos permanentes y de la intervención del Estado federal en la economía. A pesar de los escrúpulos de los dirigentes, en abril de 1862 el gobierno confederado promulgó la primera Ley de Conscripción de la historia estadounidense. El de la Unión haría lo mismo un año después. Estas leyes fueron percibidas como injustas —en 1863 provocaron el peor motín urbano que haya presenciado la ciudad de

Nueva York— y resultaron además bastante ineficientes. En 1864, por ejemplo, en el Norte salieron sorteados 800 000 nombres, pero tantos individuos fueron exceptuados por razones de salud y por el pago de reemplazos que sólo 33 000 nuevos soldados ingresaron al Ejército.

Norte y Sur intentaron compensar la debilidad del Estado y romper el estancamiento militar ampliando las facultades del gobierno y la capacidad de acción del poder Ejecutivo. En el Sur se eliminó la lucha partidista y la publicidad de los debates del Congreso. Ambos presidentes operaron con una libertad inusitada, pasando incluso por encima de la soberanía estatal y de principios como el *habeas* corpus, tanto para extraer recursos —humanos, financieros, materiales— como para silenciar, encarcelar e incluso deportar a los enemigos de la causa. Lincoln, ante la ineficacia de los generales McClelland y Halleck, constituyó un mando militar moderno, con un general en jefe —el circunspecto Ulysses S. Grant, que poco se había distinguido antes de la guerra— para coordinar todas las campañas de los ejércitos de la Unión. El Sur, en cambio, nunca logró un liderazgo militar unificado, dado, por un lado, el prestigio y buenos resultados que obtenía el Ejército de Virginia del Norte comandado por Lee y, por el otro, el arraigado regionalismo —consagrado en la Constitución— y la renuencia de los comandantes sureños a someterse a un mando superior.

Financiar una conflagración que parecía no tener fin resultó ser especialmente desafiante para unos gobiernos que, dentro de esquemas federales, tenían una reducida base fiscal, limitada, prácticamente, al producto de los aranceles sobre importaciones. Con el bloqueo esta fuente de recursos se esfumó para el gobierno de la Confederación, mientras que en el Norte se votaron aranceles tan prohibitivos que prácticamente se dejó de importar. Ambos gobiernos se vieron obligados a recurrir a nuevos mecanismos de imposición, dentro de espacios constitucionales y operativos muy restringidos. En el Norte se impusieron contribuciones sobre, como dijo un crítico en la época, "prácticamente todo": se pagaba un impuesto sobre las materias primas, y cada vez que éstas eran sometidas a un proceso de transformación. En el Sur se establecieron todo tipo de licencias, para profesionistas y servicios, y se exigió a granjeros y plantadores que entregaran al gobierno la décima parte de sus cosechas.

El Norte tuvo mayor éxito en sus esfuerzos recaudatorios que su rival: poco más de 20% de los ingresos del gobierno de la Unión en tiempos de guerra provino de los impuestos, contra el 1% que logró recaudar la Confederación. Sin embargo, las medidas hacendarias, como las leyes de reclutamiento, demostraron que los gobiernos centrales carecían de los resortes —de lealtad, interés o miedo— necesarios para extraer los recursos que tanta falta les hacían. Tendrían que recurrir a otros dispositivos, y éstos funcionarían sólo si lograban enganchar con intereses, expectativas y prácticas locales y regionales. Así, el banquero Jay Cook convenció a los estadounidenses de que convenía comprar los bonos que, por primera vez, la Tesorería ofrecía al público. Casi 500 millones de dólares ingresaron a las arcas de la Unión por la venta de este papel. En cambio, casi nadie quiso comprar bonos confederados. Al final, ambos gobiernos tuvieron que recurrir, muy a su pesar, a la impresión de papel moneda, lo que desató una inflación rampante. En el Norte la emisión de papel moneda —los "espaldas verdes" (*greenbacks*)—, y el hecho que estos billetes servían para pagar impuestos, estabilizó, hasta cierto punto, el valor del dólar, que sin embargo se devaluó a casi la mitad de su valor entre 1862 y 1865. En la Confederación la pérdida de valor de la moneda fue más pronunciada aún: el dólar confederado que valía 87 centavos de oro en 1862 no podía cambiarse sino por 1.7 para 1865.

Más allá de la intervención estatal y de la inflación, la guerra tuvo un fuerte impacto económico. Para alimentar a los ejércitos se extendieron las zonas de cultivo, y en el Sur se favoreció la producción de alimentos sobre los cultivos para exportación: la producción de algodón pasó de cuatro millones de pacas en 1861 a 300 000 en 1864. Sobre todo en el Norte, las máquinas cosechadoras y trilladoras reemplazaron a los jornaleros que marcharon al frente. Los ejércitos necesitaban todo tipo de productos, en enormes cantidades, entregados a tiempo. El aliciente de jugosas ganancias para los proveedores incentivó la producción mecanizada y en masa de carne salada, comida enlatada, galletas —las famosas "desafiladientes" y "castillos de gusanos" de las que tanto se quejaban los soldados de la Unión—, zapatos, uniformes, armas, municiones... y ataúdes metálicos que retardaban la putrefacción de los cuerpos. En cambio, aunque el Sur presenció un importante crecimiento de su sector industrial no tuvo la solvencia para sostener la aceleración económica. Prueba de esta disparidad es que en abril de 1865 el general Grant pudo, sin mayor dificultad, entregar al ejército derrotado, hambriento y mal vestido del general Lee las 25 000 raciones que necesitaban los soldados "rebeldes" para volver a casa.

Los enormes sacrificios que exigieron los gobiernos de la guerra trastocaron el sentido de lo que, en opinión de los gobernados, era el papel de la autoridad política. En el Sur las mujeres, arropadas en la identidad cívica de "esposas de soldados", se convirtieron en un eficiente grupo de presión que reclamó el control de precios, la exención de impuestos, el pago de pensiones y el reparto de víveres. En el Norte los abogados del "hombre común" no reclamaban ya, como en tiempos de Jackson, la destrucción de los privilegios sino la intervención del Estado a su favor. Como se ha mencionado, en 1862 el Congreso aprobó una Ley de Colonización (*Homestead Act*) que abandonaba el que, desde inicios de la vida independiente, había sido el objetivo de la administración federal de las tierras del Oeste: la obtención de ingresos. Todo colono que se estableciera en los territorios por cinco años obtendría 160 acres en propiedad. Leyes complementarias establecieron la donación de terrenos públicos para la construcción de ferrocarriles e instituciones de educación agrícola, que fueron la semilla de muchos de los sistemas universitarios estatales.

Estas leyes reflejaban el ideal de lo que, por lo menos para los políticos republicanos, debía ser el "hombre común" estadounidense: ciudadano, emprendedor, propietario, independiente e instruido. Sentaron las bases, no sólo para el poblamiento del Oeste sino para la consolidación de la "nación americana", como realidad territorial concreta y también como aspiración, como ideal de vida. En 1869 se concluyó el ferrocarril transcontinental, que unía las dos costas. Entre 1863 y 1912 se fundaron 14 nuevos estados. Al mismo tiempo, se estableció un vigoroso sistema de educación superior. Aunque hasta la segunda mitad del siglo xx serían muy pocos los estadounidenses que tendrían acceso a la universidad —sólo el 2.8% de los jóvenes en 1910—, se multiplicó el número y la cobertura de instituciones de educación superior, que hasta la Guerra Civil habían sido, en su mayoría, confesionales, y se habían concentrado en el Este: de 381 en 1860 pasaron a 563 en 1870. Al cambio de siglo eran casi mil, y estaban presentes a lo largo y ancho del territorio nacional.

Sin embargo, la transformación más impactante quizá fue la que involucró a los afroamericanos. En 1861 el Sur fue a la guerra para defender su derecho a someterlos a la esclavitud. En el Norte la mayoría de los estados los excluía de la ciudadanía. A lo largo de la guerra hubo esclavos —quizá medio millón, en total— que pasaron tras las líneas de los ejércitos de la Unión pensando conquistar con esto su libertad. Sin embargo, los desconcertados comandantes yanquis los clasificaban como "contrabando" y, las más de las veces, los devolvían a sus dueños. No obstante, conforme la guerra se prolongó ambos contendientes concluyeron que la victoria dependía de la participación militar de los hombres de color. Las dos sociedades enfrentadas recorrieron un camino tortuoso para llegar hasta ahí. No fue sino hasta enero de 1863 que el presidente Lincoln firmó la "Proclama de emancipación", decreto presidencial que declaraba que "las personas que eran tenidas por esclavas" en los territorios rebeldes —pero no en aquellos estados esclavistas que formaban parte de la Unión— "eran, y serían en lo sucesivo y para siempre, libres".

La proclama de Lincoln era una medida bélica, cuyo principal objetivo era liquidar al enemigo confiscando parte importante de su capital y mano de obra. Dado que su ejecución dependía de la ocupación de los territorios escindidos no liberó, en los hechos, a ningún esclavo. Sin embargo, de un plumazo Lincoln ordenó la desaparición, sin indemnización de por medio, de una de las principales fuentes de riqueza del Sur, cuyo valor simbólico era también muy alto. Con esto hizo de la emancipación el objetivo explícito de la guerra, cuyas aspiraciones no podían limitarse ya a la conservación de la Unión. En forma paralela el presidente ordenó la integración de hombres de color a los ejércitos de la Unión. Casi 179 000 afroamericanos lucharon por el Norte, aunque en regimientos segregados y, normalmente, bajo el mando de oficiales blancos. Al tomar las armas en defensa de la Unión los afroamericanos, transformados en ciudadanos-soldados, contradecían de manera contundente la conclusión de la Suprema Corte en el caso de Dred Scott e imprimían su propio sello al ideal de nación que debía consolidarse tras la victoria.

En la Confederación la necesidad de nuevos reclutas era más apremiante aún, dado que el 40% de los hombres en edad militar estaban esclavizados. Pero integrarlos al ejército significaba sacrificar, en aras de ganar la guerra, aquello por lo que se luchaba. Una señal de desesperación consistió en que, a partir de 1864, tanto la prensa como los políticos sureños empezaron a exigir la participación directa de los esclavos en la lucha. Esto equivalía, en opinión tanto del presidente Davis como de los comandantes militares, a reconocerlos como hombres libres: no era "ni sabio ni justo", escribía el general Lee, armar esclavos y pedirles que lucharan por un proyecto que los reducía a mercancías. Sin embargo, los legisladores confederados no estuvieron dispuestos a vincular participación militar y emancipación, con lo que fracasaron todos sus intentos por reclutar esclavos.

Esto ponía de manifiesto que las horas de la Confederación estaban contadas. Tras haber roto el control confederado del Misisipi con la toma de Vicksburg, y derrotado la audaz incursión al Norte del ejército de Lee en Gettysburg, Pensilvania, en julio de 1863, los ejércitos de Grant y del más eficiente de sus lugartenientes, William

T. Sherman, avanzaron hacia el corazón del Sur. Ya no se podía hacer nada: en abril de 1865 cayó Richmond, la capital confederada, y en mayo se disolvió el gobierno de la Confederación. Su presidente, Jefferson Davis, fue encarcelado, pero no juzgado. Incluso tras cuatro años de guerra, los unionistas temían que la decisión de un jurado legitimara sus argumentos a favor de la Secesión.

LA RECONSTRUCCIÓN (1865-1876)

En el ocaso de la guerra sus críticos exigieron que se pusiera fin al desgastante conflicto para restaurar "la Unión como estaba, a la Constitución como está". Sin embargo, después de tantos sacrificios el restablecimiento del *status quo ante* era imposible. Pero si puede argüirse que Estados Unidos era ya un país distinto, serían los esfuerzos por "reconstruir" la nación escindida a través de la reforma constitucional, la ocupación militar y la acción política y social los que consolidarían, y a la vez limitarían, esta transformación. La "reconstrucción" se llevó a cabo en la estela de una guerra fratricida y del asesinato de un presidente, en el contexto de los tejes y manejes partidistas, de profundas rivalidades entre los distintos poderes y de la confrontación entre distintos ideales y visiones de sociedad. Al final, muchos de éstos se verían sacrificados en aras de la reconciliación nacional, al restaurarse la vieja mecánica bipartidista.

Un nuevo orden constitucional

La consecuencia más trascendente del triunfo de la Unión fue el fin de la esclavitud. La Constitución, cuya estabilidad había llenado de orgullo a los estadounidenses, fue enmendada para prohibir "la esclavitud y el trabajo involuntario"; esta reforma constitucional se ratificó en diciembre de 1865. La abolición en el que había sido, por mucho, el principal productor de algodón del mundo tuvo repercusiones globales. La esclavitud dejó de ser una peculiaridad que compartían con Estados Unidos Cuba y Brasil —Rusia había abolido la servidumbre en 1861— para convertirse en un penoso anacronismo. El capitalismo internacional, fuertemente articulado en torno a la producción industrial de textiles, tendría que diversificar las fuentes del vital producto, y en muchos casos financiar nuevos esquemas de producción. Con esto se transformaron las relaciones entre el centro industrial y sus proveedores, y se extendieron y profundizaron los vínculos crediticios. En Estados Unidos el fin de la esclavitud significó el colapso de una forma de vida, de producción y de gobierno, y marcó el inicio de una lucha —ya no por las armas— para definir el porvenir.

Hubo quienes quisieron restablecer una jerarquía racial y política parecida a la que había estructurado la sociedad antes de la guerra y controlar una fuerza laboral que era ahora libre. Otros —sobre todo entre los republicanos del Norte— quisieron excluir la vieja "esclavocracia" —y al Partido Demócrata— del poder a través de la intervención del gobierno federal y de la participación política de la población liberada. Los antiguos esclavos buscaron dar sentido sustantivo a su libertad, asumiendo derechos como trabajadores libres, propietarios, padres de familia, ciudadanos y activistas. En un primer momento la clase política sureña estableció marcos de gobierno que, a través de los llamados "códigos negros", limitaban los derechos de la población recientemente emancipada, restringiendo su capacidad de comprar bienes raíces, de cambiar de patrón y de moverse libremente. Ante la resistencia al cambio de los sureños, que contaban además con la anuencia de algunos sectores de la clase política del Norte —incluyendo a Andrew Johnson, que se había convertido en presidente tras el asesinato de Lincoln a manos de un fanático sureño—, la mayoría republicana en el congreso buscó radicalizar el programa de Reconstrucción. En 1868, y otra vez en 1872, fue electo presidente el general Grant, cuyo prestigio como héroe de guerra y gran capacidad de negociación reforzaron la postura de los republicanos radicales.

Además de intentar destituir al presidente en febrero de 1868 —Johnson se salvó por un solo voto en el Senado—, los representantes republicanos buscaron proteger las libertades de los antiguos esclavos, erigiendo la federación como garante de la "vida, libertad y propiedad" de los ciudadanos. La decimocuarta enmienda puso fin a la ambigüedad que había permeado la pertenencia política en Estados Unidos, definiendo como ciudadanos a todos los nacidos o naturalizados en su territorio y bajo su jurisdicción. También privaba de derechos políticos —salvo previa rehabilitación por el Congreso— a los antiguos secesionistas. La última de las enmiendas de la posguerra —la decimoquinta— establecía que el "derecho de los ciudadanos de los Estados Unidos a votar" no podía restringirse por razones de "raza, color o antiguo estado de servidumbre". En forma paralela, el Congreso sistematizó la ocupación militar del Sur, y condicionó su reinserción en la federación: los antiguos estados rebeldes no recuperarían su autonomía ni serían reincorporados a la Unión sino hasta que aceptaran las condiciones del nuevo orden político al ratificar las enmiendas constitucionales.

La reforma constitucional consolidaba a Estados Unidos como nación, dando preeminencia a la ciudadanía nacional y reforzando la autoridad del gobierno de Washington. Sin embargo, como todos los productos de asambleas electas y deliberantes, las enmiendas constitucionales de la posguerra reflejaron ideales políticos tanto como ambiciones y temores, rivalidades partidistas y componendas. La fe en la democracia y en el mercado, el apego a la autonomía estatal, la desconfianza del poder y el racismo engendraron una comunidad política quizá más mezquina de lo que habían imaginado algunos. En lugar de los "derechos humanos para todos" que promovía un radical como el senador Sumner los legisladores aprobaron la más circunspecta y familiar tríada del derecho a la "vida, la libertad y la propiedad", redactada en el "buen antiguo lenguaje anglosajón de nuestros padres". Al final, más que el texto constitucional serían las acciones de los actores históricos y las decisiones judiciales las que dotarían de sustancia y sentido este nuevo orden.

La "Revolución" entre prejuicios, tribunales y negociaciones políticas

Para la población afroamericana del Sur, esclavizada en su gran mayoría, el fin de la guerra significó la libertad: asumir la propiedad de su cuerpo y de su fuerza de trabajo. Para ellos los años de la Reconstrucción fueron años de revolución, marcados por dificultades, pobreza y violencia, pero también por cambios positivos. Los libertos emprendieron acciones individuales y colectivas, simbólicas y sustanciales para "arrancarse las insignias de la servidumbre": compraron perros, armas y alcohol, que les habían estado vedados como esclavos; deambularon por caminos y veredas, abandonaron las plantaciones y trataron de comprar parcelas de tierra en las que producían lo que ellos decidían; se mudaron a pueblos y ciudades; organizaron sus propias iglesias; se casaron y procuraron construir familias nucleares donde mandaba el padre y la madre cuidaba de los niños; aprendieron a leer y a escribir —la tasa de alfabetización de la población negra aumentó en 400% entre 1865 y 1900— y se involucraron en política.

La población recién emancipada se movilizó para exigir el sufragio, para votar y para defender sus derechos "públicos": aquellos cuyo ejercicio ponía de manifiesto que eran tan ciudadanos como los blancos. Lucharon por tener acceso a las urnas, pero también a un espacio público no segregado. Nunca fueron tan numerosos los afroamericanos en puestos públicos de primer nivel en los estados —gobernador y vicegobernador, secretario de Estado, tesorero, superintendente de Educación, senador y congresista— como durante la Reconstrucción. Las repercusiones de todo este movimiento se vieron limitadas, sin embargo, por la pobreza de los antiguos esclavos y la resistencia férrea de la población blanca en el Sur. Los políticos y funcionarios republicanos —tanto los representantes en Washington como los miembros del ejército de ocupación; los supuestos oportunistas norteños llamados *carpetbaggers* que se fueron a buscar fortuna en el Sur como los "maliciosos" sureños marginales (*scalawags*) que buscaron montarse en el partido para acceder al poder— intentaron apoyar los proyectos de la población recién emancipada, pero las más de las veces se vieron entrampados por su racismo y por los ideales de libre competencia y libre empresa que los cegaban a los peligros a los que se vería expuesta la nueva clase trabajadora, libre pero paupérrima.

Así, el Buró de Hombres Liberados (Freedmen's Bureau), creado por el Congreso en 1865 para facilitar la transición de los esclavos a la libertad, estuvo siempre sometido a influencias contradictorias: por un lado, su misión era contribuir a la autonomía de los libertos; por el otro, sus integrantes serían presa de un temor constante —y constantemente recalcado por sus críticos— a convertirse en una "niñera" que infantilizaría permanentemente a la población negra. Sentían, además, repulsión a manipular el mercado, y estaban empeñados en que el Sur recuperara el dinamismo económico que lo había caracterizado antes de la guerra. Los funcionarios del Buró concluyeron que debían garantizar la "protección" y "un juego limpio" para los libertos, no "regalos gratuitos", ya fuera de tierra o de dinero.

Así, salvo algunos experimentos efímeros —en las pequeñas islas frente a la costa de Carolina del Sur— el gobierno federal nunca puso en práctica la idea de dotar a los antiguos esclavos con "40 acres y una mula" para asegurar su autonomía. Las autoridades republicanas incluso desaprobaron las que consideraron prácticas desarregladas de los antiguos esclavos, e implementaron esquemas —contratos por escrito, disposiciones en contra de la vagancia, castigos corporales— para que volvieran a trabajar en los cultivos comerciales de las plantaciones, si bien como jornaleros asalariados. Los esfuerzos de los afroamericanos por construir una vida mejor se desarrollaron así en un ambiente adverso. No obstante, para fines del siglo el 25% de las tierras del Sur estaban en manos de afroamericanos, lo que habla de una notable cultura del esfuerzo y del ahorro entre los libertos. Sin embargo, la mayoría de los afroamericanos del Sur se convirtieron en medieros, arrendatarios y jornaleros, que vivían atenazados por la pobreza.

Los ciudadanos blancos de la fenecida Confederación percibieron la abolición como una dolorosa consecuencia de la derrota con la que tenían que aprender a vivir. No obstante, se resistieron rabiosamente a abandonar el principio de la supremacía blanca, e hicieron todo lo posible por mantener los códigos de desigualdad que habían apuntalado la sociedad esclavista. Insistirían en la inferioridad "evidente" de la población negra, en su desidia, irresponsabilidad y pereza y, de manera casi obsesiva, en su promiscuidad y en los escalofriantes peligros de la mezcla de razas. Vieron en la presencia de las autoridades norteñas y en el activismo de los afroamericanos que estrenaban ciudadanía un insulto y una amenaza. Como muchos tenían vedado el campo del gobierno, los secesionistas más resentidos formaron organizaciones secretas y paramilitares para normar, como dijera alguno de ellos, "el estatus de los negros en la sociedad". Así, grupos como el Ku Klux Klan (fundado en Tennessee en 1865), los Caballeros de la Camelia Blanca (Luisiana, 1867) y los Camisas Rojas (Misisipi, 1875) sembraron el terror entre la población afroamericana atacando sus escuelas, iglesias y negocios —símbolos de la dignidad, independencia y fe en el progreso de los antiguos esclavos—, matando a sus animales, intimidando votantes y persiguiendo, golpeando y asesinando a funcionarios, maestros y predicadores afroamericanos, o a aquellos "que se arreglaban como si pensaran que eran algo". Miles fueron víctimas de esta violencia.

Por otra parte, si el nuevo orden constitucional aseguraba derechos ciudadanos, su contenido quedaba por definirse en los hechos. El poder Judicial sería el encargado de dibujar las fronteras de este nuevo estatus y el alcance de la protección federal. En lo que tocaba a las relaciones entre el ciudadano y la autoridad los miembros de la Suprema Corte se erigieron en guardianes de un federalismo más parecido al antiguo de lo que habían imaginado los promotores de las reformas. Así, al resolver el primer pleito judicial sobre lo que quería decir ser ciudadano americano —que no entablaron antiguos esclavos sino unos carniceros de Nuevo Orleáns que alegaban que la ley que les prohibía matar animales dentro de la ciudad vulneraba sus derechos ciudadanos (Slaughterhouse Cases, 1873)— la Corte respondió que los derechos del ciudadano estadounidense se reducían a una lista exigua. Éste tenía derecho a escribir a su congresista y a la protección del gobierno federal en contra de los piratas en alta mar, pero no a mucho más. Los jueces afirmaron que eran los gobiernos estatales los principales garantes de los derechos individuales. En 1874, cuando una mujer, Virginia Minor, arguyó que, como nacida en el territorio nacional, era ciudadana estadounidense y tenía por lo tanto derecho a votar, la Corte replicó que la Constitución no confería el derecho a votar a nadie: "ciudadano" era un término intercambiable con "sujeto" o "súbdito".

La lectura que hizo la Corte de la decimocuarta enmienda constituyó a la ciudadanía federal en una categoría política hueca. La interpretación que hizo de las facultades del gobierno federal la volvió incluso más endeble. En US v. Cruishanks (1876), el caso de la turba blanca que había masacrado a cien afroamericanos en Colfax, Luisiana, en el contexto de una disputa electoral, fue llevado ante la Suprema Corte, por haber los perpetradores atacado el derecho a la "vida" y "libertad" de las víctimas. La Corte admitió la evidente criminalidad de las acciones de los agresores, pero negó que estuvieran sujetos a sanciones federales. La Constitución protegía a los individuos de las agresiones de las autoridades estatales, no de las de otros individuos. Esta decisión judicial permitió que, durante casi un siglo, quedaran impunes crímenes perpetrados por la muchedumbre en contra de miembros de minorías despreciadas por sus ideas, su origen o su raza. Los delincuentes actuaban con la anuencia de las autoridades locales, y en las raras ocasiones en las que se los perseguía eran arropados por los jueces y los jurados, con los que compartían prejuicios.

Ante la resistencia de la población blanca, la violencia de los supremacistas y la ambivalencia de los políticos republicanos y la autoridad judicial, y bajo el peso de la dependencia económica, la Reconstrucción se fue desmantelando. Al reincorporarse los antiguos estados confederados a la Unión, se retiraban las tropas y se normalizaba un esquema de política bipartidista que favorecía la concertación. En este proceso los afroamericanos fueron quedándose prácticamente solos en su lucha por la inclusión y la igualdad. En 1876, en una reñidísima elección presidencial, el candidato demócrata, Samuel J. Tilden, ganó más del 50% del voto popular, y quedaron en entredicho 20 votos electorales. En lo que se conoce como el "Compromiso de 1876" las cúpulas de los partidos negociaron, a puerta cerrada, que se reconociera el triunfo del candidato republicano, Rutherford B. Hayes. A cambio, Hayes puso fin al experimento de la Reconstrucción, y en abril de 1877 retiró a los 3 000 soldados federales que quedaban en Luisiana, Florida y Carolina del Sur. Los nuevos gobiernos "redencionistas" del Sur construyeron rápidamente estructuras normativas e institucionales para segregar a la población afroamericana y mantenerla en la precariedad y la marginación.

En 1935 el gran intelectual afroamericano W. E. B. DuBois hablaba de la tragedia que para la "democracia de los millones que trabajan" había representado el fracaso de la Reconstrucción. Lo que en su opinión provocaba mayor desesperación era que en esta historia no había "ni villano, ni idiota, ni santo. Sólo hombres". La Guerra Civil estadounidense había representado un cataclismo monumental, una "segunda Revolución americana". Movilizó a casi tres millones de hombres, mató a más de medio millón, liberó a cuatro millones y consolidó Estados Unidos como nación. Sin embargo, la Reconstrucción puso de manifiesto los límites de lo que a primera vista parecía ser una transformación inconmensurable. La guerra había surgido de la supuesta incompatibilidad entre dos "naciones", el Norte libre y el Sur esclavista, que no podían vivir juntas. No obstante, las respuestas que dieron a las exigencias de la guerra demostraron lo mucho que se parecían los dos contendientes. Ambos gobiernos recurrieron a la conscripción forzosa, a las medidas compensatorias, al papel moneda, a armar y reclutar a los afroamericanos y a reforzar el gobierno central frente a los estatales. Aunque son muchos los factores que explican la victoria de la Unión, uno de ellos fue que, en este proceso, la Confederación no pudo ir lo suficientemente lejos: murió, como diría amargamente Jefferson Davis, "de teoría", defendiendo la autonomía estatal que debilitaba la Confederación.

Sin embargo, como puede verse en el éxito desigual de ciertas políticas (el reclutamiento, la recaudación de impuestos, la venta de bonos de la Tesorería), la guerra no engendró una gran potencia, centralizada y coherente. Si enganchar, transportar, pertrechar, financiar y organizar estos grandes ejércitos durante cuatro años fue muestra del enorme potencial de Estados Unidos, reveló también que el buen desarrollo de las políticas del Estado federal dependía de que pudieran insertarse en las complejas redes de lealtades e intereses tejidas a nivel local, estatal o regional. Esto sería más obvio —y más doloroso, como denunciaría DuBois— en el caso de la Reconstrucción: ante la presencia de intereses económicos que se beneficiaban de una mano de obra dependiente, al complicarse el control republicano del Sur, y al volverse más conveniente responder a las exigencias de la mayoría blanca, los proyectos de emancipación afroamericana perdieron apoyo y dejaron de ser bandera del partido Republicano. En muchos sentidos los estados del Sur se reconstruyeron a sí mismos, siguiendo la lógica de la segregación institucionalizada y la supremacía blanca y borrando muchos de los legados de los esfuerzos reformistas y de la ocupación militar de la primera década de la posguerra. La "segunda Revolución" no cumplió con lo que había prometido.

V. AMÉRICA TRANSFORMADA
1877-1920

Nuestra nación ha sido poblada por pioneros, y tiene por lo tanto más energía, más espíritu de empresa, más poder expansivo que ninguna otra.

Theodore Roosevelt, 1901

La reconciliación entre hermanos enemistados, lo hemos visto, no fue ni fácil ni automática. Sin embargo, la crónica de la posguerra, salvo el "desgraciado" paréntesis de la Reconstrucción, se centra en la "gran nación" que se consolidó "de mar brillante a mar brillante", como rezaba una canción popular de finales del siglo xix. Su economía crecía a un ritmo casi alucinante. La conquista de la frontera por audaces pioneros se describía, lo hemos visto, como una experiencia particularmente estadounidense: el Oeste era el lugar en donde se forjaban la democracia y la identidad "americana". Esta última era tan poderosa que transformó a los millones de inmigrantes que hicieron de "América" un "crisol" (*melting pot*) de nacionalidades y culturas. Al calor de las oportunidades y de una contagiosa ética del trabajo desaparecieron las diferencias de origen, raza y clase.

Por otra parte, se trata de un periodo bisagra durante el cual la posición de Estados Unidos en el escenario internacional cambió profundamente. Para fines del periodo la energía que desde la fundación de la nación había impulsado la formación de un imperio continental se desbordó allende las fronteras. Estados Unidos se convirtió en la potencia hegemónica en el hemisferio occidental, atribuyéndose el derecho de intervenir en las "repúblicas hermanas" de América Latina. Además adquirió un imperio colonial menos distinto a los europeos de lo que pretendía.

Sin embargo, ya autores contemporáneos como el novelista Mark Twain denunciaron que el brillo de esta época —que el escritor de Misuri apodara burlonamente la edad "chapada en oro" (*gilded age*)— era más relumbrón que sustancia. Un grupo de célebres periodistas, apodados los *muckrakers* ("rastrilladores de mugre") denunciaron la escandalosa concentración de la riqueza, la frivolidad de los nuevos ricos y las lacras del orden industrial. Los historiadores —Charles Beard, Carl Becker, Vernon Parrington, Frederick Jackson Turner— abandonaron los relatos optimistas del progreso de la nación para explorar sus conflictos. Estos estudiosos hicieron escuela: durante mucho tiempo quienes se interesaron por este periodo reprodujeron las mismas imágenes, lamentando además la mediocridad de sus políticos, lo "burgués" de sus reformistas y lo poco "radical" —léase no socialista— de sus organizaciones sindicales.

A partir de mediados del siglo XX los historiadores empezaron a interesarse en las complejidades de este periodo, menos dramático que el de la Guerra Civil pero rico en transformaciones y contradicciones. Los historiadores de la economía hicieron análisis cuidadosos de las estadísticas históricas y revelaron las peculiaridades de un capitalismo americano precozmente corporativo, mientras que los estudiosos de lo social se interesaron en las respuestas —positivas y negativas— de quienes intentaban "poner orden" ante la vorágine de cambios que transformaban la sociedad: aquellos "movimientos de suspicaz descontento" como el de los populistas, o los que se organizaron para obtener el sufragio femenino, para embellecer las ciudades, para asegurar el "adelanto" de los afroamericanos o para intimidarlos. Quienes se ocupan de los movimientos obreros han explorado el radicalismo de los trabajadores en el taller, su capacidad organizativa y lo difícil que resultó traducir este dinamismo al campo de la lucha política. Finalmente, muchos han explorado el papel crucial que ha desempeñado el racismo en la historia de Estados Unidos, y los mecanismos de inclusión y exclusión que construyó su sociedad. Estos trabajos nos ayudan a entender un periodo efervescente y ecléctico, durante el cual la transición a una economía industrial —la más grande y potente del mundo— acarreó transformaciones sociales y provocó las más diversas reacciones, de las que intentaremos hacer una breve reseña a continuación.

EL GIGANTE INDUSTRIAL

Desde el siglo XVIII la economía estadounidense se caracterizó por su dinamismo. El crecimiento demográfico, el comercio y la expansión territorial intensificaron esta energía a lo largo de la primera mitad del siglo XIX. Después de la Guerra Civil, al destrabarse la parálisis legislativa que había obstaculizado el movimiento hacia el Oeste, se amplió la frontera agrícola: se cultivaron más y mejores tierras, se mecanizó la producción y se revolucionaron el transporte y la comercialización de los productos de la tierra. La productividad del campo creció de manera exponencial: la producción de maíz, por ejemplo, se duplicó entre 1865 y 1876. Estados Unidos se convirtió en el primer productor agrícola del mundo.

Sin embargo, la agricultura, que en 1839 representaba el 70% de la producción total del país, para principios del siglo XX se había reducido a poco más del 30%. Estas cifras resumen lo que fue quizá la transformación más trascendental y portentosa del periodo: a la par de los profundos cambios que se daban en el campo, Estados Unidos se convirtió en la potencia industrial más importante del mundo. Si en 1865 importaba una fracción importante de su capital y mano de obra, para vísperas de la primera Guerra Mundial su producción manufacturera —casi 36% de la producción mundial— rebasaba la de Alemania y Gran Bretaña juntas (15.7% y 14%, respectivamente).

Auge: Mercado, transporte y organización

El volumen de la producción industrial estadounidense se triplicó entre la rendición de Appomatox y el año 1900. A lo largo de la década de 1880 la productividad de la industria siderúrgica, emblemática del proceso de industrialización, aumentó en 800%. El valor anual de las manufacturas dentro de la economía nacional había pasado de 3 000 millones de dólares en 1869 a 13 000 millones para fines de siglo. Dos factores centrales promovieron y apuntalaron este impresionante desarrollo. Por un lado, Estados Unidos, a diferencia de otras potencias industriales, gozaba de un acceso formidable a muchas de las materias primas fundamentales para la industrialización: hierro y carbón, petróleo, cobre, zinc. Por otra, se desarrolló un mercado interno de características peculiares: se trataba de un espacio económico de extensión continental, enlazado por un eficiente sistema postal, líneas telegráficas y un impresionante tendido ferroviario. El ferrocarril transcontinental vinculó las dos costas en mayo de 1869, y la red ferroviaria pasó de casi 80 000 kilómetros en ese año a más de 408 000 para 1910. Esta densa red de comunicación hacía posible el intercambio de materias primas, información, mano de obra y todo tipo de productos de capital y de consumo.

Este sistema de intercambios, articulado en torno a centros urbanos que concentraban y distribuían recursos y bienes —Nueva York, Pittsburgh, Chicago, Búfalo, San Luis, San Francisco— se sostenía por la confianza entre actores económicos muchas veces separados por grandes distancias y que normalmente no se conocían, pero que sabían que recibirían "aquello por lo que habían pagado", que los cargamentos llegarían completos y a tiempo y que la satisfacción del cliente era un objetivo primordial de los involucrados. Sabían además que los papelitos impresos —títulos y acciones— que emitían las empresas para financiarse no sólo tenían un valor intrínseco sino que generaban ganancias adicionales. Que el mercado accionario, sobrecapitalizado y volátil, a menudo defraudara a quienes participaban en él no atemperó el entusiasmo de los estadounidenses que gustaban de comprar y vender en la Bolsa de Valores.

En 1904 Sears, Roebuck y Compañía, empresa dedicada a las ventas por catálogo, construyó en Chicago el edificio más grande del país —de casi 465 000 metros cúbicos. En él trabajaban 22 000 personas para ofrecer a los estadounidenses todo tipo de productos —"más de 100 000", anunciaba la compañía a principios del siglo XX—, administrar los pagos que los clientes hacían a distancia y asegurarse de que éstos recibieran en su casa lo adquirido. Así, miles de estadounidenses compraron, a través de las páginas de los catálogos ilustrados, relojes —con una garantía de seis años—, ropa, tapetes, papel tapiz, lámparas, vajillas, máquinas de coser, bicicletas, instrumentos musicales, sillas de montar, armas de fuego y hasta casas para armar *in situ*. El edificio al lado del río Chicago era, en muchos sentidos, emblemático del sistema económico estadounidense: enorme y abigarrado, articulado en torno a una oferta cada vez mayor de bienes de consumo, a la confiabilidad y alcance de las redes de distribución, al servicio al cliente y a la facilidad en las transferencias financieras.

El proceso de industrialización estadounidense llama la atención no sólo por la velocidad y la escala con la que se llevó a cabo sino por la organización de las empresas y la fluidez del capital. La "mano visible" —como la llamó Alfred Chandler— de los grandes empresarios intentó poner orden a los impulsos de un mercado inmenso —nacional y global—, dinámico pero inestable, que en esta época generó varias crisis profundas: los "pánicos" de 1873, 1893 y 1907. Los ferrocarriles representaron, de forma prácticamente natural, un modelo de organización a gran escala, dada su cobertura territorial, la necesidad de realizar grandes inversiones en infraestructura y el hecho de que la competencia por una misma ruta resultaba materialmente complicada y económicamente suicida. De esta manera, siguiendo el ejemplo de las compañías ferroviarias, las grandes corporaciones se esforzaron por asegurar su conservación interviniendo el mercado. Apoyándose en nuevos "especialistas"

—gerentes, administradores e ingenieros— buscaron racionalizar la actividad productiva, hacer más eficiente la asignación de recursos y debilitar a la competencia. Para esto recurrieron a novedosos modelos de organización institucional —carteles y *trusts*— para controlar el acceso a la materia prima, así como los costos y precios de venta; integraron las distintas fases de la producción y se apropiaron de los canales de transporte y comercialización.

Las compañías naviera y ferrocarrileras de Cornelius Vanderbilt (la Accessory Transit Company y, entre otras, la New York Central and Hudson River Railroad), el imperio mediático de William Randolph Hearst, la red financiera de John Pierpoint Morgan y Jacob Schiff, la siderúrgica del inmigrante escocés Andrew Carnegie, U.S. Steel —que en 1901 se convirtió en la primera compañía valuada en más de mil millones de dólares— y la Standard Oil de John D. Rockefeller encarnaron este proceso. Sus propietarios representaban también un nuevo tipo de actor económico: el empresario ambicioso, no particularmente escrupuloso, y riquísimo. Para 1913 la fortuna de Rockefeller equivalía al 2% del producto interno bruto del país. Aquellos que la prensa de denuncia apodó los "barones ladrones" (*robber barons*) —que para limpiar sus reputaciones construyeron bibliotecas y fundaron hospitales y universidades como Johns Hopkins, Chicago y Stanford— inspiraban sentimientos encontrados de admiración y odio. Eran criticados por manipular las reglas del juego y por aniquilar a la competencia. Se alegaba que los monopolios empobrecían a un consumidor ahora indefenso y cerraban las puertas de la oportunidad a los emprendedores. Las novelas de Horatio Alger, a cuyos héroes bastaba con trabajar duro y ser ocurrentes para salir de pobres, se volvían cada vez más populares y más inverosímiles.

La Guerra Civil parece haber sido determinante para la formación de las corporaciones que impulsaron la industrialización en Estados Unidos. Para ser proveedor de los ejércitos de la Unión había que producir bienes estandarizados en masa y entregarlos en un tiempo corto y fijo, a veces en distintos puntos del país. Sin embargo, muchos de los elementos centrales de la transformación de la economía estadounidense en esta época —la estandarización de la mercancía, la posibilidad de almacenar y transportar grandes cantidades de producto, el recurso a la información para poder responder a los cambios en la demanda y la construcción de sistemas prácticamente virtuales de intercambio y de pago— precedieron a la guerra y tuvieron, como origen, el mundo rural.

Al mediar el siglo XIX los esfuerzos de los comerciantes de grano y carne del Medio Oeste —sobre todo de Chicago— para organizar, sistematizar y hacer más eficiente —y más redituable— el vínculo entre las granjas del Oeste y el resto del país transformaron las formas en las que la producción agrícola se almacenaba, transportaba y comercializaba. La introducción, en la década de 1850, de los elevadores de grano —bodegas verticales, elevadas, que se llenaban mediante cubetas movidas por una cinta transportadora activada por medio del vapor— puso fin a la laboriosa faena de llenar y transportar sacos de grano. El movimiento de los cereales se volvió mucho más eficiente. Por ejemplo, embarcar un cargamento de 10 000 fanegas de trigo en San Luis, Misuri, para transportarlo por río, requería que trabajaran, durante un par de días, unos 200 trabajadores. Para 1857 los 12 elevadores de Chicago podían cargar en vagones de tren entre seis y ocho mil fanegas por hora, y almacenar cuatro millones de fanegas, lo que equivalía a más de lo que se embarcaba en los muelles de San Luis a lo largo de un año.

Quizá más trascendental resultó que se extendieran recibos por el grano que, tras ser clasificado según su calidad, ingresaba a los elevadores de las ciudades del Medio Oeste, como los que se entregaron después a cambio de kilos de carne de res, mantequilla o huevo. Estos recibos podían ser redimidos —o vendidos, consolidados o intercambiados— en la Lonja comercial de Chicago, lo cual escindía el vínculo físico de propiedad que unía al vendedor —el granjero— con un producto específico, como un cargamento de grano cosechado en el campo de una granja particular. Como explica William Cronon, para mediados de la década de 1860 el febril in-

tercambio de papel que se llevaba a cabo en la Lonja rebasaba con
mucho aquellas transacciones que tenían que ver con la recepción
y entrega de cargamentos de maíz, trigo o sorgo. Los cereales, uno
de los productos básicos más antiguos, importantes y conocidos de
la humanidad, se convertían en una abstracción financiera, en una
unidad de valor y en objeto de especulación, parte del "mundo simbólico del capital".

Pasó algo similar con la carne. Antes de 1870 dominaba el mercado el puerco —que se prestaba más que la res a ser salado o ahu-
mado—, proveniente de plantas empacadoras que no funcionaban
sino en inverno, cuando podía preservarse la carne. El ganado va-
cuno tenía que transportarse, vivo, a las ciudades de la costa Este, lo
cual era complicado y costoso. A partir de la década de 1880 se hizo
posible transportar a los animales, destazados en cortes estándar, en
vagones refrigerados. El precio accesible de la "carne preparada, estilo
Chicago" permitió que llegara a casi todas las mesas estadounidenses.

La res, el puerco y el pollo se transformaron entonces de mercancía perecedera en alimento cotidiano, además de unidad de medida y objeto de venta de "futuros". El rastro de Chicago se convirtió
en el espacio emblemático de la "segunda ciudad" americana: cubría
100 acres y era capaz de acoger al mismo tiempo 21 000 cabezas de
res, 75 000 puercos, 22 000 ovejas y 200 caballos. Para alojar, alimentar y entretener a los vaqueros y comerciantes que lo visitaban
tenía hotel, restaurant, cantina y peluquería. A la sombra del rastro
crecieron todo tipo de industrias relacionadas, que aprovechaban
cada parte del animal, desde las salchichas alemanas de Oscar Mayer
hasta fábricas de margarina, cepillos y pegamento. Frente a la gran
diversidad de actividades que se desarrollaron en torno a la industria
de la carne se impuso la centralización de las tareas administrativas.
Cuatro compañías controlaban el 90% de la producción, procesaban
más de un millón de puercos al año y parte importante de la res
que se consumía en todo el país. La más básica de las actividades humanas, alimentarse, se había convertido en un negocio gigantesco,
complejo, sofisticado y tecnificado.

"Una nación tan grande como su pueblo": Población y urbanización

El impresionante crecimiento de la economía estadounidense dependió del acceso a mano de obra abundante y barata, lo cual materialmente no representó un problema para una sociedad expansiva y atrayente. El ritmo del crecimiento demográfico de Estados Unidos siguió siendo impresionante. Entre el fin de la guerra y principios de siglo la población creció alrededor de 25% por década, y en 1900 alcanzó casi 76 millones de personas. A este desarrollo se sumó la llegada de numerosos inmigrantes, que no provenían ya de las regiones que históricamente habían nutrido la población de Estados Unidos —Alemania en primer lugar, Gran Bretaña, los países escandinavos— sino del Este y del Sur de Europa. Entre 1890 y 1915 llegaron 18 millones de inmigrantes, provenientes, en un 80%, de Austria-Hungría, Polonia, Rusia —incluyendo a un número importante de judíos, que escapaban de la violencia antisemita—, Italia y España, además de griegos, armenios, sirios y turcos.

Si la diversidad étnica, lingüística y religiosa de los inmigrantes desconcertaba a los "americanos" de vieja cepa (que rara vez lo eran tanto), su pobreza, su tendencia a concentrarse en las grandes ciudades y a dedicarse a la producción industrial, y que en algunos casos promovieran versiones exóticas del activismo laboral, como el socialismo y el anarquismo, los hizo parecer no sólo demasiado distintos sino particularmente "peligrosos". Aunque a lo largo del periodo la proporción de nacidos en el extranjero se mantuvo más o menos constante dentro de la población total —alrededor de 14%—, en ciudades como Nueva York, Chicago, Detroit, Cleveland y Milwaukee más del 80% de los habitantes eran inmigrantes o hijos de inmigrantes para 1880. Éstos conservaban su idioma, comida, fiestas y costumbres, y construían "pequeñas" Italias, Polonias y Rusias en los barrios urbanos, que hoy son el deleite de los turistas pero que constituían entonces islas de diferencia e impermeabilidad que preocupaban a los antiguos residentes.

Abrumados, muchos estadounidenses —desde los educados patricios de Nueva Inglaterra hasta los líderes de los grandes sindicatos nacionales— creyeron que esta exótica población ponía en riesgo la identidad, la cultura y el "modo de vida" americanos. Presionaron a los legisladores para que cerraran las puertas a esas "masas cansadas, pobres y amontonadas" a las que la estatua de la Libertad daba la bienvenida desde 1886. A partir de 1875 el Congreso federal reclamó para sí la autoridad de normar la inmigración, y promulgó una serie de leyes que pretendían, si no restringir la inmigración, por lo menos seleccionar a quienes querían integrarse a la nación.

Como muchas de las disposiciones de la época, las leyes de inmigración del último cuarto de siglo reflejan los prejuicios e intereses de los nativistas, pero sobre todo la influencia desigual que ejercían los distintos actores interesados en abrir o cerrar la puerta de entrada a quienes venían de fuera. Desde la década de 1880, bajo la presión de los sindicatos y de los diputados de la costa Oeste, se prohibió la entrada a los trabajadores chinos y a quienes ingresaban a Estados Unidos como trabajadores bajo contrato. A principios del siglo XX se sumaron a estos elementos indeseables —porque reducían el nivel de los salarios— quienes sufrían de enfermedades crónicas o contagiosas, los polígamos y los anarquistas. Sin embargo, los esfuerzos por dejar fuera a "futuros americanos" por pobres, ignorantes o demasiado distintos se toparon con la resistencia de las comunidades de inmigrantes, que rápidamente habían aprendido a jugar el juego político-electoral y defendían el derecho de sus paisanos y familiares a desembarcar en la tierra prometida, así como la de los grandes intereses económicos, ávidos de mano de obra barata para el trabajo industrial y agrícola.

Más allá de su caracterización como "extranjeros", el crecimiento del número de trabajadores asalariados —que pasó de 13 millones a 19— resultó perturbador para la América rural, de por sí sacudida por cambios profundos y no siempre positivos. Muchos dudaban de la autonomía política de quien dependía de un salario. En Estados Unidos la transición de una sociedad rural a una mayoritariamente urbana se dio relativamente tarde: la población activa de las ciudades no rebasó a la del campo sino hasta 1920, mientras que en Gran Bretaña esta transición se había dado a mediados del siglo XIX. No obstante, cada vez más estadounidenses vivían en ciudades y trabajaban en fábricas y minas sin esperanza de conquistar la autonomía a través de la propiedad. Estos cambios engendraron grandes organizaciones laborales, que por su estructura, escala, bandera y estrategia eran tan distintas de los "partidos de los hombres trabajadores" jacksonianos —con su alergia a los "privilegios", su retórica republicana y su vocación esencialmente política— como del sindicalismo socialista europeo.

Estas asociaciones de trabajadores se insertaban en un contexto de crecimiento económico y de política democrática. El mercado laboral era a un tiempo dinámico e inestable. Durante los 30 años que precedieron a la primera Guerra Mundial los salarios en la industria subieron de forma consistente —salvo en tiempos de crisis, cuando los empleadores los recortaban de tajo—, pero a la zaga del costo de vida. Por otra parte, lo profundo y repentino de las crisis periódicas barría con empleos y salarios, y debilitaba el asociacionismo. Así, cuando en 1873 la economía se contrajo a la tercera parte de su tamaño la membresía de los sindicatos en la ciudad de Nueva York se desplomó: pasó, en cuatro años, de 45 000 a 5 000 integrantes, al tiempo que desaparecía una primera organización nacional, la Unión Nacional del Trabajo (National Labor Union), fundada en 1866 para promover la jornada de ocho horas ahí donde, normalmente, se trabajaba durante, por lo menos, diez.

Para hacer frente a la incertidumbre e incidir en las difíciles condiciones que caracterizaban la actividad industrial los trabajadores estadounidenses recurrieron a la organización y a la huelga. Enfrentaban, además de la vulnerabilidad en tiempos de crisis, el desafío de unificar una fuerza laboral fracturada por el género, el nivel de calificación, el idioma y el origen. Fueron entonces los obreros calificados —hombres, blancos, nacidos en Estados Unidos— los que se convirtieron en los principales promotores de una organización laboral articulada en torno a los oficios, pero con proyección regional, estatal y nacional. Con la consolidación de grandes federaciones obreras como los Caballeros del Trabajo (Knights of Labor), fundada como una "orden noble y santa" en 1870, y la Federación Estadounidense del Trabajo (American Federation of Labor, AFL, 1886) este sindicalismo se convirtió en la voz de los trabajadores sobre el escenario nacional, y en objeto del cortejo de los partidos políticos. Estas organizaciones interpelaban a sus empleadores, al gobierno y a la opinión pública con un discurso democrático, individualista y disciplinado, que insistía en las bondades del sistema "americano", en las posibilidades de negociación y colaboración con los patrones, en la hombría y decencia del trabajador y en la defensa de su libertad, amenazada por los radicalismos a la europea.

Este supuesto conservadurismo y el carácter excluyente de estas asociaciones serían duramente criticados por grupos más radicales, como los llamados *wobblies,* los Trabajadores Industriales del Mundo (Industrial Workers of the World, IWW, 1905), que buscaban reclutar a los obreros no calificados, a las mujeres y a los inmigrantes. Sin embargo, la intransigencia de los empleadores, la sensación de indefensión e impotencia de los obreros ante las crisis y el dinamismo de las redes que los vinculaban llevaron al sindicalismo orgullosamente "americano" del último cuarto de siglo a escenificar las huelgas más extensas y tenaces de la historia de Estados Unidos: la Gran Huelga Ferroviaria de 1877, la huelga de U.S Steel en Homestead, Pensilvania, en 1892, y la de la compañía de vagones de tren Pullman en 1894, durante la cual los 4 000 empleados de la compañía convocaron a un boicot de trenes que involucró a 250 000 trabajadores ferroviarios en 27 estados.

Estos movimientos fueron, las más de las veces, violentamente reprimidos: los patrones contrataban servicios de seguridad —y notablemente a la agencia de detectives Pinkerton— para infiltrar los sindicatos, excluir a los activistas e intimidar a los obreros. También involucraron a la fuerza pública: a lo largo de este periodo los gobernadores llamaron a las milicias estatales más de 500 veces para poner fin a disturbios laborales. Fue la intervención del Ejército la que finalmente desarticuló el movimiento a favor de los trabajadores de Pullman. Tanto como el aparato coercitivo del Estado, el poder Judicial respaldó a los capitanes de la industria, desmantelando las iniciativas estatales que pretendían regular las condiciones laborales y castigando severamente a los incitadores de la rebelión obrera: el líder de la Unión Estadounidense de Ferrocarriles (American Railway Union, ARU) y futuro socialista Eugene V. Debs pasó seis meses en la cárcel tras la huelga de 1894.

Según los jueces de la época, salvo circunstancias especiales —labores especialmente peligrosas, como el trabajo en las minas, o el trabajo femenino—, las leyes que pretendían normar las condiciones de contratación y de trabajo eran, como afirmó la Suprema Corte en el caso de Lochner v. Nueva York (1905), una "interferencia inadmisible, innecesaria y arbitraria en el derecho del individuo a su libertad individual". Con la entrada de Estados Unidos a la primera Guerra Mundial en 1917 el margen de maniobra de los trabajadores se estrechó aún más: toda protesta fue condenada como antipatriótica y sospechosamente parecida a los reclamos que en el Viejo Mundo esgrimían unos revolucionarios apátridas. Aunque para 1920 las familias obreras disfrutaban de mayor holgura —lo que se debía más al abaratamiento de los bienes de consumo que a un aumento sustancial en el salario real— difícilmente puede afirmarse que el saldo de este periodo de transición haya sido positivo.

Otro factor demográfico determinante para el proceso de industrialización fue el crecimiento de las ciudades. Las colonias británicas, lo hemos visto, no tuvieron una gran tradición urbana. Sin embargo, la industrialización echaría a andar un proceso acelerado de urbanización. Al terminar la Guerra Civil sólo Nueva York y Filadelfia tenían más de medio millón de habitantes, mientras que en Londres vivían ya más de tres millones, y en París casi dos. Quince años después Nueva York rebasaba el millón de pobladores. Al cambio de siglo tenía casi tres millones y medio, mientras que Chicago y Filadelfia rebasaban el millón. Se trataba, claramente, de nuevos patrones de concentración demográfica que poco tenían que ver con el legado histórico y más bien parecían responder a la transformación e interconexiones de la economía global. Así, las otrora espléndidas ciudades coloniales de la América española habían perdido su ímpetu: para 1910, en México, la capital llegaba a poco más de 417 000 habitantes, Lima apenas rebasaba los 100 000 en 1900 y sólo Buenos Aires —que no había sido particularmente espléndida durante la época virreinal— tenía más de un millón de habitantes en 1909. En la república del Norte, en cambio, no sólo se consolidaron grandes metrópolis sino que crecieron también pequeños núcleos urbanos, que se articulaban alrededor de fábricas y minas o de las encrucijadas de caminos, vías fluviales y férreas que vinculaban el centro del país con las dos costas. De este modo, durante las últimas décadas del siglo el número de ciudades estadounidenses de más de 100 000 habitantes pasó de 9 a 50, y de 58 a 369 las que tenían más de 25 mil.

El desarrollo de las ciudades sirvió de acicate al proceso de industrialización. La ciudad representaba un mercado ávido de todo tipo de bienes de consumo —desde ropa ya hecha hasta leche entregada a domicilio—, y la infraestructura de la ciudad moderna —alumbrado, transporte y sistemas de aguas y de manejo colectivo de desechos— exigía una gran cantidad de insumos industriales: asfalto y concreto, vías férreas, túneles y tuberías, acero y cableado para el suministro de gas, electricidad y agua, así como la centralización, racionalización y organización científica de su administración. Las compañías "consolidadas" que proveían a las ciudades de servicios que empezaban a considerarse "básicos" (luz eléctrica, agua corriente, recolección de basura) eran ejemplos ilustrativos del proceso de corporativización característico de la época, por su tamaño, alto nivel de capitalización, cobertura territorial, complejidad y dominio casi absoluto del mercado.

Por otra parte, los servicios urbanos transformaron el paisaje citadino, divorciándolo del medio rural y de los ritmos "naturales" en los que había estado inserto hasta entonces. Así, al establecerse, en 1889, el servicio de tranvías eléctricos en Boston, el transporte público empezó a pautarse con horarios fijos, y desaparecieron de la ciudad los 8 000 caballos que antes aseguraban la movilidad de los bostonianos, y con ellos sus establos y su pastura. La ciudad moderna, con sus luces, incesante actividad, grandes almacenes, restaurantes y bares, y la convivencia entre una miseria sórdida y la escandalosa opulencia de los muy ricos —para quienes el sociólogo Thorstein Veblen creo la categoría de "consumo conspicuo" en 1899— ocupó un lugar central en el imaginario, y se convirtió en tema recurrente de la literatura. Muchos de los novelistas de la época (Theodore Dreiser, Hamlin Garland, Waldo Frank) la denunciaron como un lugar en donde se perdían los anclajes y donde el anonimato, las pasiones y las aspiraciones conducían a la corrupción.

Otros, en cambio, vieron en la gran ciudad el símbolo del poderío humano sobre la naturaleza. Según el influyente arquitecto Louis H. Sullivan, diseñador de los primeros rascacielos —cuya construcción se hizo posible gracias a las estructuras de acero y a la introducción de elevadores—, la ciudad era "magnífica y salvaje: una burda extravagancia: una crudeza intoxicante: el sentido de las grandes cosas que están por hacer". Para los activistas y reformistas que se involucraron en la política municipal la ciudad era malsana y problemática y, al mismo tiempo, un espacio de enormes posibilidades. Ahí se podía experimentar con la administración pública de los servicios, compilar estadísticas sobre la vida urbana, establecer centros comunitarios —las *settlement houses,* de las que para 1913 había 413, presentes en ciudades en todas las regiones— y generar instrumentos para la "civilización" de la población, como parques y bibliotecas públicas, que debían convertirse en los "palacios del pueblo", tal y como las describía Charles F. McKim, arquitecto del imponente edificio de la biblioteca pública de Boston, inaugurado en 1895. Así, la ciudad sintetizaba las llagas y las posibilidades de una modernidad seductora y desestabilizante.

¿UN NUEVO MODELO POLÍTICO?

La insatisfacción democrática

¿Cómo afectaron estas profundas transformaciones la vida política de la república? En 1863, en el que fuera quizás el más notable de sus discursos, Lincoln afirmó que la lucha colosal que desgarraba a Estados Unidos tenía como objetivo que el gobierno "del pueblo, por el pueblo, para el pueblo no desapareciera de la faz de la tierra". A lo largo de las siguientes décadas este entusiasmo por la democracia se enfriaría considerablemente. Durante gran parte del siglo XIX las elecciones estadounidenses habían registrado una participación altísima, que no tenía igual en los sistemas representativos contemporáneos: a partir de la década de 1840 entre el 70 y el 80% de los posibles votantes acudía a las urnas. Esta elevada proporción empezó a declinar después de la Reconstrucción, al tiempo que se multiplicaban los discursos sobre la ineficiencia y la corrupción de la política popular, de los que se apropió una clase media cada vez más numerosa, educada —gracias a la expansión de la educación universitaria, si bien seguía siendo privilegio de una minoría: en 1870 casi 63 000 jóvenes estadounidenses asistían a la universidad; dos décadas después eran 157 000, y 355 000 para 1910— y convencida de su importancia. En 1920 menos de la mitad de quienes tenían derecho a votar acudieron a las urnas en la elección presidencial.

Como se ha mencionado ya, durante la primera mitad del siglo XIX los partidos políticos no sólo representaron un medio para encauzar la participación política; fungieron además como importantes espacios de convivencia, en los que a menudo pesaron más los lazos étnicos, religiosos y de afinidad a nivel local que la ideología. Los mítines, campañas y debates políticos eran ocasión para verse con los amigos, tomar varios tragos, desfilar con antorchas, gritar, cantar e increpar al contrincante. Durante las últimas décadas del siglo esta política, festiva y populachera, se convirtió en objeto de burla y escarnio para una clase media cada vez más numerosa, educada y elocuente que creía que la política debía ser cosa seria. Más preocupante aún era la supuesta corrupción rampante de los partidos, visible en ambos extremos de la escala social.

Así, alegaban, mientras en Washington se promovían los "intereses especiales" de las grandes corporaciones, que compraban políticos y financiaban candidatos a modo, en las ciudades la maquinaria partidista se apropiaba de los gobiernos municipales por medio de amplias redes clientelares que tejían repartiendo empleos, apoyos y licencias entre los inmigrantes, trabajadores pobres y otros individuos tanto o más indeseables, como el prototipo del cacique político urbano que retratara el periodista William Riordon: el *boss* demócrata George Washington Plunkitt de Nueva York, entusiasta defensor del "chanchullo honesto".

La preocupación por "moralizar" la cosa pública desembocó en leyes más estrictas para normar el sufragio. La decimoquinta enmienda constitucional había pretendido promover la participación ciudadana prohibiendo que los estados recurrieran a criterios de raza para regular el sufragio. Sin embargo, este planteamiento en negativo del derecho al voto dejó la puerta abierta a que los estados implementaran una variedad de dispositivos barrocos —requisitos de residencia, el pago de un impuesto de capitación, pruebas de "lectura y comprensión" de las leyes fundamentales— para excluir del voto en el Sur a la población afroamericana, y en algunos estados del Norte a los hombres más pobres, más ignorantes o menos arraigados.

Estas medidas tuvieron consecuencias trágicas y duraderas para los afroamericanos del Sur, que quedaron políticamente inermes ante el avance de regímenes rabiosamente supremacistas. Esta población no sólo perdió la posibilidad de defenderse por medio del voto sino también la de recurrir a la protección de aquellas enmiendas constitucionales que se habían diseñado para asegurar sus derechos civiles. Cuando, en 1896, un grupo de afroamericanos de Nueva Orleáns ideó una sofisticada estrategia para desafiar las medidas segregacionistas que implementaban los estados del Sur para segregar y marginar a la antigua población esclava, fracasó de manera estrepitosa. Con el discreto apoyo financiero de la compañía de ferrocarriles denunciaron como anticonstitucional la disposición que exigía que los afroamericanos viajaran en vagones de tren reservados a la "gente de color". La Suprema Corte concluyó que las enmiendas de la posguerra pretendían asegurar la igualdad civil y política entre ciudadanos, no abolir la "distinción" ni imponer la "igualdad social" o promover la "mezcla" entre razas. El tribunal dictaminó que los servicios —educativos, de salud, de transporte— "separados pero iguales" no violaban el precepto de igualdad ante la ley ni la garantía de debido proceso que establecía la decimocuarta enmienda.

A la par de la institucionalización de la segregación de los espacios públicos, el despojo de derechos políticos contribuyó a consolidar el sistema de racismo legal que caracterizó al Sur estadounidense hasta la década de 1960 y resultó mucho menos eficiente para purificar el supuestamente tan contaminado campo de la política. Muchos lo abandonaron, menos por corrupto que por irrelevante. La percepción general era que las decisiones de los votantes pesaban muy poco. Con la normalización del bipartidismo al concluir la Reconstrucción la política federal se enfrió, y ambos partidos se movieron hacia el centro, repartiéndose, de manera predecible, porciones parecidas del electorado. Más frustrante aún era que parecía no importar quién ganara. Como escribiría el novelista Thomas Wolfe, lo único que distinguía a los presidentes del último cuarto del siglo —Garfield, Arthur, Harrison y Hayes— era la forma en la que se cortaban la barba, los bigotes y las patillas. Las habas políticas se cocían en otra parte.

En este contexto de desencanto democrático, y ante el malestar y la incertidumbre que generaba la rápida industrialización, pocos creyeron que la solución a los problemas que aquejaban a la nación estaba en la política de siempre. Para eso, en un primer momento los hombres del campo creyeron poder encauzar las grandes transformaciones que sacudían el mundo que conocían, regenerando la

República y recuperando, desde la base, el control democrático de la economía. Después, un grupo numeroso de hombres y mujeres que se describieron a sí mismos como "progresistas" (*progressives*), unidos menos por un proyecto compartido que por la iniciativa de proponer y actuar, buscaron transformar el mundo en el que vivían. Así, los estadounidenses que querían cambiar las cosas construyeron distintas visiones del futuro, e idearon multitud de caminos para llegar a él.

Construyendo mundos alternos

En las décadas que siguieron a la Guerra Civil la transformación del campo estadounidense a un tiempo reflejó y contribuyó a la modernización económica. La expansión y mecanización de los cultivos, el aumento en la producción y las innovaciones en el transporte, almacenamiento y comercialización hicieron crecer de manera notable la productividad del sector agrícola. Sin embargo, este desarrollo no redundó en el bienestar de muchos de los granjeros que, tras haberse endeudado, comprado más tierras y adecuado sus formas de explotación a los nuevos tiempos, vieron caer vertiginosamente los precios de sus productos. La agricultura generaba ganancias importantes, pero no para los productores, a pesar de que los granjeros eran trabajadores frugales, audaces y con espíritu de empresa. En opinión de esos hombres, los intermediarios —los operadores de los elevadores de grano, los magnates del ferrocarril y los especuladores que vendían el grano, la leche y la carne al mejor postor— se robaban las ganancias que en justicia les pertenecían.

Por otra parte, la región más rural del país, el Sur —cuya ciudad más importante, Nuevo Orleáns, contaba en 1900 con poco más de 287 000 habitantes, y donde sólo otras cuatro concentraciones urbanas rebasaban los 80 000, ninguna de las cuales tenía más de 200 000— permaneció prácticamente al margen de la modernización agrícola. Siguieron plantando algodón, arroz y caña como lo habían hecho desde la década de 1860, pero sus productos se vendían en un mercado más competido, abierto y volátil. Divididos por la hostilidad racial, los hombres del campo sureño sentían que la nación los dejaba atrás, y que les sobraban razones para estar descontentos.

El recurso a la organización, dispositivo bien conocido por los estadounidenses, adquirió dimensiones inusitadas, articulándose las organizaciones locales a nivel estatal y nacional. Así, una organización fraternal de sabor tan tradicional como la Granja Nacional de la Orden de los Patrocinadores de la Cría de Ganado (The National Grange of the Order of Patrons of Husbandry, normalmente llamada The Grange), fundada en 1867, que gustaba de complejas jerarquías y rituales secretos, vinculaba para 1875 a más de 800 000 hombres y mujeres del campo, tanto en el Oeste como en el Sur. Aunque la organización se decía apolítica por principio, sirvió de punto de encuentro y debate, y como plataforma de movilización y cabildeo para lograr que los gobiernos estatales regularan las tarifas ferroviarias y de los elevadores de grano. Las llamadas *grange laws* restringían la libertad de empresas que estaban "vestidas con el interés público", por almacenar o transportar productos de primera necesidad. Estas medidas fueron sancionadas por la Suprema Corte en 1877 (Munn v. Illinois).

Sin embargo, el descontento rural pronto adquirió un cariz más radical y más militante. El fondo del problema —argüían los buenos protestantes que plantaban algodón en el Sur y trigo en el Medio Oeste, levantaban buenas cosechas y después no tenían para pagarle la hipoteca al banco, la renta al propietario o la semilla al refaccionario— era que una élite urbana cosmopolita y descreída hacía mal uso de su poder e influencia, rompía los equilibrios naturales —y morales— del mercado y expropiaba las utilidades que pertenecían a quienes trabajaban la tierra. El Estado, alegaban, tenía que intervenir para preservar los derechos —las oportunidades, las recompensas, la dignidad— del pueblo soberano. Así, en unos mítines que mucho se parecían a los campamentos evangélicos, por lo apasionado y tremendista de sus discursos, los "populistas" reclamaban que el gobierno desmantelara los monopolios, que regulara las tarifas de almacenamiento y transporte, el crédito bancario y las actividades de los intermediarios comerciales, que garantizara los precios de los productos básicos, que aumentara la masa monetaria, ya fuera reemplazando el patrón oro por uno bimetálico, ya permitiendo la libre amonedación de la plata, y que estableciera un impuesto progresivo al ingreso.

En 1891 la protesta rural se cristalizó en un partido político, el Partido del Pueblo (People's Party), o "populistas", que, como tantos "terceros partidos" en la historia de Estados Unidos, logró triunfar a nivel local, con la elección de gobernadores y diputados en estados como Colorado, Idaho, Nebraska, Kansas, las Dakotas y Carolina del Norte, pero sin romper con el dominio bipartidista a nivel nacional que tendía a la conservación del *status quo*. Sin embargo, los vínculos que estableció con otros grandes grupos militantes, como los Caballeros del Trabajo y la Unión Cristiana de Mujeres por la Sobriedad (la Women's Christian Temperance Union, que desde 1873 abogaba por el sufragio femenino y la prohibición), pusieron de manifiesto la resonancia de las preocupaciones populistas dentro de amplios sectores de la población. Su influencia culminó en 1896, cuando, en la convención Demócrata, el ala rural del partido impuso su candidato a los intereses urbanos, fincados más bien en la costa Este. El partido postuló a un joven abogado de Nebraska que simpatizaba con las propuestas populistas, pero sobre todo con sus aspiraciones y angustias: William Jennings Bryan.

Con una retórica melodramática que inflamaba multitudes, el "Gran Hombre Común", futuro secretario de Estado (1913-1915) y enemigo de las ideas de Darwin —en 1925 defendió ante un tribunal el derecho del estado de Tennessee a prohibir que se enseñara la teoría de la evolución en las escuelas—, se erigió en portavoz de las "masas trabajadoras" que se sentían ignoradas, vapuleadas y burladas. Acusó a los defensores del *laissez faire* y de la disciplina monetaria de querer imponer al trabajador "una corona de espinas" y "crucificar a la humanidad sobre una cruz de oro". Tras una larga y ruidosa campaña perdió la elección de 1896 por poco más de 600 000 votos. Una apretada mayoría del electorado estadounidense sancionó el camino de industrialización, protección arancelaria y morigeración monetaria que promovía el mucho menos colorido candidato republicano, William McKinley.

Muchas de las propuestas populistas fueron retomadas en el siglo xx y contribuyeron a estabilizar la economía, promover su crecimiento y limar desigualdades. Sin embargo, a finales del siglo xix su indignación, discursos encandilados y apocalípticos, protestantismo militante y añoranza de un orden republicano idealizado que no había existido nunca tenían un dejo anacrónico y cascarrabias. A partir de la década de 1880 surgió una nueva generación de reformistas, más optimistas y más constructivos, que no miraba hacia atrás sino hacia adelante. Es difícil hablar de una serie de principios, convicciones o prácticas que definieran una ideología —el "progresivismo" (*progressivism*)— o que los identificaran como un movimiento, a pesar de que para la década de 1910 muchos activistas y un partido político —el que en 1912 postulara a la presidencia a Theodore Roosevelt— utilizaban la etiqueta de "progresista". La "era progresista" se caracteriza más bien por el entusiasmo y la actividad que, en un contexto en el que se desdibujaban las lealtades políticas tradicionales, engendraron multitud de iniciativas y movimientos en torno a los ideales y objetivos más disímbolos.

Como ha escrito Daniel T. Rodgers, a los progresistas los vinculaban, además del sentido de misión y las ganas de cambiar el mundo, el rechazo a los monopolios y la confianza en los lazos sociales frente al individualismo descarnado y la fe en la eficiencia "científica". Estas posturas se enhebran con los proyectos de ingeniería social y regeneración moral que emprendieron. Así, convencidos de lo razonable del ser humano, de las posibilidades de la educación y del potencial de la opinión pública como instrumento para enderezar el camino, los progresistas publicaron todo tipo de textos didácticos y proselitistas. Los periodistas "destapacloacas" escribieron crónicas detalladas y provocadoras de los males de la época: el poder omnímodo de monopolios como Standard Oil (Ida Tarbell, 1904); la insalubridad y el maltrato de los trabajadores en las grandes empacadoras de carne (Upton Sinclair, *La jungla*, 1906); las condiciones de hacinamiento y precariedad en los barrios pobres (el fotorreportaje *"Cómo vive la otra mitad"* de Jacob Riis, 1890). En el marco del "evangelio social" que abrazaron muchas iglesias, la novela *En sus pasos* (1891), de Charles Monroe Sheldon, invitaba a sus lectores a preguntarse "¿Qué haría Jesús?" ante las disyuntivas que planteaba la vida moderna. Richard T. Ely, profesor de la Universidad de Wisconsin, editó una Biblioteca del Ciudadano, en la que se abordaban temas de economía, sociología, finanzas, higiene, política y "ética social" para que los lectores entendieran la lógica de las profundas transformaciones que los rodeaban y pudieran asumir una postura frente a ellas.

Para algunos, el nuevo orden industrial, aunque destruía viejas certidumbres, identidades y sociabilidades, creaba en cambio unas nuevas, de mayor alcance, que abrían las posibilidades de la acción colectiva. Proliferaron las organizaciones "americanas" o "nacionales" para promover la salud pública, la protección del medio ambiente, el sufragio femenino, los derechos laborales y los de los grupos desprotegidos. Muchas tuvieron una influencia extensa y duradera. Algunas se beneficiaron del apoyo de un poder federal interesado en extender su presencia y autoridad.

Así, el naturalista y explorador John Muir, fundador del Sierra Club (1892), que promovía las actividades al aire libre y la conservación, cabildeó activamente al gobierno para que se establecieran reservas para preservar los impresionantes paisajes y recursos naturales del Oeste americano. El presidente Theodore Roosevelt (1901-1909), además de compartir el entusiasmo de Muir y sus allegados por las montañas y el campismo, erigió al gobierno federal en garante del patrimonio natural de la nación. El Servicio Forestal de Estados Unidos (United States Forest Service, 1905) y el Servicio Nacional de Parques (National Parks Service, 1916) administran, el día de hoy, más de 153 millones de acres (400 parques nacionales, 154 bosques y 20 praderas).

Con una intención similar —la de preservar y reforzar el patrimonio nacional— se fundaron o popularizaron organizaciones para niños y jóvenes, que combinaban el entusiasmo religioso —lo que algunos describieron como el "cristianismo musculoso"—, el deporte, la apreciación de la naturaleza y el sentido de comunidad. Organizaciones como la Asociación de Jóvenes Cristianos (Young Men's Christian Association, YMCA, originalmente fundada en Londres en 1844), los Niños Exploradores de América (Boy Scouts of America, 1910) y las Niñas de la Fogata (Campfire Girls of America, 1912) pretendían moldear hombres y mujeres íntegros, competentes, patriotas y buenos ciudadanos. Sus actividades, reglamentos, escalafones, uniformes, insignias y lemas ("El Niño Explorador es confiable, leal, servicial, amigable, cortés, amable, obediente, alegre, ahorrador, valiente, limpio y respetuoso"), en muchos casos de inspiración militar, reflejan el criterio acotado de sus promotores. Sin embargo, estas organizaciones tuvieron, prácticamente desde el principio, aspiraciones de comunicación e intercambio, y fueron relativamente ecuménicas y abiertas: en el caso de los niños exploradores, por ejemplo, hubo "tropas" católicas y judías desde 1913. Para 1925 había ya más de un millón de *boy scouts* en Estados Unidos, lo que representaba el 4.6% de los niños de entre 5 y 13 años.

Por otra parte, activistas como Florence Kelley se preocuparon por aquellos niños cuya situación no sólo impedía que se fueran de campamento, sino que los obligaba a trabajar. Bajo su batuta, la Liga Nacional de Consumidores, fundada en 1891, etiquetaba productos fabricados en un ambiente "limpio y saludable", y publicaba folletos denunciando el trabajo infantil y los abusos de los empleadores, para que los consumidores —potencialmente, todos los ciudadanos estadounidenses— asumieran que su capacidad de compra les daba poder para cambiar las condiciones en las que se producían los bienes que consumían, y que debían ejercerlo de forma "responsable".

Los progresistas, en su mayoría provenientes de la clase media, egresados de la universidad, muchas veces formados dentro de las nuevas ciencias "sociales", buscaron escapar de lo que Jane Addams llamó las "trampas de la preparación" y la esterilidad de una vida contemplativa. Quisieron poner en acción y al servicio de los demás los conocimientos y el utillaje analítico que habían adquirido, así que recolectaron y procesaron información para conocer y analizar la sociedad industrial que se estaba forjando. Utilizaron estos voluminosos estudios, a menudo escritos en un lenguaje estadístico que pretendía ser "objetivo", para promover todo tipo de propósitos: la educación pública, las restricciones migratorias, la legislación laboral.

Así, en el caso de Muller v. Oregón, que se presentó ante la Suprema Corte en 1908, el abogado y futuro miembro de este tribunal Louis Brandeis presentó un detallado estudio lleno de cifras que probaba "científicamente" que las largas jornadas de trabajo afectaban la "salud, seguridad, moralidad y bienestar general" de las mujeres trabajadoras. El mismo tribunal que había desechado la limitación de la jornada laboral en Nueva York en el caso de Lochner consideró que la protección de las madres de los futuros ciudadanos americanos era constitucional.

La mayoría de los progresistas tuvo una relación ambivalente con el poder político. Como sabemos, promovieron la racionalización de los servicios municipales, la transformación de los espacios urbanos para que fomentaran el bienestar y la "civilización" y la creación de los parques nacionales. Algunos —Robert La Follette en Wisconsin, Hiram Johnson en California— llegaron a gobernar estados con agendas progresistas: regulación de las tarifas de transporte, salario mínimo, compensaciones laborales, sufragio femenino y un mayor control democrático del poder político por medio del referéndum y la revocación de mandato. Sin embargo, las reformas progresistas estatales, como las federales, tuvieron repercusiones limitadas. La legislación progresista puso de manifiesto tanto la diversidad de ideales que animaban a los activistas como las distintas capacidades que tenían para construir un discurso que resonara más allá de la esfera de los preocupados, para movilizar a la opinión e incidir en el proceso legislativo.

De este modo, entre 1913 y 1920 la Constitución se enmendó cuatro veces: para establecer un impuesto que no estuviera vinculado con el número de habitantes y representantes de cada estado sino con el ingreso de cada contribuyente; para que fueran los votantes y no las legislaturas de los estados quienes eligieran a los senadores; para prohibir la venta de alcohol, y para establecer el sufragio femenino a nivel federal. Estas reformas constitucionales reflejaban anhelos distintos: reforzar al Estado frente a los "intereses especiales" y la corrupción partidista, democratizar la política, igualar derechos y moralizar a la sociedad. Hablaban también, como las leyes de migración, de capacidades distintas para influir sobre los artífices de la legislación.

Las dos últimas enmiendas de la "era progresista" eran prueba de la eficiencia de las organizaciones femeninas, que desde 1848 se habían movilizado para poder votar, y desde la década de 1870 para que se restringiera la venta de la "bebida del demonio" que, argumentaban, tanto daño hacía a la familia americana. Incluso sin poder votar, las abogadas de la sobriedad obligatoria supieron aprovechar los impulsos contradictorios que animaban a la sociedad estadounidense: sus aspiraciones democráticas, su afán de mejorar y el rechazo que inspiraba a la América rural, protestante y "seca" el mundo urbano, cosmopolita y bebedor. Las consecuencias de estas dos campañas, que habían compartido protagonistas, banderas e inspiración, fueron profundamente distintas: el "noble experimento" de la Prohibición generó reacciones negativas, un mercado negro y un incremento en la actividad criminal. La conquista del sufragio femenino, culminación de una de las movilizaciones más tenaces y creativas de la historia de Estados Unidos, tuvo a un tiempo enorme trascendencia, al consagrar la igualdad política de las mujeres, y un efecto casi imperceptible en la política, dado lo poco que diferían las conductas electorales de hombres y mujeres.

La crítica de las prácticas monopólicas también hacía eco en el espacio público y en los recintos legislativos. Muchos que no necesariamente eran progresistas consideraban que carteles, *trusts* y monopolios violaban las reglas del juego económico limpio, deformando la sana competencia. Así, a pesar de la influencia que tenía el gran capital en la legislatura federal se aprobaron tres leyes antimonopólicas (las leyes Sherman, 1890 y Clayton, 1914 y la Ley de la Comisión Federal de Comercio del mismo año). Sin embargo, dada la vaguedad con la que se definieron las prácticas indeseables, el gobierno ladraba mucho pero mordía con poca frecuencia. En 1911 se desmanteló la Standard Oil, pero US Steel —más grande que la empresa de Rockefeller—, e International Harvester sobrevivieron el desafío judicial a la influencia dominante que ejercían sobre el mercado.

El presidente Woodrow Wilson (1913-1921), empeñado en desbaratar "el muro de privilegios" sobre el que en su opinión se erigía la desigualdad social, aprovechó el acalorado debate sobre la igualdad de oportunidades para impulsar la reforma constitucional que aseguraba mayor equidad en la recaudación —la decimosexta enmienda—, e intentó romper con el dominio que ejercían los bancos privados sobre el crédito y la circulación monetaria. Para lograr esto estableció, a casi un siglo de la desaparición de su antecesor, un banco central —paradójicamente descentralizado, ya que tiene, incluso el día de hoy, 12 oficinas distritales—: la Reserva Federal (Federal Reserve), con la misión de garantizar la estabilidad de la moneda y regular las tasas de interés.

Las propuestas legislativas para mejorar la suerte de los trabajadores tuvieron una trayectoria más irregular que los proyectos arriba mencionados. Las revelaciones sobre las condiciones que privaban en las empacadoras de carne horrorizaron a la opinión pública, pero más por los desagradables ingredientes que terminaban en los embutidos que por el padecer de quienes los fabricaban. Así, el Congreso aprobó leyes para garantizar la "pureza" de alimentos y medicinas (1906), pero no para normar la jornada de trabajo, los salarios o las condiciones laborales. La ley que buscaba poner fin al trabajo infantil prohibiendo la venta de bienes fabricados por niños (Keating-Owen Child Labor Act, 1916) fue derogada por la Suprema Corte (Hammer v. Dagenhart, 1918). El tribunal consideró que el gobierno federal abusaba de sus facultades al restringir, apoyándose en su autoridad para regular el comercio interestatal, la circulación de cierto tipo de bienes —aquellos que se fabricaban con mano de obra infantil—, cuando en realidad pretendía normar prácticas que no por repugnantes dejaban de estar bajo la autoridad de los estados.

Así las cosas, los progresistas decidieron, en muchos casos, mantenerse al margen de un gobierno que creían ineficiente, corrupto, aislado del control democrático e indolente ante situaciones lacerantes. Los proyectos progresistas se desarrollaron sobre todo dentro de la sociedad civil, cobijados por organizaciones cívicas, iglesias y las cada vez más numerosas universidades. Profesores y "trabajadoras sociales" —una nueva categoría profesional— fundaron centros de integración y apoyo comunitario como la Hull House de Jane Addams en Chicago (1889). El filósofo y pedagogo John Dewey impulsó "escuelas laboratorio" en donde los niños aprendían haciendo, y no memorizando (1896). De un proyecto metodista para formar catequistas se desarrolló el "Circuito Chautauqua", mezcla de campamento de verano, noche de cabaret y diplomado universitario que, por medio de conferencistas y artistas itinerantes, llevó "cultura" y promovió el debate de temas de actualidad en más de 10 000 pequeñas comunidades rurales a mediados de la década de 1920.

En Alabama el antiguo esclavo Booker T. Washington fundó el instituto Tuskegee (1881) para mejorar y dignificar, por medio de la educación vocacional, la vida de los afroamericanos en el Sur, a pesar de la segregación. En cambio, para combatir esta segregación un grupo multirracial —entre cuyos integrantes cabe destacar a W. E. B. DuBois, entonces profesor en la universidad de Harvard— creó en Nueva York la Asociación Nacional para el Adelanto de la Gente de Color (National Association for the Advancement of Colored People, NAACP, 1909). Ésta denunciaba los peores abusos en contra de las "razas más oscuras" a través de su revista *The Crisis* —que también sirvió de foro para los más talentosos escritores afroamericanos, sobre todo durante el "Renacimiento de Harlem" (1918-1930)— y atacaba, frente a los tribunales, las normas y prácticas que apuntalaban la desigualdad racial.

La entrada de Estados Unidos a la primera Guerra Mundial en abril de 1917 iba a clausurar lo que estos experimentos y propuestas tenían de más audaz. En primer lugar porque, ante lo refractario y fragmentado de una sociedad que había ratificado el mandato de Wilson porque los había mantenido "fuera de la guerra", el gobierno federal actuó decididamente para asegurar el apoyo resuelto de la población al esfuerzo de guerra. Ordenó la conscripción obligatoria y legisló en contra del espionaje y la sedición (1917, 1918). Echó a andar una impresionante máquina de propaganda y de censura, dirigida por el veterano periodista George Creel, que creía que para llevar "el evangelio del americanismo a cada rincón de la tierra" tenía que actuar como una mezcla de publicista y predicador.

En nombre del patriotismo y del sacrificio se manipuló la información, se alebrestaron las pasiones xenofóbicas, se persiguió el activismo sindical y se criminalizaron la crítica social y la protesta de los trabajadores. En un primer momento muchos líderes progresistas vieron en la guerra la oportunidad para transformar una sociedad que no se había entusiasmado lo suficiente con sus visiones del futuro. Participaron por lo tanto con cierto entusiasmo en proyectos de ética dudosa. Sus esfuerzos desembocaron, en muchos casos, en una mayor intolerancia y en brotes de violencia: en muchos estados se prohibió que se enseñara y publicara en alemán; en 1919, en el pueblo minero de Bisbee, Arizona, se "deportó" a 1 300 mineros en huelga, que fueron abandonados a más de 300 kilómetros en el desierto; ese mismo año el país se vio sacudido por motines, masacres —200 afroamericanos murieron en Phillips, Arkansas— y linchamientos de afroamericanos y sindicalistas. Esto terminó por quebrar la fe que los progresistas tenían en el potencial de la opinión pública y el activismo social. En 1922 el periodista Walter Lippmann, uno de los fundadores de la emblemática publicación progresista *The New Republic* (1914), escribía con profundo cinismo que no se podía confiar en el "pueblo", como si fuera instintivamente bueno y razonable, falto, quizá, solamente, de concientización y educación. La mayoría de los ciudadanos eran "mentalmente, bárbaros o niños": había que subordinar los ideales de "autogobierno" a los del orden, el derecho y la prosperidad. El experimento progresista no sólo se había terminado; era visto como producto de una ingenuidad casi risible.

DE IMPERIO RENUENTE A POTENCIA COMPLACIDA

"El Oeste" había sido una pieza clave de la experiencia histórica de Estados Unidos desde el nacimiento de la república. Sin embargo, durante las décadas que siguieron a la Guerra Civil fue consagrado por la mitología nacionalista como el escenario de la gran épica estadounidense, hogar del robusto e independiente *cowboy,* que las más de las veces era el trabajador a sueldo de uno de los grandes ranchos ganaderos que los ferrocarriles y el alambre de púas hacían provechosos para los inversionistas. Tanto el mito como la más prosaica realidad presentan versiones distintas de la violenta apropiación de los vastos territorios entre el Misisipi y las montañas Rocallosas. El vasto ecosistema de pastizales, caracterizado por el pastoreo de grandes manadas de búfalos y poblado por sociedades indígenas que habían sabido aprovechar las importaciones europeas a la región —caballos y armas de fuego— para mantenerse al margen de las relaciones de colonización, sufrió una transformación fulgurante con la llegada de los trenes y la mentalidad comercial del hombre blanco. Entre 1870 y 1873 cuatro millones de búfalos fueron sacrificados para vender sus cueros en el Este. Para 1878, las manadas habían desaparecido.

En el contexto de la destrucción del entorno que los sostenía los llamados "indios de las Planicies" (arapahoes, apaches, blackfeet, crees, crows, comanches, cheyenes, lakotas y sioux, entre otros) tuvieron que enfrentar a colonos y soldados determinados a ocupar su territorio. Durante más de 20 años vivieron una guerra intermitente, pautada por batallas sangrientas y masacres de poblaciones indias y blancas no combatientes. Trescientos indígenas indefensos, por ejemplo, murieron en el ataque a Wounded Knee, Dakota del Sur, en 1896. Aunque menos numerosos, los integrantes de las naciones nativas no resultaron fáciles de abatir. En 1876, mientras Estados Unidos celebraba su primer centenario y más de diez millones de visitantes admiraban los progresos de la nación en la Exposición del Centenario en Filadelfia, en Little Big Horn, en lo que después sería Montana, 250 soldados veteranos capitaneados por el joven y exitoso general George Custer morían en manos de los guerreros indios capitaneados por el jefe lakota Toro Sentado. Al final, terminar con la feroz resistencia de estas tribus le costó al gobierno federal un millón de dólares y la vida de 25 de sus soldados por la de cada guerrero indígena.

A la postre los estadounidenses lograron su cometido: los colonos blancos —granjeros, pero sobre todo ganaderos y mineros— ocuparon el "Gran Oeste"; las naciones indias se vieron reducidas a "reservaciones", supuestamente autónomas, con tierras de mala calidad, sometidas a la tutela a un tiempo paternalista y corrupta del Buró de Asuntos Indios (Bureau of Indian Affairs). La Ley Dawes de 1887 repartió la tierra reservada a los indios en parcelas individuales, lo que la hizo más vulnerable a las prácticas depredadoras de los colonos. Al mismo tiempo abrió la posibilidad de que los indios se integrasen a la ciudadanía, siempre y cuando renunciaran a "sus maneras indias": a su idioma, vestido, religión y prácticas culturales. Fueron pocos los que hicieron esta transición de manera exitosa, y una vez más el poder Judicial hizo una lectura poco generosa de lo que decía la ley. Cuando, por ejemplo, en 1884, John Elk, un indio winnebago que vivía entre blancos en Omaha, Nebraska, intentó votar, la Suprema Corte negó que fuera ciudadano, pues debía lealtad a la tribu bajo cuya jurisdicción había nacido (Elk v. Wilkins). El día de hoy, salvo algunas excepciones, las reservaciones indias siguen teniendo los niveles de vida más bajos de Estados Unidos.

Al tiempo que Estados Unidos consolidaba su autoridad sobre el interior del continente empezó a cambiar su política exterior. Hasta entonces ésta, salvo momentos de crisis como la lucha por la Independencia o la Guerra Civil, había ocupado un lugar marginal, tanto dentro de las preocupaciones de los estadounidenses como de las de sus gobiernos, y la "gran república" americana había participado poco en la esfera internacional. Los escasos y a menudo poco avezados diplomáticos estadounidense se abocaban sobre todo a defender el derecho comercial y marítimo, y eran considerados por los europeos representantes de una potencia de segunda. Sin embargo, en el contexto de la carrera colonial que, para fin de siglo, enfrentaba a las grandes potencias europeas en África y Asia, Estados Unidos se sintió obligado a profundizar y dar mayor visibilidad a sus estrategias diplomáticas.

Como promotora del libre comercio, la república obligó a Japón a abrir sus puertos a los barcos estadounidenses en 1854, mientras que, casi medio siglo después, defendió en China una política de "puertas abiertas", frente a las presiones de las potencias europeas, que se disputaban por monopolizar el acceso a los mercados del Imperio Celestial por medio de protectorados y tratados de exclusividad en los puertos. Para tener mayor influjo en el lejano escenario asiático, en 1905 Estados Unidos actuó como mediador para poner fin a la Guerra ruso-japonesa.

Por otra parte, muchos políticos estadounidenses creyeron que un entorno internacional tan competitivo obligaba a Estados Unidos a optar por una política exterior más decidida, sobre todo en el continente americano. Muchos se preocupaban porque la expansión de los imperios europeos dejara a Estados Unidos fuera del juego de la economía mundial. Otros estaban convencidos de que Estados Unidos —adornado con mejores prendas que una Europa aún recelosa de la democracia— estaba obligado a civilizar aquellas partes del mundo que seguían sumidas en la barbarie… sobre todo si las tenían junto. Sin embargo, el "imperialismo yanqui" que denunciaron los intelectuales latinoamericanos a lo largo del siglo xx no se activó en automático.

Si el objetivo de la política exterior —y sobre todo de las intervenciones en el exterior— debe ser la defensa del "interés nacional", la definición de éste resultó especialmente elástica en Estados Unidos durante los años que precedieron a la primera Guerra Mundial. Estaba influida por las formas en las que se concebían la seguridad nacional y continental, por los requerimientos de las nuevas tecnologías de transporte, por la "diplomacia del dólar" (1909-1913) y por los reclamos de grupos de presión —misioneros, miembros de la armada y empresarios—, cuyos intereses siempre pesaban menos en la contabilidad nacional que en el imaginario nacionalista. Como sucedería a lo largo del siglo xx, las compañías transnacionales y los grupos de interés económico aprovecharían hábilmente el supuesto de que el gobierno federal debía protección a los "ciudadanos americanos" que habían invertido dinero o extendido préstamos en el exterior. Así, los tenedores de deuda y las compañías bananeras lograron convencer a figuras claves de la política exterior de que el de ellos era el interés nacional. Por otra parte, la opinión pública, azuzada por la prensa amarillista, podía pasar de la indiferencia ignorante al alboroto igual de ignorante pero rabioso para exigir la intervención.

De este modo, para asegurar el acceso de los barcos de vapor a estaciones para abastecerse de carbón en el Pacífico Sur, y acicateado por los intereses azucareros, el gobierno estadounidense se apropió de Hawái en 1898, y de los territorios despoblados de las islas Wake al año siguiente. En 1898, ante el desorden que amenazaba desbordarse en el Caribe por la guerra de Independencia cubana, y aguijoneado por la indignación que provocaron los reportajes de la prensa sobre los horrores que perpetraba España, exacerbada por la explosión del navío de guerra estadounidense *Maine* en el puerto de

La Habana, Estados Unidos declaró la guerra al país europeo. Tras lo que el secretario de Estado John Hayes describió como una "espléndida guerrita", derrotó a la vieja potencia colonial y heredó los últimos jirones de su imperio: Cuba, Puerto Rico, Guam y Filipinas.

Al presidente William McKinley le costaba trabajo ubicar en un mapa las antiguas colonias españolas en Asia. En el archipiélago filipino el Ejército estadounidense tuvo que imponerse a insurgentes independentistas, cuyas guerrillas resistieron hasta 1913. Si Cuba asumió su soberanía en 1902, la enmienda Platt a su Constitución limitaba las facultades de su gobierno para endeudarse, y permitía la intervención estadounidense en algunas circunstancias. Sin proponérselo, Estados Unidos había adquirido —y, en el caso de las islas asiáticas, impuesto por la fuerza— un imperio colonial. A diferencia de adquisiciones territoriales previas —pero con una postura similar a la que adoptó frente a las naciones indias—, el gobierno federal no integró a los habitantes de los nuevos territorios a la comunidad política, sino que inventó, para definir el estatus de puertorriqueños y filipinos, la categoría de "extranjero doméstico" (*domestic alien*).

El Caribe se convertía así en un espacio estratégico para Estados Unidos, que tenía que mantener bajo control. Algo similar, aunque menos intenso, sucedería con el resto de América Latina. Cuando en 1902 las armadas de Gran Bretaña, Alemania e Italia bloquearon los puertos venezolanos por la negativa del gobierno de Cipriano Castro a pagarle a sus súbditos deudas e indemnizaciones, Estados Unidos protestó en contra de la presencia europea en el continente. Fue entonces que la "doctrina Monroe" se hizo realmente operativa y se convirtió en un principio rector de la política exterior estadounidense. Por medio del corolario Roosevelt (1904) Estados Unidos se arrogó el derecho a ejercer "un poder internacional de policía" en los países americanos, cuando "la inmoralidad crónica, o la impotencia que da como resultado la corrupción de los lazos que unen a la sociedad civilizada" exigieran una intervención externa.

La llegada a la presidencia en 1912 de un profesor de historia convencido de ser dueño de la verdad cambió el tono de la diplomacia estadounidense. Para Woodrow Wilson —que quería que la "bandera americana" fuera vista como la "de la humanidad"— eran los principios morales, y no los mezquinos intereses financieros, los que debían vertebrar la política exterior. Esto, sin embargo, no desincentivó el intervencionismo estadounidense, sino que le inculcó un sentido misionero. Entre 1905 y 1920 fuerzas armadas estadounidenses intervinieron en Cuba, Panamá, Nicaragua, Haití, República Dominicana y México, donde la negativa de Wilson a reconocer el gobierno *de facto* de Victoriano Huerta, y la ocupación de Veracruz (abril-noviembre de 1914), influyeron de manera determinante en el curso de la Revolución mexicana.

A diferencia de su actuación en América Latina, los estadounidenses quisieron mantenerse al margen del gran conflicto que se desató en Europa en 1914. Vieron con horror la violencia y la destrucción de la "Gran Guerra", y agradecieron que el conflicto se desarrollara "por allá". Los electores apoyaron el compromiso de Wilson de permanecer neutral "en palabra y en acción" y lo reeligieron en 1916. Además, dada la diversidad étnica de la población no quedaba claro dónde yacían las simpatías de los estadounidenses: frente a la anglofilia de las élites de las ciudades del Este las comunidades alemanas e irlandesas se inclinaban más bien por las potencias del Centro. Sin embargo, al convertirse el conflicto en una guerra total su alcance rebasó los campos de batalla y las naciones beligerantes. Alemania optó —salvo una tregua durante 1916— por la guerra submarina, para obstaculizar el aprovisionamiento de las potencias aliadas, torpedeó barcos desarmados y violó con ello los derechos neutrales. Esto escandalizó a Wilson y a la opinión pública estadounidense, especialmente en casos sonados como los hundimientos de los cruceros *Lusitania* y *Arabic* en 1915, en los que murieron 131 ciudadanos americanos, lo que contribuyó a que Estados Unidos abrazara, por lo menos en teoría, la causa de los países de la Entente (Francia, Gran Bretaña y Rusia).

La nación americana era ya el principal proveedor de municiones y armamento —además de alimentos— de los Aliados cuando el Estado Mayor del Ejército alemán decidió, a principios de 1917 y en contra del compromiso de su gobierno, volver a la guerra submarina sin restricciones. Wilson rompió relaciones con Berlín pero no quiso entrar a la guerra, convencido de que Estados Unidos no estaba preparado. Sin embargo, a mediados de enero se reveló, al interceptarse un telegrama que el ministro de Asuntos Exteriores alemán, Arthur Zimmerman, envió a su representante en México, que el imperio del káiser buscaba establecer una alianza con la convulsa república vecina. Ante el peligro de que se abriera un nuevo frente de la guerra europea en el Nuevo Mundo el Congreso, a instancias de Wilson, le declaró la guerra a Alemania en abril de 1917 y a Austria-Hungría en diciembre.

El presidente tenía que convencer a una población que consideraba que la hecatombe europea le era profundamente ajena de participar en ella. Hemos hablado ya del endurecimiento de la política doméstica en aras de asegurar la lealtad de la población, y su adhesión a las políticas de guerra. Wilson procuraría también encender el entusiasmo de sus conciudadanos, convenciéndolos de que al entrar a la conflagración se jugaban un nuevo orden internacional que pondría fin a la guerra y engendraría un mundo "seguro para la democracia", "en el que merecía la pena vivir". Los soldados americanos —reclutas sin experiencia en su enorme mayoría— tardaron ocho meses en llegar al frente occidental, pero su participación resultó decisiva cuando en mayo y junio de 1918 detuvieron el avance alemán en la Marne. Entre septiembre y noviembre el número de soldados estadounidenses pasó de medio a un millón —entre los que morirían poco más de 116 000—, que contribuyeron a la última gran contraofensiva aliada. Ésta se tradujo menos en la derrota de los ejércitos de los poderes centrales que en el colapso de los imperios. El 11 de noviembre de 1918 se declaró un armisticio.

Wilson llegó a las conferencias de paz en Versalles armado con los planos de un mundo por venir. Lo hacía rodeado de "expertos", progresistas como él, seleccionados sin tomar en cuenta el juego político, sin la venia del partido de oposición, sin tener un sentido profundo de lo que estos cuatro años de guerra habían significado para los países beligerantes de la primera hora e imbuido de desprecio por una "vieja" diplomacia europea de "rivalidades organizadas" por convenios acordados "a espaldas del pueblo". Creía que las negociaciones de Versalles debían establecer las bases de una "paz organizada", sólida y democrática, a partir de sus "Catorce Puntos", en los que planteaba los principios rectores de un nuevo orden mundial: desarme, libertad de los mares, ajuste pacífico de las disputas, publicidad en la elaboración de la política exterior, establecimiento de fronteras nacionales según la voluntad de los pueblos. Una "Sociedad de Naciones" se encargaría de asegurar la paz mediante la negociación colectiva y abierta, para garantizar la independencia política y la integridad territorial de los países miembros.

El idealismo de Wilson y su fe en las conferencias de paz se toparon con la *realpolitik* y el resentimiento de los Aliados, que contemplaban la destrucción de la guerra y pretendían que la gran perdedora, Alemania —dado que los otros poderes beligerantes (Austria-Hungría y el Imperio Otomano) habían desparecido entre los escombros de la derrota— pagara sus supuestas culpas y resarciera los daños. Negociar con Wilson, alegaba el primer ministro francés Georges Clemenceau, era como enfrentarse a Jesucristo y a Moisés con el Decálogo en mano; su visión de una Europa pacífica porque estaba organizada en torno a fronteras nacionales "lingüísticas" obvias era la utopía de alguien que desconocía las complejidades europeas y que creía que los temores y ambiciones territoriales se desvanecerían con la aurora de una nueva era.

Los artífices del tratado de Versalles —además de Wilson, Clemenceau de Francia, David Lloyd George de Inglaterra y Vittorio Orlando de Italia— ignoraron la recomendación del presidente estadounidense de moderar los castigos a Alemania —el desarme unilateral, la ocupación de la Ruhr y el pago de elevadísimas compensaciones—, y con ello sembraron las semillas del gran conflicto que desgarró el mundo 20 años después. Es, sin embargo, muy difícil imaginar que pudiera funcionar un mundo estructurado por los ideales esbozados en los Catorce Puntos. La prueba más fehaciente de su falta de realismo fue el rechazo estadounidense a su visión del orden internacional de la posguerra. En el Congreso los republicanos resentidos por haber sido excluidos del proceso de negociación se opusieron vigorosamente a las propuestas de presidente. "América", afirmaba el senador republicano Henry Cabot Lodge, era la "esperanza más grande" que tenía el mundo. No se le podía "atar a los intereses y pleitos de otras naciones, enredándola a las intrigas de Europa" sin "destruir su poder para siempre, y poner en peligro su existencia misma". Estados Unidos no debía participar en la Sociedad de Naciones.

Wilson, siempre desconfiado de los "intereses atrincherados" de las viejas élites políticas, creyó poder pasar por encima de sus opositores en el Legislativo. Emprendió una campaña para vender su proyecto directamente al pueblo, presentándole las virtudes de la Sociedad de las Naciones a través de una campaña por el "corazón de América". Recorrió casi 13 000 kilómetros, hasta que, a finales de septiembre, en Colorado, sufrió un derrame cerebral que puso fin a su carrera política. En marzo de 1920 el Congreso se negó a ratificar el tratado de Versalles y el compromiso de Estados Unidos de formar parte de una organización internacional permanente. La ausencia, dentro de la Sociedad de las Naciones, del país que con más insistencia había promovido su creación, y que ocupaba el centro de una geografía del poder profundamente alterada por la guerra, afectó de forma importante el desempeño de este órgano multilateral.

Pocas cosas ilustran la transformación de Estados Unidos sobre el escenario internacional como el hecho de que fuera su intervención la que pusiera fin a la primera Guerra Mundial. La reconstrucción de una Europa destrozada no podía llevarse a cabo sin primero el apoyo y, después, la inversión estadounidenses. Nueva York reemplazó a Londres como centro de gravedad de la economía global. Sin embargo, Estados Unidos, cuyo territorio no había sido afectado por la guerra y cuya economía saldría fortalecida del conflicto, no asumió el papel de la gran potencia en la que se había convertido. Lo que el editor de la revista *Time*, Henry Luce, describiría posteriormente como "el siglo americano" comenzaba con Estados Unidos retrayéndose del papel decisivo que había desempeñado en el gran conflicto internacional con el que iniciaba el siglo.

VI. DE GIGANTE REACIO A SUPERPOTENCIA
1921-1991

Sólo los americanos pueden lastimar a América.

Dwight D. Eisenhower

Ningún historiador, decía Eric J. Hobsbawm, puede acercarse al siglo XX —ese siglo "de extremos", de guerra, genocidio y depresión, de crecimiento demográfico y económico sin precedentes, de profundas transformaciones científicas y tecnológicas— como aborda otro periodo. Para quien escribe sobre el siglo XX se traslapan, todavía inevitablemente, historia, memoria y experiencia. Muchos de los historiadores del pasado reciente vivieron los sucesos que estudian, están inmersos en sus consecuencias inmediatas o comprometidos con las causas que reseñan. Se trata, así, de una historia más polémica, que construye crónicas de esperanza y decepción, de héroes y villanos o del trágico sacrificio de los principios morales a las exigencias del poder.

Los desafíos de la historia contemporánea crecen en el caso de Estados Unidos, que de potencia provincial, aislacionista y recelosa se convirtió en uno de los polos de un mundo dividido en dos cuya estructura básica sólo empezó a desbaratarse en la década de 1980. Por eso la historia de Estados Unidos durante la segunda mitad del siglo XX es, en muchos sentidos, la historia del mundo. Por otra parte, no fue fácil historiar la "Guerra Fría" que enfrentó a Estados Unidos con la Unión Soviética entre 1949 y 1991, y que moldeó este periodo de forma determinante. Hasta hace poco estas crónicas describían, las más de las veces, un conflicto en curso. Se escribieron sin tener acceso a archivos relevantes, y sin conocerse su desenlace. Sólo la desaparición de la cabeza del "socialismo realmente existente" en 1991 ha permitido revelar imágenes más complejas, que muestran las fracturas de lo que se imaginaba como un bloque soviético monolítico, que pueden ponderar el peso de las percepciones equivocadas, la falta de información y el miedo y arrojar luz sobre la diversidad de actores, intereses y objetivos que animaron este enfrentamiento.

DE LA "PROSPERIDAD PERMANENTE" A LA "GRAN DEPRESIÓN" Y EL "NUEVO TRATO" (1921-1941)

En 1920 los estadounidenses rechazaron el lugar central que sobre el escenario internacional les asignaba la diplomacia de Wilson. La guerra generó la quiebra del progresivismo y unas audaces —y para muchos preocupantes— manifestaciones culturales como el jazz, la literatura "moderna" y desconcertante de la "generación perdida" —Ernest Hemingway, John Dos Passos, F. Scott Fitzgerald, T. S. Eliot—, y la conducta estrafalaria de las jóvenes, que se quitaron el corsé, se cortaron el pelo y fumaron en público. A contramano de esta conmoción cultural los habitantes de Estados Unidos abrazaron una política circunspecta, volcándose en lo que el presidente Calvin Coolidge (1923-1929) celebraba como su "gran preocupación: producir, comprar, vender, invertir y prosperar en el mundo".

La economía conservó el ritmo acelerado que le había impuesto la guerra, impelida por el crecimiento de la población, la producción en serie, el crédito al consumo y la publicidad masiva. En las ciudades —donde, a partir de 1920, se concentraba más de la mitad de los estadounidenses— los grandes almacenes ofrecían todo tipo de productos, desde instrumentos musicales hasta zapatos, y una serie de "aparatos domésticos" que transformaron la vida diaria, sobre todo para las amas de casa: refrigeradores, lavadoras para ropa, aspiradoras, así como la que fuera quizá la más trascendental de estas máquinas: la radio, por medio de la cual se difundirían información, lenguajes y aspiraciones que constituirían culturas y perspectivas compartidas, "populares" y "nacionales". Los consumidores podían adquirir estos productos a crédito y pagarlos a plazos. La reorganización del trabajo en las fábricas —la división sistemática de los procesos productivos en una serie de gestos acotados, precisos y repetitivos, ejecutados, a lo largo de una cadena, por distintos trabajadores que no requerían mayor calificación— redujo los tiempos, aumentó la productividad y abarató de manera sustantiva el precio de los bienes manufacturados.

Henry Ford, entusiasta promotor de este sistema —que llegó a llamarse "fordismo"—, transformó con él la industria del automóvil. Si a principios del siglo los autos eran un capricho para los más ricos —uno costaba el equivalente de dos años del salario de un trabajador promedio—, para finales de la década de 1920 el austero "Modelo T", diseñado para recorrer los caminos en mal estado de las zonas rurales con toda la familia encima, podía adquirirse por lo que ganaba un trabajador en tres meses. Para 1927, 15 millones de estos automóviles habían salido de las líneas de producción de Ford. Ante esta explosión en la oferta los empresarios se preocuparon por que la demanda le siguiera el paso. La publicidad, impresa y por radio —a través de la cual llegaba a un número sin precedentes de posibles consumidores— se dedicó a convencer a los estadounidenses de que compraran cosas que siempre habían fabricado en casa —jabón, almidón— o que resolvían problemas que antes ni siquiera sabían que tenían, como el mal aliento que eliminaba el enjuague bucal. Sin embargo, para finales de la década la economía mostró síntomas —discretos— de desajuste. Aunque la productividad y el consumo iban en aumento, la inversión en capital fijo pareció estancarse y la producción se acumuló: entre 1928 y 1929 el inventario industrial se multiplicó por cuatro.

De hecho, el esplendor de los "fabulosos años veinte" escondía problemas serios. Había aumentado el bienestar material de los obreros, pero seguían trabajando 12 horas al día, sin vacaciones o seguro contra accidentes o desempleo, con excepción de aquellos que trabajaban para corporaciones que —como Ford— habían entendido que mejores salarios y mayor seguridad para los trabajadores redundaban en el ensanchamiento del mercado y eran, en consecuencia, buen negocio. Otro síntoma de que, bajo la apariencia de una actividad febril, la economía estadounidense había perdido algo de su dinamismo fueron los cambios en la legislación y los patrones de migración. Durante las últimas décadas del siglo XIX y los primeros años del XX quienes exigían al Congreso que cerrara las puertas a los trabajadores inmigrantes fracasaron repetidamente. Sin embargo, en 1917, 1921 y 1924 se aprobaron leyes para restringir la entrada de trabajadores foráneos, y perdieron fuerza los vigorosos flujos migratorios que habían caracterizado el periodo anterior.

Primero se prohibió la entrada a quienes no sabían leer, aunque se excluyó de esta disposición a los inmigrantes de los países del hemisferio occidental. Esto refleja menos las buenas relaciones de vecindad que, por un lado, la circunspección de la inmigración canadiense, a pesar de su importancia numérica (más de millón y medio de canadienses vivían del otro lado de la frontera para principios del siglo XX), y, por el otro, el peso político de los intereses agrícolas de California y el Suroeste, que dependían de la mano de obra de los migrantes mexicanos para levantar sus cosechas. En el ambiente enrarecido que siguió al fin de la guerra se aprobaron leyes para dejar fuera a quienes no provinieran de las regiones tradicionales de migración (Europa Occidental) mediante un sistema de cuotas que fijaba un número máximo anual de inmigrantes de cada nacionalidad, basado en el tamaño de la población del mismo origen establecida en Estados Unidos en 1890, antes de que llegara el aluvión de italianos, polacos y rusos. Se prohibía, además, la inmigración asiática.

Con esto los abogados de la restricción abandonaban, como criterios preferentes de exclusión, lo que habían vendido a la opinión como defectos "obvios" que ponían en peligro a la nación, pero que muy poco habían contribuido a reducir la cantidad de inmigrantes: la enfermedad, el radicalismo, la inmoralidad y la ignorancia. A partir de 1921 se calificó de indeseables a quienes eran supuestamente distintos e inasimilables por razones de origen nacional y de raza. Estas leyes, aunadas a los sobresaltos de la historia mundial —la primera Guerra Mundial, que hizo peligroso cruzar el Atlántico, y después la crisis económica— fueron restringiendo de manera importante los movimientos de población: los más de seis millones que llegaron en la década de 1900 se convirtieron en cuatro en la de 1910. A lo largo de los *"roaring twenties"* —la década "que rugía"— el número de migrantes se redujo a poco menos de 700 mil.

No obstante, el problema más grave no estaba en el sector industrial. Parecía incluso invisible, dado que los reflectores se centraban en el mundo urbano. El campo había permanecido, en muchos sentidos, al margen de la transformación de la vida cotidiana de los citadinos, y la experiencia y el legado de la modernización económica habían sido mucho más ambiguos. Como había sucedido en la década de 1860, tras beneficiarse del aumento en la demanda de alimentos provocado por la guerra, los productores estadounidenses enfrentaron un mercado abarrotado y la caída estrepitosa de los precios, que en su mayoría no se recuperaron sino hasta 1939. El ingreso promedio de las familias era cuatro veces inferior en el campo que en la ciudad, y seguían viviendo como lo hacían medio siglo atrás. Por ejemplo, el 90% de las granjas no tenía electricidad ni agua corriente. Para los granjeros estadounidenses la cacareada prosperdad de los años veinte, más que engañosa, había sido inexistente.

El sistema financiero representaba otro foco rojo. El capital estadounidense había sufragado tanto la prosperidad en casa como parte de la reconstrucción en Europa. Pero a pesar de una impresionante expansión, y que desde 1914 la Reserva Federal regulaba la moneda circulante, los bancos estadounidenses seguían funcionando con la lógica del Oeste Salvaje, tan ávidos de crédito y de liquidez como reacios a acatar restricciones. La persistente ojeriza que inspiraron la regulación bancaria y una arrogante "élite del dinero", primero a los jacksonianos y después a los populistas, incentivó la dispersión y falta de disciplina del sistema financiero, que por otra parte convivía con la modernización de sus instrumentos y la aceleración del intercambio. En la década de 1920, 25 000 bancos funcionaban bajo más de 50 regímenes normativos distintos. La gran mayoría eran establecimientos locales, pequeños y precarios. En un año normal quebraban unos 500. Así, los circuitos del dinero que apuntalaban el complejo y extenso juego del crédito y la inversión dentro de la economía estadounidense eran excepcionalmente dinámicos pero también frágiles.

El mercado de bonos y acciones compartía con el sistema bancario la actividad y el desorden. Había crecido a la par de la economía, pero para fines de los años veinte parecía haber adquirido vida propia. A finales de la década, a pesar de la desaceleración económica, continuaba lo que el presidente Hoover describía como "una orgía de loca especulación". Los precios de las acciones aumentaron 40% en 1927, y 35% al año siguiente. Entre 1924 y septiembre de 1929 el índice bursátil aumentó 400%. Poco más de un mes más tarde, el 24 de octubre, la burbuja se reventó: durante lo que se conoció como el "jueves negro" se vendieron más de seis millones de acciones. Los precios cayeron en picada y se esfumaron más de 4 000 millones de dólares. El desplome no se detuvo ahí: no fue sino hasta 1932 que el índice de Wall Street tocó fondo, 50% por debajo de lo que había marcado en 1923.

Aunque escandalosas, las repercusiones del "Gran Crack" estuvieron acotadas por el alcance del sector. A pesar de que, en los últimos años, parte del capital se había desviado de la inversión productiva a la especulación financiera, menos del 3% de la población tenía acciones. La debacle bursátil de 1929 fue más un síntoma que el origen de la crisis. Inauguró una recesión que, durante diez años, paralizó el impresionante aunque sobresaltado crecimiento que había caracterizado la economía estadounidense desde la década de 1860. En tres años la economía se redujo a la mitad de su tamaño, la tercera parte de la población activa perdió su trabajo y la inversión privada prácticamente se detuvo.

La crisis se cebó con brutalidad sobre sectores y regiones particularmente vulnerables. Sumió en la pobreza a los millones que vivían al día y que perdieron su empleo. Los productores agrícolas, empobrecidos y endeudados, fueron muy golpeados. La zona de los pastizales de Texas, Oklahoma, Nuevo México, Colorado y Kansas, afectada, además de por la crisis, por años de erosión y una terrible sequía que perduró a lo largo de los años 30, se convirtió en un "tazón de polvo" (*dustbowl*), azotado por el "viento negro" de los tornados, en el que ningún cultivo era posible. Cientos de familias —aproximadamente 3.5 millones de personas— perdieron todo y vagaron por el país en busca de trabajo, formando peregrinaciones de miseria y desesperanza, llamativamente descritas por John Steinbeck en *Las uvas de la ira* (1939). Para 1932 había 12 millones de desempleados, lo que representaba el 25% de la fuerza laboral.

La crisis devastó el inestable y desorganizado sistema bancario, provocando una restricción brutal del crédito y del circulante. En 1930 quebraron más de 1 350 bancos, arrastrando consigo ahorros, hipotecas y deuda. Las quiebras financieras se convirtieron en vehículos de contagio y contracción. Al reclamarse los préstamos que se habían extendido en Europa, y aumentar los aranceles para proteger a la tambaleante industria estadounidense, la crisis adquirió una dimensión global que zarandeó países que, como la Alemania de Weimar, apenas empezaban a recuperarse de la guerra. A lo largo de la década de 1930 los estadounidenses, acostumbrados a las sacudidas del capitalismo industrial, esperaban en vano alguna señal de recuperación que indicara que el "ciclo" de la crisis se había cerrado, sin que ésta apareciera en el horizonte. Se habían derrumbado dos factores cruciales del éxito económico: la confianza y el consumo, y nadie parecía saber cómo reactivarlos. La "Gran Depresión" resultó más dolorosa y más desconcertante, porque parecía no tener fin.

Tocó enfrentar la debacle al presidente Herbert C. Hoover (1929-1933). Paradójicamente, el hábil administrador que había organizado con éxito el rescate humanitario de una Bélgica devastada por la guerra, el "Gran Ingeniero" que, atípicamente para un republicano de la época, afirmaba que el gobierno debía ser una "fuerza constructiva", fue incapaz de recurrir a ella para frenar el desplome de la economía. Paralizado tanto por sus propias convicciones —había escrito un libro para celebrar el "individualismo americano"— como por las inercias de un sistema político que no sabía navegar, se negó a recurrir al gasto federal para destrabar la parálisis económica. No dieron ningún resultado sus concienzudos esfuerzos por mantener los niveles de los precios y del empleo por medio de la cooperación de los grandes empresarios. Su propuesta de buscar la cooperación internacional para hallar una salida conjunta a lo que era un fenómeno global fue muy mal recibida por el Congreso, pues planteaba una moratoria de pagos y el refinanciamiento de las deudas. En 1932 el electorado estadounidense fue tajante en su rechazo a sus políticas: el candidato demócrata Franklin Delano Roosevelt, antiguo gobernador de Nueva York, triunfó por 472 votos electorales contra 59.

Roosevelt ganó porque los estadounidenses votaron en contra de Hoover, y porque creyeron que el "nuevo trato" que ofrecía el candidato demócrata cambiaría las cosas. Miembro de una aristocrática familia neoyorkina, primo lejano del pintoresco presidente de principios del siglo XX, víctima de polio, "FDR" se erigió como la figura dominante sobre el escenario político estadounidense hasta su muerte en 1945. Afable, simpático, paternal, sinceramente consternado por la tragedia humana que significaba la Depresión, inauguró nuevas formas de hacer política. Aprovechando la tecnología disponible supo hacerse presente en los hogares de sus compatriotas, a través de unas "pláticas junto a la chimenea" —30 en total, entre 1933 y 1944—, transmitidas por radio, en las que explicaba lo que el gobierno estaba haciendo y lo que todos los ciudadanos debían hacer. La primera dama, Eleanor, contribuyó al éxito de las relaciones públicas del gobierno de su esposo, promoviendo causas progresistas —los derechos civiles y de la mujer—, desde posturas a menudo más radicales que las de su esposo. Mujer de gran sensibilidad y don de gentes, su apertura dio esperanzas a los sectores más marginados.

La administración Roosevelt logró movilizar, con gran habilidad, los sentimientos y el imaginario de los ciudadanos, que empezaron a confiar en que el gobierno los sacaría del atolladero. Casi medio millón de estadounidenses escribió al presidente durante la primera semana que estuvo en la Casa Blanca, y posteriormente recibiría entre 4000 y 7000 cartas al día. A pesar de la polémica que levantaron sus políticas —unos lo acusaron de ser un "traidor a su clase"; otros lo denunciaron por ser el compinche de los ricos—, Roosevelt mantuvo la confianza de los electores, que lo reeligieron tres veces más, cosa que se volvió constitucionalmente imposible después de 1947. Además de su talento para las relaciones públicas, Roosevelt resultó ser un gran negociador en los pasillos del poder en Washington. Tenía la capacidad —nada desdeñable— de convencer a sus interlocutores de que estaba totalmente de acuerdo con ellos. Además, supo movilizar y contrapuntear los diversos intereses representados en el Congreso, y aprovechar la desesperación que había generado la crisis.

Durante los primeros cien días de su gobierno el presidente logró que el Congreso aprobara 15 iniciativas de ley que reflejan bien la heterogeneidad de la coalición que hizo posible el "Nuevo Trato". Esta batería de nuevas disposiciones disciplinaba al sector financiero, ponía fin a la Prohibición, establecía un programa de subsidios y la reducción de la producción agrícola y creaba un "Cuerpo de Conservación Civil" para emplear a hombres jóvenes —en total unos tres millones a lo largo de nueve años— en trabajos de regeneración del medio ambiente. El Congreso incluso aprobó fondos para invertir en infraestructura en el valle del río Tennessee, en un proyecto ambicioso —el más grande en la historia de Estados Unidos— de construcción de presas y plantas hidroeléctricas, para crear empleos y llevar servicios de educación y salud a la región de los Apalaches, revitalizando así una región pobre y marginada.

Tal eficacia legislativa no tenía precedentes, y no volvería a repetirse, salvo por la energía que desplegó otra vez el Legislativo en 1935. Sin embargo, el equipo de trabajo de Roosevelt —una mezcla heterogénea de amigos cercanos del presidente, trabajadores sociales, académicos poco conocidos, la primera mujer secretaria de Estado (Frances Perkins, secretaria del Trabajo, 1933-1945) y uno que otro republicano liberal— no contaba con un plan sistemático y novedoso para corregir de raíz los problemas económicos. Hoover y sus colaboradores habían redactado las leyes que pusieron orden dentro del caótico y tambaleante sistema financiero —y que, según un antiguo profesor de ciencias políticas, "salvaron al capitalismo en ocho días"—, estableciendo un sistema de protección para los depósitos bancarios y mecanismos de supervisión en el mercado de valores. Las medidas para la "recuperación" industrial disponían que cada sector industrial se autorregulara para estabilizar la producción, el empleo y los precios, apoyándose en la misma lógica que las "conferencias de negocios" que había auspiciado Hoover. FDR se resistió casi tanto como su predecesor a aumentar el gasto federal. Aunque su gobierno emprendió proyectos cuya escala no tenía precedentes, se desecharon las radicales propuestas de economistas como John Maynard Keynes —en su *Teoría general de empleo, el interés y el dinero* (1936)—, que insistían en que el gobierno debía sostener la demanda a través del gasto público deficitario, que se convertiría en palanca de desarrollo.

De este modo, las disposiciones del Nuevo Trato estaban diseñadas para dar resultados en el largo plazo, o para aliviar momentáneamente el dolor y la humillación de quienes habían perdido su trabajo, sus ahorros y su hogar. No pretendían detonar el consumo, incentivar la inversión o reconstruir la economía. Más que prometer una sociedad nueva y mejor, el discurso del Nuevo Trato ensalzó valores bien conocidos, infundiéndoles apenas nuevos sentidos. El objetivo era ahora que los viejos ideales revolucionarios —libertad, propiedad y seguridad—, que en el contexto de la crisis parecían, en negativo, mucho menos abstractos, cobijaran a todos los estadounidenses. De

ahí que los opositores entonces, como los historiadores y los economistas después, criticaran las políticas de Roosevelt, unos por no
haber abandonado el modelo capitalista —cosa que nunca pretendió
hacer—, otros porque la intervención del Estado se había quedado
corta. Independientemente de las convicciones de Roosevelt, que no
era particularmente iconoclasta, no queda claro que el sistema político estadounidense le hubiera permitido ir mucho más lejos.

En 1935 y 1936 la Suprema Corte declaró anticonstitucionales
las leyes que regulaban la producción industrial y agrícola, por no
ampararlas, en opinión de los jueces, la cláusula del comercio interestatal. Quienes se empeñaban en salvar el Nuevo Trato —y condenaban, exasperados, la anticuada concepción que, en su opinión,
tenía el tribunal supremo de la Constitución— plantearon entonces
soluciones claramente rupturistas que, como sucedió también en el
México revolucionario de Lázaro Cárdenas, proponían sacrificar la
autonomía del poder Judicial para proteger las decisiones de quienes daban voz a la voluntad nacional: se discutió enmendar la Constitución para limitar el alcance del Tribunal Supremo, o aumentar el
número de miembros de la Corte y de jueces federales para reforzar
la autoridad del poder Ejecutivo. Tanto lo arriesgado de las propuestas, que pretendían meter mano al prestigioso sistema de pesos
y contrapesos, restringiendo el alcance de la revisión judicial, como
lo fulminante y generalizado de la condena que provocaron, muestran lo estrecho que era el espacio de maniobra de FDR y su equipo.

En un contexto de creciente polarización y sentido de urgencia
cambió la lógica del proyecto, engendrando lo que se ha llamado
el "Segundo Nuevo Trato". En 1935 el Congreso aprobó 5 000 millones de dólares —casi la mitad del presupuesto federal— para
"rescatar" la economía. Estos fondos sirvieron para poner a trabajar
a casi dos millones de estadounidenses, que repararon carreteras,
limpiaron parques, pintaron paredes, actuaron en obras de teatro y,
en el caso de fotógrafos como Dorothea Lange, Arthur Rothstein
y Walker Evans, plasmaron las imágenes que se convertirían en la
crónica memorable del drama estadounidense. Se planteaba una re

lación distinta entre los trabajadores y el Estado, que abandonaba la neutralidad que hasta entonces lo había caracterizado para beneficio de los grandes empleadores. Esta transformación reflejaba no sólo un cambio de actitud de los gobernantes sino la transformación de la organización sindical.

Hasta la década de 1930 había dominado el escenario político, como vimos en el capítulo anterior, un sindicalismo de molde decimonónico, articulado en torno a los oficios, a la defensa de la dignidad y capacidad de los trabajadores y al control del taller por parte de los más calificados. Sin embargo, dentro de la poderosa e influyente AFL había grupos que alegaban que este esquema enfrentaba a los trabajadores y dejaba fuera a la mayoría de los trabajadores industriales no calificados. La crisis, y la movilización que había incentivado el Nuevo Trato, empujó a un grupo de sindicatos de las industrias minera, siderúrgica, textil, del vestido y del petróleo que abogaban por un sindicalismo de masas, más abierto y más incluyente, a fundar el Congreso de Organizaciones Industriales (Congress of Industrial Organizations, CIO). Este sindicalismo revitalizado constituyó el músculo político que favoreció la supervivencia del Nuevo Trato y la nueva política laboral.

Pieza clave de esta nueva política fue la Ley del Seguro Social (14 de agosto de 1935), que mediante un esquema tripartito al que contribuían el Estado, los trabajadores y los patrones protegía al "hombre común" de las veleidades de una vida de trabajo: los accidentes, la incapacidad, el desempleo y la vejez. Aunque dejaba fuera a los trabajadores agrícolas, domésticos e independientes —y, por lo tanto, a la mayoría de los trabajadores afroamericanos, a los migrantes y a las mujeres que trabajaban fuera de casa—, el Seguro fue concebido como una red de seguridad para evitar que, en situaciones de crisis, los trabajadores cayeran al abismo. La Ley Wagner (5 de julio de 1935) sentó, por su parte, las bases de un sindicalismo robusto e independiente, al prohibir los sindicatos blancos y la discriminación en la contratación. También estableció un Consejo Nacional de Relaciones Laborales (National Labor Relations Board,

NLRB), encargado de promover la conciliación entre patrones y tra-
bajadores en disputa, de evitar prácticas injustas de contratación y
de proveer el marco legal para las elecciones sindicales. En 1938 el
Congreso suprimió por ley el trabajo infantil y estableció lineamien-
tos para fijar salarios mínimos en los estados. Para 1937 la Suprema
Corte había ratificado la constitucionalidad de estas disposiciones
(West Coast Hotel Co. v. Parrish; NLRB v. Jones & Loughlin Steel
Corporation).

Estas leyes representaron un cambio importante en el papel que
desempeñaba el Estado frente al mercado y a la sociedad. La autoridad política se comprometía con la protección, no ya sólo de quienes se habían sacrificado por la patria —los veteranos de guerra— o
de los sectores más vulnerables de la sociedad —las mujeres, los
niños—, sino de los trabajadores, que en ese momento se concibieron, casi exclusivamente, como hombres y blancos. Esta se asumía
además no como una medida de emergencia sino como un deber
permanente del gobierno. Sin embargo, y a pesar de las esperanzas
que el Nuevo Trato generó en una sociedad lacerada por la crisis, las
consecuencias inmediatas y concretas de esta sacudida legislativa
fueron más bien modestas: en 1939, si bien el PIB había recuperado
los niveles de 1929, uno de cada siete estadounidenses seguía des-
empleado, y la mitad de las familias blancas y el 90% de las negras
seguían viviendo en pobreza. Con todo, sólo la transición —en cierto sentido exógena— a una economía de guerra, ávida de trabajo y
material, pondría fin al estancamiento económico.

LA SEGUNDA GUERRA MUNDIAL (1941-1945)

A diferencia de lo que había profetizado el autor inglés H. G. Wells,
el gran conflicto de 1914-1918 no puso fin a todas las guerras. Engendró, al contrario, un mundo cruzado por tensiones y resenti-
mientos, enfrentamientos soterrados y confrontaciones abiertas. Al
cernirse sobre éste una crisis económica que parecía no tener fin se

volvió más conflictivo y peligroso. Ante los esfuerzos fútiles de la Sociedad de Naciones los regímenes autoritarios y agresivos de Alemania, Italia y Japón violaron acuerdos de limitación de armamentos y emprendieron guerras de conquista. En 1931 Japón estableció un gobierno títere en el norte de China y ocupó las principales ciudades del otrora "Imperio Celestial" siete años después. Mussolini invadió Etiopía (1935), mientras que la Alemania nazi ocupaba Renania en 1936, se anexaba Austria en 1938 y se apropiaba de la región de los Sudetes en Checoslovaquia, con la anuencia de Francia e Inglaterra; intervino también con Italia en la Guerra Civil española (1936-1939) y contribuyó al triunfo del bando nacionalista que estableció a Francisco Franco como dictador hasta su muerte en 1975. A diferencia de los estados democráticos, que no lograban colaborar de manera efectiva ni en el plano económico ni dentro de la Sociedad de Naciones, en 1940 las tres potencias "fascistas" establecieron una alianza militar.

Ante este horizonte tormentoso Estados Unidos se enconchó aún más en el aislacionismo. Roosevelt buscó implementar una "política del buen vecino" hacia América Latina, reconoció a la Unión Soviética y promovió la participación de Estados Unidos en la Corte Internacional de La Haya, pero reforzó las medidas de proteccionismo y nacionalismo económico. Si el presidente se mostraba ambivalente, el Congreso en cambio fue el fiel portavoz de un sentimiento contundente de temor y rechazo frente a la posibilidad de que Estados Unidos volviera a involucrarse en los conflictos del Viejo Mundo. Entre 1935 y 1937 los diputados aprobaron cuatro leyes de neutralidad, y otra para preparar la independencia de Filipinas. También discutieron una enmienda constitucional que exigía que las declaraciones de guerra fueran aprobadas por referéndum. Tras las violentas agresiones en contra de los judíos alemanes en noviembre de 1938 —la "Noche de los cristales rotos"— Estados Unidos retiró a su embajador, pero no rompió relaciones con el Reich. En septiembre de 1939 Hitler invadió Polonia, prendiendo la mecha de la segunda Guerra Mundial. Aunque Roosevelt arguyó que "no podía pedirse, incluso a un neutral, que cerrara su mente o su conciencia", el Legislativo estadounidense ratificó su voluntad de mantenerse al margen del conflicto.

Para el presidente, como para un número creciente de sus conciudadanos, las tendencias expansionistas, antidemocráticas y liberticidas de las potencias del Eje Roma-Berlín-Tokio no sólo representaban un espectáculo deplorable sino que eran un peligro para la "civilización". Sin embargo, para traducir su oposición moral en política exterior tenían que vencer la fuerte resistencia de la mayoría de los estadounidenses. Ante el —vertiginoso— colapso de Europa occidental frente al avance de Alemania, en junio 1940 Roosevelt argumentó que "la mejor protección inmediata para Estados Unidos era que Gran Bretaña pudiera defenderse". La república debía convertirse en el "arsenal de la democracia". Tras arduas negociaciones el Congreso votó, progresivamente, para desmantelar las disposiciones que restringían la posibilidad de pertrechar a los beligerantes. Para mediados de 1941 había aprobado una línea de crédito de 7 000 millones de dólares para vender armamento, municiones y provisiones primero a Gran Bretaña y a China, después a la Unión Soviética. Este material de guerra sería transportado por la armada estadounidense, con lo que se volvía inevitable una confrontación con los submarinos alemanes, empeñados en cortar las líneas de aprovisionamiento de sus enemigos.

En Asia, Estados Unidos veía lo que sucedía a través de unos lentes empañados por, como diría un diplomático de la época, los fuertes sentimientos que inspiraba China —tierra de misión privilegiada del protestantismo estadounidense—, la falta de intereses económicos de gran envergadura y la ausencia de algún interés vital. Era, para los estadounidenses, imposible imaginar a China como la Gran Bretaña de Oriente. El gobierno de Roosevelt creyó aún menos conveniente emprender operaciones provocadoras y peligrosas como las que abastecían a los beligerantes europeos en el Atlántico y el mar del Norte. Ante las crecientes tensiones que provocaba el expansionismo japonés buscó llegar a una solución diplomática con un país que conocía mal y comprendía menos. Sin incentivos para actuar con prudencia, pretendió escarmentar a los japoneses imponiéndoles, en contra de los consejos de su armada, sanciones económicas que tendrían graves consecuencias para la nación isleña. Esto abonó a la convicción del gobierno japonés de que la supervivencia del Imperio dependía de su acceso a las materias primas que requería su industria, y que éste —con más razón si eran excluidos de los circuitos comerciales por los estadounidenses— se vería asegurado sólo mediante la conquista territorial.

Estados Unidos se erigió así en el gran obstáculo para la consolidación de la grandeza nipona. El 7 de diciembre de 1941 —fecha que, según FDR, "viviría en la infamia"—, bombarderos japoneses destruyeron la base naval de Pearl Harbor, en Hawái, hundiendo ocho barcos, destruyendo 180 aviones y matando a casi 2 500 marineros. En un par de horas se esfumó por completo la ilusión que tenían los estadounidenses de que los océanos los mantenían a salvo del conflicto. Al día siguiente un indignado Roosevelt pidió a un igualmente enardecido Congreso que declarara la guerra a Japón. Gran Bretaña se unió a Estados Unidos, mientras que —en una decisión difícil de entender, pues no estaban obligados a ello— Hitler y Mussolini declararon la guerra a Estados Unidos. Se entreveraban así dos enfrentamientos que hasta entonces habían permanecido aislados, uno en Europa y el Mediterráneo, el otro en el Sudeste asiático, convirtiendo la guerra en un conflicto de dimensión global.

La entrada de Estados Unidas a la guerra se vio atajada por dos necesidades apremiantes: la de resarcir los daños —graves pero no fatales— causados a la flota del Pacífico en Pearl Harbor y la de transformar su pequeño ejército —compuesto por 175 000 soldados profesionales, abocados a la intermitente y normalmente limitada tarea de imponer los intereses hegemónicos de Estados Unidos en el continente americano— en una máquina bélica capaz de luchar en tres continentes. Mientras los estadounidenses se preparaban para combatir a los japoneses en el Pacífico y para abrir un segundo frente en Europa se dedicaron a sostener los esfuerzos de la Unión Soviética, única potencia que enfrentaba a los alemanes en el continente, mediante la entrega, a través de las mortíferas rutas oceánicas, de material bélico y provisiones.

Entre tanto, Japón arrasó con la modesta resistencia que enfrentaba en su avance por Asia y ocupó Indonesia, capturó Singapur y derrotó a las fuerzas estadounidenses en Filipinas. Sin embargo, para mediados de 1942 Estados Unidos logró detener su avance en las batallas de Midway y las islas Salomón, y defendió exitosamente a Australia. Ante la urgencia de abrir un segundo frente en Europa, pero incapaz de emprender la liberación de Francia, Estados Unidos se unió a la iniciativa de Winston Churchill, el primer ministro inglés, y atacó a las tropas alemanas e italianas en el norte de África. El triunfo aliado en El Alamein (noviembre de 1942) y el de los soviéticos en Estalingrado, tras una desgastante batalla de más de cinco meses (febrero de 1943) representaron un parteaguas, pues obligaron a los ejércitos alemanes a replegarse por primera vez desde el inicio de la guerra. Mientras tanto, el uso del radar y de las patrullas aéreas y la exitosa decodificación de los mensajes alemanes interceptados por los servicios de inteligencia británicos hicieron más confiables y eficientes las líneas de aprovisionamiento.

A pesar de las quejas del líder soviético Josef Stalin, que deploraba la timidez de sus aliados occidentales, Estados Unidos y Gran Bretaña se resistieron a enfrentar a Alemania de forma directa, y se enfrascaron en la ineficaz y destructiva campaña de Italia (julio de 1943-mayo de 1945). No fue sino hasta principios de junio de 1944 que, en una ambiciosa operación anfibia y aérea, tropas estadounidenses desembarcaron en las costas de Normandía. Para entonces los ejércitos soviéticos, que habían soportado el grueso del combate, habían llegado hasta Varsovia en Polonia y a las fronteras de Checoslovaquia y Lituania. Paralelamente, los Aliados emprendieron el bombardeo sistemático y devastador de las principales ciudades alemanas. Con el apoyo de las fuerzas de la "Francia libre" y de la Resistencia francesa los aliados liberaron París en agosto de 1944 y derrotaron, en diciembre, a la última ofensiva alemana, en el bosque de las Ardenas, en Bélgica. En el Este, el Ejército soviético arrolló lo que quedaba del ejército alemán, y después de una terrible batalla en las calles de la capital alemana ocupó Berlín a principios de mayo de 1945. Unos días después el Estado Mayor del Ejército alemán —Hitler se había suicidado el 30 de abril— se rindió sin condiciones.

Del otro lado del mundo Estados Unidos enfrentaba, prácticamente solo, a un contrincante pertinaz. Ambas potencias lucharon encarnizadamente por el control de las islas y regiones que bordeaban la costa asiática entre Australia y Japón, y entre Java en Indonesia y Attu en el archipiélago de las Aleutianas. En marzo de 1945 los estadounidenses tomaron la pequeña isla de Iwo Jima —de 21 kilómetros cuadrados, que contaba entonces con poco más de 1 000 habitantes y que hoy está deshabitada— tras un mes de combate y la pérdida de 20 000 hombres, entre muertos y heridos. De ahí pudieron bombardear Tokio y otras ciudades japonesas. Muerto Roosevelt en abril, el nuevo presidente, Harry S. Truman (1945-1953) decidió utilizar un arma con enorme poder de destrucción que Estados Unidos había desarrollado con la participación de científicos alemanes refugiados del nazismo: la bomba atómica. A la postre, ésta resultó una decisión polémica que se convirtió en el símbolo de un dramático parteaguas: la creación y producción de armas que podían devastar el mundo en segundos resquebrajaron la fe en la ciencia como signo y factor de progreso, certeza que, por lo menos desde el siglo XIX, había caracterizado el pensamiento occidental.

Se discute si la prioridad de Truman era salvar vidas estadounidenses, impedir la entrada del Ejército soviético al frente del Pacífico o doblegar de un golpe al tenaz Imperio nipón. Se especula sobre el papel que desempeñó el racismo en la elección de la más destructiva de las estrategias posibles, frente, por ejemplo, a hacer explotar una bomba sobre la bahía de Tokio. El hecho es que, a principios de agosto, dos bombas nucleares destruyeron las ciudades de Hiroshima y Nagasaki, causando la muerte a más de 130 000 personas y un sinfín de secuelas por efecto de la radiación. La bomba nuclear, por su enorme capacidad destructiva, era un nuevo tipo de arma, que las potencias se empeñarían en tener pero no querrían usar. Hiroshima daba luz a la "era nuclear", en la que cambiaban profundamente las implicaciones de recurrir a la guerra como opción de política exterior.

Japón se rindió el 14 de agosto. La guerra había terminado: amplias regiones en Asia y Europa estaban en ruinas y habían muerto 20 millones de soviéticos, más de siete millones de alemanes, casi seis millones de polacos, más de diez millones de chinos y más de dos millones de japoneses, en su mayoría civiles. Las fuerzas armadas estadounidense, en cambio, habían movilizado a 13 millones de hombres y mujeres —casi el 40% como voluntarios—, de los cuales más de 400 000 perdieron la vida. Pero la economía de Estados Unidos había armado, equipado, alimentado y transportado las fuerzas que habían ganado la guerra: a decir de un empleado del Departamento de Comercio, el desempeño de la industria estadounidense durante la guerra equivalía a construir el canal de Panamá dos veces al mes, "con un fuerte excedente de pilón".

Al final de la guerra, en la estela de una hecatombe de proporciones descomunales y de las transformaciones profundas que acarreó, los actores involucrados procuraron construir un mundo nuevo. A diferencia de lo que había sucedido en 1919, en 1945 la mayoría de los estadounidenses estaba convencida de que no era ni posible ni deseable volver a vivir de espaldas al mundo. Con la experiencia de dos guerras mundiales y la gran crisis económica a cuestas, y frente a la desconfianza que inspiraba el aliado comunista —que de manera predecible, pero no inevitable, iba a convertirse en hostilidad abierta para fines de la década— el gobierno estadounidense buscó establecer bases institucionales compartidas para prevenir la espiral de desaceleración económica y violencia que en la década de 1930 había desembocado en la depresión, la política totalitaria y la guerra. Así, en 1944, en la conferencia de Bretton Woods, se proyectaron dos organizaciones que debían apuntalar el desarrollo económico y estabilizar las finanzas en un mundo cada vez más interdependiente: el Banco Mundial y el Fondo Monetario Internacional, ambos con sede en Washington, D. C. Dentro del sistema Bretton Woods el comercio debía vincular a una heterogénea multitud de actores económicos de manera horizontal, pacífica e, idealmente, mutuamente provechosa.

En el plano político, el secretario de Estado Cordell Hull cabildeó tanto a legisladores aislacionistas en casa como a los gobiernos de los países aliados en el exterior para que apoyaran la creación de un organismo multilateral que sirviera de foro para las negociaciones y estableciera un sistema de seguridad colectiva que corrigiera lo que suponían habían sido los defectos de la Sociedad de las Naciones: la falta de facultades ejecutivas e instrumentos coercitivos y la ineficacia del parlamentarismo. En octubre de 1945 se reunieron en San Francisco los representantes de 46 naciones para formar la Organización de las Naciones Unidas. La Carta del organismo establecía como objetivos "preservar a las generaciones venideras del flagelo de la guerra que dos veces [en una generación] ha infligido a la Humanidad sufrimientos indecibles" y "reafirmar la fe en los derechos fundamentales del hombre, en la dignidad y el valor de la persona humana, en la igualdad de derechos de hombres y mujeres, así como de las naciones grandes y pequeñas".

Estados Unidos abandonaba entonces su postura tradicional para asumir un lugar destacado dentro del orden internacional. La guerra había acarreado cambios importantes en el frente doméstico, a pesar de que, a diferencia de los demás contendientes, el conflicto no diezmó la población, no destruyó su planta productiva ni asoló su territorio. En primer lugar, la guerra puso fin a la Gran Depresión. No sólo liberó la economía de las ataduras de la crisis, sino que la relanzó con ímpetu. En 1942 la producción de Estados Unidos equivalía a la suma de la de los países del Eje. Dos años después era del doble. Al final de la guerra Estados Unidos se levantaba como un gigante económico sin igual: producía dos veces más petróleo que el resto del mundo junto, disponía de la marina mercante más grande y tenía prácticamente un monopolio en sectores de punta como el aeroespacial, el electrónico y el atómico. Por otra parte, las exigencias de la conflagración y su reinvención como la defensa heroica de los valores liberales y democráticos que encarnaba Estados Unidos movilizaron y concientizaron a los estadounidenses, que miraron el escenario de la posguerra con ojos nuevos y una actitud distinta.

Así, a partir de 1940, al dispararse la demanda de máquinas de guerra, pertrechos y provisiones, y de medios para transportarlos, y con la inducción en el ejército, un año después, de 15 millones de hombres y varios miles de mujeres, la economía que el desempleo había desolado se vio incluso necesitada de brazos. El desempleo prácticamente desapareció, y el rostro de la fuerza laboral se transformó. En 1940 prácticamente la mitad de las mujeres solteras recibía un salario, pero sólo el 15% de las mujeres casadas trabajaba fuera de casa. Después de Pearl Harbor se les sumaron tres millones de mujeres, ensalzadas por la propaganda patriótica en la popular figura de "Rosie la remachadora", que representaba un nuevo ideal de mujer, activa y competente. Las mujeres abandonaron los sectores tradicionales del empleo femenino —trabajo doméstico, enseñanza básica, servicios— para desempeñar "trabajos de hombre" por salarios mucho más elevados. Por otra parte, los trabajadores migrantes, sobre todo mexicanos, que durante la crisis del 29 habían sido repatriados sin ninguna formalidad, regresaron a trabajar al ferrocarril y a los campos del Suroeste, de Idaho, California y Washington, muchos de ellos —más de 200 000— amparados por un acuerdo binacional, el programa Bracero, que se mantendría hasta 1964.

El dinamismo y la concentración de la industria militar también cambiaron de manera dramática la distribución geográfica de la población. Entre 1941 y 1945 se mudó uno de cada cinco estadounidenses: ocho millones cambiaron de estado, y la mitad de éstos de región. Se desplazaron del campo a la ciudad, de Sur a Norte y de Este a Oeste: en cuatro años la población de los estados del Pacífico, Oregón, Washington y California, aumentó en un tercio. La movilidad de un grupo resultó especialmente trascendental: como habían empezado a hacer ya en décadas anteriores, muchos afroamericanos abandonaron el mundo rural del Sur para dirigirse a las grandes ciudades industriales del Norte. En urbes como Chicago, Detroit, San Luis, Cincinnati, Filadelfia y Pittsburgh, donde a principios de siglo habían tenido una presencia mínima, los afroamericanos constituían, para 1950, entre el 12 y el 20% de la población.

La guerra exigía los mayores sacrificios, en primer lugar el de la vida de los soldados. Pero en el caso estadounidense requería, sobre todo, de fondos. Aunque la mitad de los gastos de guerra se acumularon como deuda pública el gobierno federal estableció mecanismos para recaudar impuestos como no lo había hecho nunca antes. En 1940 13 millones de estadounidenses pagaban impuestos sobre la renta; en 1942 lo hacían 50 millones. Para 1945 esta contribución ingresaría al presupuesto federal más de 20 veces lo que había representado en 1940. Para no lidiar con los errores de cálculo del contribuyente y su natural tendencia a la evasión los impuestos empezaron a deducirse directamente de la paga mensual de los trabajadores. A diferencia de lo que había sucedido después de la Guerra Civil, al concluir la emergencia nacional el gobierno de Washington no desmanteló esta poderosa máquina de recaudación. El Servicio de Impuestos Internos (Internal Revenue Service) sigue siendo, el día de hoy, uno de los organismos más eficientes, meticulosos y cosmopolitas del gobierno de Washington.

Estas profundas transformaciones se llevaron a cabo en el contexto de lo que se construyó como una cruzada salvadora. La propaganda estadounidense contraponía "su" tradición de libertad, democracia e igualdad a las peroratas sobre la "raza superior", la sumisión ciega al líder, la violencia y la irracionalidad que encarnaban la Alemania nazi y sus aliados. Sin hablar de pajas, vigas y ojos, queda claro que este discurso no podía sino crear disonancia dentro de la sociedad estadounidense. Así, la guerra a un tiempo radicalizó y puso en evidencia algunos de los aspectos más penosos de las relaciones sociales en Estados Unidos. En un primer momento, los temores engendrados por el ataque a Pearl Harbor, así como los cambios bruscos en el perfil de ciertas ciudades norteñas, generados por los movimientos de población, suscitaron tensiones articuladas, como tantas veces a lo largo de la historia de Estados Unidos, en torno a la diferencia étnica. Pero, en el contexto de una guerra "moral", estos sobresaltos generaron un malestar más agudo y más extenso —y por lo tanto más trascendente— que de costumbre.

De este modo, en 1943, en Los Ángeles, soldados y marinos que estaban por embarcarse atacaron a jóvenes mexicano-americanos, desatando un motín conocido como el "de los trajes de Pachuco" (Zoot Suit Riots). La población de origen hispano fue víctima del mismo tipo de violencia en otras ciudades de Texas, el Medio Oeste y Nueva York. El mismo año los afroamericanos de Detroit enfrentaron el rechazo y la violencia que creían haber dejado atrás en el Sur, cuando 1 200 blancos intentaron impedir que familias negras se mudaran a las viviendas construidas para alojar a los trabajadores recién llegados a la ciudad, desatando una huelga y un motín. Más perversa aún fue la política del gobierno en contra de los inmigrantes japoneses y sus descendientes, que eran ya ciudadanos americanos. Temiendo —en contra de toda evidencia— que representaran un peligro por las simpatías que les inspiraba su país de origen, las autoridades internaron a 110 000 personas en campos de concentración por suponerlas enemigas en potencia de la patria.

Estos fenómenos provocaron gran desazón, sintomática de un despertar de conciencia para algunos, de un cambio de actitud para otros. No se tradujeron, sin embargo, sino en transformaciones modestas en la práctica. La escalofriante información sobre la "solución final" de los nazis en contra de los judíos no llevó al Congreso a suavizar las leyes y procedimientos migratorios para permitir a más perseguidos del nazismo encontrar refugio en América. Incluso con el establecimiento de un Consejo para los Refugiados de Guerra en 1944, alrededor de 100 000 judíos fueron admitidos al país durante todo el periodo del nazismo, cifra inferior a las cuotas establecidas para inmigrantes alemanes y austriacos. En cuanto a las injusticias perpetradas en contra de las minorías estadounidenses, aunque en

1944 la Suprema Corte determinó que la "restricción de los derechos civiles de un grupo racial" era "inmediatamente sospechosa", se negó a condenar la reclusión de los japoneses como anticonstitucional (Korematsu v. United States).

Para la población afroamericana la guerra dejó un legado ambivalente: al emigrar en un contexto de crecimiento económico muchas familias descubrieron realidades distintas y prosperaron, pero también se toparon con un racismo que, descubrieron, no sólo era sureño, sino estadounidense. Los afroamericanos tuvieron acceso a los trabajos de la industria militar, gracias, en parte, a la acción de la Comisión para las Prácticas Justas en el Empleo (Fair Employment Practice Commission, 1941), establecida por Roosevelt, pero siguieron siendo tratados como ciudadanos de segunda. No sólo no se hizo nada para desmantelar las leyes discriminatorias en el Sur —donde vivían, todavía, las dos terceras partes de la población negra— sino que las fuerzas armadas estadounidenses mantuvieron la segregación racial de los soldados, con la excusa de que, como dijera el general George Marshall, el ejército "no era un laboratorio sociológico". La población afroamericana no aceptó esta situación de forma pasiva: entre 1940 y 1946 el número de personas involucradas en asociaciones dedicadas a promover la igualdad racial aumentó de manera exponencial: el número de afiliados a la NAACP pasó de 50 000 a 450 mil.

De este modo, la guerra acarreó transformaciones sociales a un tiempo profundas y limitadas. El cambio en la distribución geográfica de la población —la verdadera "conquista del Oeste"— fue irreversible. Otros fueron más endebles. Resultó efímera la construcción de la mujer ideal, que de madre y esposa se había convertido en la diestra Rosie. A diferencia de la descocada *flapper* de los años veinte, la mujer de la guerra mundial se había cortado el pelo, cambiado de ropa y marchado a la fábrica por una causa gloriosa. Sin embargo, tras el triunfo de ésta regresó a casa: durante la guerra uno de cada cuatro trabajadores de la industria automotriz era mujer; para 1946 lo era sólo uno de cada 12. En cambio, la importante presencia de trabajadores mexicanos, sobre todo en el sector agrícola, se convirtió en una característica permanente de la economía estadounidense. En el caso de la población afroamericana, para finales de la guerra ésta estaba más consciente, geográficamente más dispersa y era menos pobre, pero seguía siendo discriminada y marginada. La conquista de la igualdad racial se erigía, como apuntara el economista Gunnar Myrdal en su influyente libro *Un dilema americano* (1944), en la asignatura pendiente más importante para la democracia estadounidense. Resultaría también la más difícil de resolver.

LOS AVATARES DE UNA SUPERPOTENCIA

La segunda mitad del siglo XX fue, para los estadounidenses, una época de tensiones y cambios. Su rivalidad con la Unión Soviética, la otra gran potencia sobre el escenario internacional, dominó casi por completo su política exterior, y permeó también la política doméstica. La acumulación de armas nucleares construyó una realidad peligrosísima pero, en última instancia, estabilizadora, dado que la destrucción de los contendientes estaba "mutuamente asegurada". Así, durante casi 50 años las dos "superpotencias" se enfrentaron en una guerra "fría", que tuvo ajustes, altibajos y destellos "calientes" que involucraron —normalmente con altísimos índices de mortandad— a terceros. Al mismo tiempo, durante las primeras décadas de la posguerra la economía global, y la estadounidense en particular, crecieron y se transformaron como nunca antes. A la sombra de estos dos procesos la sociedad estadounidense se reconstituyó, desafiando, ampliando y redefiniendo el "sueño americano" que supuestamente la sustentaba. En la década de 1970, con la crisis económica y la ruptura de los consensos de la posguerra, este sueño se fragmentó, sin derrumbarse, para dar origen a nuevos discursos y nuevas configuraciones sociales y políticas.

La Guerra Fría: Escenarios distintos

Durante la Guerra Mundial los estadounidenses vieron en la Unión Soviética un aliado a un tiempo imprescindible e inquietante. Poco después de la victoria se convirtió en un enemigo permanente. Derrotado el Eje, tanto Estados Unidos como Gran Bretaña esperaban que hubiera elecciones libres en toda Europa. La Unión Soviética, sin embargo, no estaba dispuesta a permitir que Alemania —que había invadido su territorio dos veces en los últimos 30 años— y los demás países fronterizos tuvieran gobiernos que pudieran discrepar con Moscú —léase, que no estuvieran dominados por el Partido Comunista—. Los comunistas europeos habían adquirido presencia y prestigio en la lucha contra el fascismo, pero difícilmente podían obtener una mayoría electoral en alguno de los países de la región. La URSS actuó entonces para imponer regímenes a modo. El Estado que en 1917 había asumido la responsabilidad de conducir al mundo a la revolución proletaria —repulsiva para el gobierno estadounidense— volvía a erigirse en amenaza internacional. Poco avezados en los laberintos de la política exterior, el presidente Truman y su secretario de Estado, el general Marshall, buscaron una política estable para poder hacerle frente.

Esta política se forjó en un contexto de emergencia: desde 1946 una guerra civil enfrentaba a comunistas y anticomunistas en Grecia, y se temía que la Unión Soviética interviniera para asegurar el triunfo de sus correligionarios y tener acceso al Mediterráneo. Estados Unidos debía actuar de manera decisiva para detenerla. Según uno de los primeros "sovietólogos", el rusófilo y anticomunista George Kennan, el Kremlin —heredero del imperio estepario de los zares, a un tiempo envidioso y temeroso de todo lo que viniera de "Occidente" y con acceso a recursos limitados, primero por la destrucción que provocó la guerra y después por la ineficacia de la economía dirigida— ejercería, inevitablemente, una "presión cauta y persistente" para expandirse, esforzándose por "perturbar y debilitar" a sus rivales. Era imposible, por lo tanto, que el desencuentro entre los otrora aliados se convirtiera en una convivencia —quizá incómoda— entre dos modelos económicos y políticos distintos. Estados Unidos tenía que adoptar una "política de firme contención, diseñada para confrontar a los rusos con fuerza" cuando pretendieran infringir "los intereses de un mundo pacífico y estable".

Para resolver el problema griego Truman no podía limitarse a negociar una medida coyuntural, sino que debía afianzar la contención como un principio rector de la política exterior. Tenía que vender el "análisis objetivo" de los "expertos" a los representantes de una sociedad de fuerte tradición aislacionista. Para asegurar el compromiso estadounidense el presidente dejó a un lado los términos moderados y prudentes de Kennan. Alegó que la rivalidad entre Estados Unidos y la Unión Soviética no era un asunto de geopolítica o de competencia económica: se trataba de la lucha entre dos formas de vida mutuamente excluyentes. Estados Unidos defendía la libertad y la democracia, la URSS imponía "el terror y la opresión, el control de la prensa y la radio, las elecciones amañadas y la supresión de las libertades personales". La república americana tenía que estar dispuesta a intervenir, en todo momento, en cualquier lugar —a "pagar cualquier precio, soportar cualquier peso"— para poner un alto a la expansión comunista.

Así, en esta primera instancia Washington no sólo apoyó a la derecha griega sino que instaló misiles en Grecia y en la vecina Turquía para disuadir —de forma permanente y sin comprometer tropas estadounidenses— alguna incursión soviética. La contención se convirtió a partir de entonces en doctrina y misión. Con ajustes y adecuaciones, fue la columna vertebral de la política estadounidense en el exterior hasta el fin de la Guerra Fría, a pesar del vaivén de las circunstancias. Sus lineamientos —más propios de una cruzada moral que de una estrategia diplomática de largo plazo— no planteaban objetivos precisos ni establecían una escala de prioridades o protocolos de acción. Estados Unidos se comprometía a apoyar a los "pueblos libres", reduciendo, en la práctica, la definición de "libre" a la de "anticomunista".

La Guerra Fría duró casi medio siglo y estuvo marcada por momentos de gran peligro y periodos de "deshielo". Las políticas de Estados Unidos tuvieron, además, manifestaciones distintas, según la coyuntura, el lugar y lo que la Unión Soviética hacía y decía. En 1948 los soviéticos intentaron bloquear el acceso de las potencias occidentales a Berlín —que desde finales de la guerra ocupaban las fuerzas aliadas— para extender su control sobre toda la ciudad. Su tentativa fracasó, gracias al puente aéreo que, durante casi un año, tendieron los estadounidenses para guarnecer la ciudad. Posteriormente, ambos contendientes reconocieron y aceptaron la esfera de influencia que cada quien consideraba imprescindible para su seguridad. En Europa los dos campos se institucionalizaron a través de alianzas militares —(la Organización del Tratado del Atlántico del Norte (OTAN, 1949) y el Pacto de Varsovia, 1955)— y de circuitos de cooperación económica: entre 1948 y 1951 el Plan para la Recuperación Europea —conocido como el Plan Marshall— significó la inversión de casi 13 000 millones de dólares. Por su lado, en 1949 los países socialistas fundaron el Consejo de Ayuda Mutua Económica (Comecón).

En esta tesitura, Estados Unidos no hizo sino desaprobar cuando los comunistas se hicieron del poder en Checoslovaquia en 1948, y cuando los tanques soviéticos pusieron fin a los movimientos reformistas en Hungría (1956) y otra vez en Checoslovaquia en 1968. Cuando el Ejército soviético invadió Afganistán en 1979 Estados Unidos boicoteó las olimpiadas de Moscú, pero no pasó a más. La Unión Soviética tampoco actuó para impedir la intervención estadounidense a favor de los partidos anticomunistas europeos (por ejemplo, de la democracia cristiana en Italia en 1948) ni, como se verá, en contra de las intrusiones estadounidenses —subrepticias o abiertas— en América Latina, con la excepción de su apoyo a la Revolución cubana a partir de 1960.

En el mundo de la posguerra, que pronto se vería transformado por el crecimiento desigual y disparejo de la economía y por una explosión demográfica, así como por el desmantelamiento de los imperios coloniales, el prisma de la Guerra Fría y la "arrogancia del poder" estadounidense —su afán mesiánico de "rehacer" a otras naciones "a su imagen y semejanza", como lo describiría en 1966 el senador William J. Fullbright— trastocaron la manera en la que eran percibidas las posturas y las acciones de otros países. El triunfo, en octubre de 1949, de los comunistas chinos —que estuvo muy lejos de ser un logro soviético— fue asumido como una tragedia para la política exterior estadounidense, y contribuyó a los temores de Washington.

Así, en lo que, siguiendo el esquema maniqueo de la Guerra Fría, empezaría a llamarse el "Tercer Mundo", el nacionalismo, el populismo, el antiimperialismo y el eclecticismo ideológico, así como los esfuerzos de los gobiernos por construir el Estado, modernizar la sociedad y paliar la desigualdad social, a menudo en contextos poscoloniales o de dependencia, fueron vistos como peligrosas semillas de comunismo, plantadas por manos soviéticas. Limitados por el desconocimiento, el desprecio que a menudo les inspiraban pueblos de otro color y otra cultura y el temor al contagio comunista, los artífices de la política exterior estadounidense estuvieron dispuestos a apoyar iniciativas antidemocráticas, reaccionarias y violentas, siempre y cuando se identificaran como "anticomunistas", simplificación que supieron aprovechar gobernantes de turbio perfil como Rafael Trujillo en República Dominicana, Anastasio Somoza en Nicaragua, Ngo Dinh Diem en Vietnam del Sur, Mohamed Reza Pahlavi en Irán y los promotores del *apartheid* en Sudáfrica.

Ni los aliados ni los opositores de Estados Unidos fueron, a lo largo de la guerra, todos iguales. Al recuperarse la economía europea y fortalecerse políticamente el Viejo Continente algunos países emprendieron iniciativas diplomáticas autónomas: Francia, Alemania e Italia fundaron, en 1957, la Comunidad Europea del Carbón y del Acero, que iría fortaleciéndose hasta consolidar la Unión Europea (1992); Francia se retiró del mando militar de la OTAN en 1966, y la República Federal Alemana buscó acercarse a los países del Este desde la década de 1970 (con la llamada *Ostpolitik* de Willy Brandt), al tiempo que los partidos comunistas de Europa occidental se distanciaban de Moscú e incrementaban su participación política en el marco de la otrora condenada "democracia burguesa". Las relaciones de Estados Unidos con sus socios de la OTAN se volvieron más equilibradas, menos intransigentes y más flexibles. No sucedería lo mismo en otros escenarios, marcados por una enorme asimetría de poder.

América Latina ha sido, para Estados Unidos, más importante estratégica que política o económicamente. Para las repúblicas que la componen la relación con Washington ha sido mucho más importante que para la contraparte. Así, durante la Guerra Fría los vínculos del "coloso del Norte" con la región —con la posible excepción de su "relación especial" con México, con quien comparte más de 3 000 kilómetros de frontera— se caracterizarían por la desproporción, el unilateralismo, la falta de tolerancia y la colaboración con los sectores más reaccionarios de la sociedad local. Como sucedía desde finales del siglo XIX, ahí donde más allá de la seguridad y la estabilidad continental se desdibujaba el interés nacional de Estados Unidos, tomaban el relevo los intereses económicos —el caso paradigmático es el de la United Fruit en Centroamérica, pero también puede hablarse, en distintos momentos, de otras transnacionales como ANACON y las compañías petroleras—, que ejercieron una influencia sobre la política hacia la región que no justificaba su peso dentro de la economía estadounidense.

Esta falta de contrapesos frente al instinto anticomunista contribuyó a las repetidas intervenciones armadas en el continente: en Guatemala en 1954, en República Dominicana en los años sesenta, en Brasil en 1964, en Chile en 1973 y en Nicaragua, El Salvador y el Caribe en los años ochenta. Pero es la peculiar trayectoria cubana la que mejor ilustra, quizá, las contradicciones de la política estadounidense hacia América Latina. Para Estados Unidos el triunfo de la Revolución cubana en 1959 y su consolidación como régimen socialista constituyeron una calamidad diplomática. Acicateado por la intransigencia estadounidense —que respondió a la reforma agraria con la ruptura de relaciones diplomáticas, un embargo a la isla que perdura a casi 25 años del fin de la Guerra Fría y tras el anuncio del restablecimiento de las relaciones en diciembre de 2014, y el apoyo, en 1961, al desembarco de tropas antirrevolucionarias cubanas en bahía de Cochinos—, Fidel Castro buscó el cobijo de la URSS. Ésta no pudo resistir establecer un "satélite" en el "patio trasero" de su rival, cuando se lo ponían en bandeja de plata. A lo largo de los años el liderazgo revolucionario cubano capitalizó su papel como espina en el costado del imperio. Su antiimperialismo militante reforzaba su autoridad en la isla, y adornaba su imagen en el exterior. Cuba se erigió en modelo alternativo para las repúblicas latinoamericanas, y desarrolló una política exterior más audaz que la de su patrocinador soviético, promoviendo "focos" revolucionarios y brindando apoyo militar a los movimientos latinoamericanos y africanos que consideraba cercanos ideológicamente. Cuba fue también, por un momento, el más peligroso de los teatros de la Guerra Fría. La crisis que se desató en octubre de 1962, al descubrirse que la URSS introducía misiles a la isla, puso al mundo al borde del holocausto nuclear.

Por otra parte, Estados Unidos procuró promover foros de negociación y colaboración en el continente, como la Organización de Estados Americanos (1948), y esquemas de ayuda para el desarrollo, como la Alianza para el Progreso (1961), que según su propio coordinador llegaba 25 años tarde. Estas iniciativas se quedaron cortas, tanto por la inconsistencia de los esfuerzos como por lo insuficiente de los fondos invertidos y lo limitado de los resultados obtenidos. Estados Unidos, al utilizar la OEA como espacio para disciplinar a los miembros descarriados —Cuba fue expulsada de la organización en 1962— y ofrecer ayuda militar antes que inversión, no pudo desmentir la idea de que la política de Estados Unidos hacia América Latina era hipócrita y mezquina, y que el "imperialismo yanqui" era uno de los grandes males que aquejaban la región.

Dada la hegemonía estadounidense en América, los principales terrenos de competencia entre "Este y Oeste" fueron los viejos imperios europeos en Asia y África, donde, entre el final de la segunda Guerra Mundial y mediados de los años setenta surgieron más de 30 estados nuevos. Para estas entidades políticas, que muchas veces no tenían más antecedentes de unidad que la administración colonial y la lucha en su contra, el comunismo representaba un modelo atractivo, pues prometía a un tiempo disciplina, igualdad social y modernización, articuladas por un discurso "científico", revolucionario y antiimperialista, además de contener la posibilidad del apoyo moral y la asistencia económica, técnica y militar del bloque soviético. Las antiguas posesiones coloniales representaron un terreno escabroso, en el que las intervenciones estadounidenses ilustran tanto la rigidez de la misión anticomunista como la forma en la que, a lo largo de casi medio siglo, pudo ser moldeada por el contexto geoestratégico y los intereses implicados.

Tradicionalmente, Estados Unidos había simpatizado con el principio de la descolonización, que Wilson incluso había defendido —con resultados nulos— en 1919. Además, la transformación de las colonias en países independientes abonaba al ideal de un mundo vinculado por el flujo libre de bienes y capitales que habían proyectado los artífices de Bretton Woods. Sin embargo, en el contexto de la Guerra Fría el desmantelamiento de los imperios coloniales se convirtió en un proceso ominoso. En Asia la resistencia en contra de la invasión japonesa durante la Guerra Mundial movilizó y politizó a la población. En algunos casos la lucha en contra del Imperio del Sol Naciente se convirtió en un combate por la independencia, a veces bajo banderas distintas que, para finales de los años cuarenta, Occidente vería como contrapuestas: la del nacionalismo "liberal" y la de la "democracia popular" o "socialista". En algunos casos —Corea, Vietnam— los grupos se dividieron geográficamente el territorio nacional al lograr la emancipación. Para Estados Unidos —sobre todo después de la "pérdida de China" en 1949— estos conflictos llevaban implícito el riesgo de que las naciones recién nacidas "cayeran" en manos del enemigo, y de que un "efecto dominó" —teoría articulada por el gobierno de Dwight D.

Eisenhower (1953-1961)— las arrastrara, una tras otra, dentro del campo comunista.

Así, cuando la República Popular de Corea, establecida al norte de la península, invadió el sur, Estados Unidos se puso al frente de un ejército multinacional, convocado a través de Naciones Unidas, para detener la supuesta expansión del bloque soviético. China intervino cuando, a pesar de sus advertencias, el general Douglas MacArthur, tras "liberar" el régimen de Seúl, cruzó el paralelo 38, amenazando la seguridad del enorme país fronterizo. La guerra duró tres años, y en ella murieron 23 000 estadounidenses y más de un millón de chinos y coreanos. La frontera entre las dos Coreas —una de las más militarizadas del mundo hasta el día de hoy— se estableció aproximadamente en donde había estado a inicios del conflicto. El primer enfrentamiento armado de la Guerra Fría, que no había involucrado sino de manera tangencial a la Unión Soviética, terminaba en un empate.

La presencia cada vez más acusada de Estados Unidos en Vietnam, pequeño país que carecía de interés económico o estratégico, siguió la misma lógica. A partir de 1954 Estados Unidos apoyó a Francia, el poder colonial, en contra de unos insurgentes que en 1945 habían parafraseado a Thomas Jefferson en su declaración de Independencia, pero que se identificaban como comunistas. Posteriormente, gobiernos de filiación política distinta respaldaron, con recursos y asesoría, al gobierno de Vietnam del Sur en contra de los esfuerzos del norte por unificar al país. En 1965 había 16 000 "asesores militares" estadounidenses en Vietnam. El presidente Lyndon B. Johnson (apodado "LBJ", 1963-1969) creyó que para resolver el problema había que echarle montón: para finales de ese año había 50 000 soldados estadounidenses en Vietnam; en 1967 eran 400 000, y casi 550 000 al año siguiente. El recurso a los ataques aéreos aumentó a un ritmo igual de vertiginoso: para 1968 Vietnam había sido bombardeado con tres millones de toneladas de explosivos, una vez y media la cantidad que lanzara Estados Unidos durante la segunda Guerra Mundial.

La guerra en el Sureste asiático resultó funesta para Estados Unidos internamente, porque aunque la oposición a ésta nunca fue una postura mayoritaria acaparó los reflectores de la televisión y la prensa, enfrentando a la sociedad y provocando un malestar extendido. El conflicto privó de recursos a programas sociales, y la falta de resultados generó sentimientos de frustración. Contribuyó así a la conflictividad, dispersión y desasosiego que caracterizaron los últimos años de la década de 1960. Sobre el campo de batalla los soldados estadounidenses —entre los cuales estaban sobrerrepresentados las minorías étnicas y los pobres, dado que las leyes de conscripción protegían a los estudiantes universitarios— enfrentaban, con un gran despliegue de fuerza y tecnología, a un enemigo invisible, que se escabullía en la jungla y dentro de una sociedad que no parecía estar particularmente agradecida con los estadounidenses que sacrificaban vida y tesoro para salvarla de la plaga comunista.

La experiencia de Vietnam resultó profundamente desconcertante. Durante más de diez años toda la "evidencia numérica" (y notablemente el número de muertos) apuntaba —como argüía Robert McNamara, secretario de la Defensa— a que Estados Unidos ganaba la guerra, pero nada sobre el terreno confirmaba esta conclusión. La tensión, la frustración y la incertidumbre que aquejaban a los combatientes generaron atrocidades como la masacre de My Lai (1968), en la que más de 300 campesinos indefensos fueron asesinados. La victoria no llegó nunca. La guerra desbarató las ambiciones de Johnson, tanto para la construcción de la "gran sociedad" que había imaginado para su patria como para la reelección. Su sucesor, el republicano Richard Nixon (1969-1974), que había prometido la "paz con honor", extendió y profundizó el conflicto —notablemente, bombardeando los supuestos refugios del Viet Cong, la guerrilla comunista survietnamita, en Laos y Cambodia—, pero terminó por retroceder. Su gobierno firmó un tratado de paz no particularmente honorable con el gobierno de Vietnam del Norte en 1973.

En el Sureste asiático la misión anticomunista cegó a Estados Unidos a las condiciones locales, al interés nacional y a los cálculos costo-beneficio, con la excepción, a partir de los años setenta, de sus relaciones con China. Capitalizando la hostilidad entre las dos grandes potencias comunistas el gobierno de Nixon se acercó al gigante asiático. El reconocimiento de la República Popular China redundó en beneficios diplomáticos y comerciales para Estados Unidos, y cuadraba con la lógica de la Guerra Fría, en tanto que el acercamiento a Beijing fastidiaba a Moscú. En cambio, en Medio Oriente tanto el compromiso de Washington con la integridad de Israel —compromiso moral, asumido ante la tragedia del Holocausto y sustentado por la comunidad judía estadounidense— como los intereses vinculados con el petróleo, una de las materias primas más importantes de la economía de la posguerra, sirvieron de contrapeso —para bien y para mal— a los impulsos de la Guerra Fría.

Así, aunque en 1953 la CIA colaboró con el golpe de Estado que derrocó al ministro reformista y nacionalista Mohammad Mosaddeq en Irán, tres años después, cuando el también nacionalista y reformista presidente Gamal Abdel Nasser de Egipto, que había coqueteado con los soviéticos para que apoyaran la construcción del gran proyecto de infraestructura de su régimen, la presa de Asuán, decidió nacionalizar el canal de Suez, Estados Unidos intervino para detener la agresión de Israel, Francia y Gran Bretaña contra El Cairo. Posteriormente, apoyó militar y financieramente a los regímenes árabes que se oponían a los soviéticos —sin ser, como era habitual, particularmente exigente en cuanto a las otras características que debían adornar estos regímenes— y procuró aliviar las tensiones en una región profundamente conflictiva. Sin embargo, el papel de "negociador honesto" que Washington quiso desempeñar en la región careció muchas veces de credibilidad. Además, el apoyo incondicional que ha brindado a Israel ha generado un profundo antiamericanismo en la zona.

Hacia finales del periodo la dependencia de la economía estadounidense del petróleo del Medio Oriente, que el embargo de 1973 —en protesta al apoyo estadounidense a Israel durante la Guerra de Yom Kippur— puso dolorosamente de manifiesto, empujó a Estados Unidos a flexibilizar y profundizar su relación con los distintos actores de una región muy compleja, que por su importancia estratégica se resistía a lecturas simplistas y dicotómicas de la Guerra Fría. En la década de 1970 la diplomacia de Washington contribuyó así a cierta distensión: las tropas israelís se retiraron de territorio sirio y de parte de los Altos del Golán, y volvió a abrirse el canal de Suez, cerrado desde 1967. En 1979, en el marco de intensas negociaciones promovidas por el presidente James Carter (1977-1981), Egipto e Israel firmaron un tratado de paz.

No obstante, los esfuerzos de Carter por fincar la política exterior estadounidense en principios morales —la promoción de la paz, la defensa de los derechos humanos— pronto se toparon con intereses de mayor arraigo. En el caso de Irán, la combinación de la idealista iniciativa presidencial con el legado concreto del intervencionismo estadounidense y la presencia de las compañías petroleras en la región tuvo resultados desastrosos. El apoyo de Washington al régimen autoritario y opresivo del shah puso de manifiesto la duplicidad del discurso estadounidense, y alimentó el violento antiyanquismo de la revolución fundamentalista islámica que derrocó a Palhevi en febrero de 1979. La captura de 52 rehenes en la embajada estadounidense en Teherán, y el fracaso de la operación que debía rescatarlos —que se convirtió en un clásico estudio de caso de lo que no hay que hacer— contribuyeron al sentimiento de humillación estadounidense, que abonó al contundente rechazo de la visión de Carter que expresaron los electores en 1980. La crisis iraní, cuya complejidad difícilmente podía encasillarse en la lógica dicotómica del enfrentamiento bipolar, también ilustraba, de manera dolorosa, la insuficiencia del guión de la Guerra Fría para aprehender un abigarrado escenario internacional.

La Guerra Fría en casa: El rojo bajo la cama

Además de estructurar las iniciativas diplomáticas de Estados Unidos, la Guerra Fría moldeó —deformó— la manera en que los estadounidenses veían las cosas, en casa tanto como en el exterior. Percibida como —en palabras de un secretario de la Defensa— un "conflicto mortal", el más peligroso que hubiera enfrentado Estados Unidos, la Guerra proyectó una sombra inescapable sobre la sociedad y el gobierno. Engendró una retórica angustiada e hiperbólica, articulada en torno a una visión proteica de la libertad asediada. Con distintos grados de intensidad, la hegemonía de este discurso restringió las fronteras del debate público y de las propuestas de política económica y social, así como las opciones en política exterior. Simpatizar con el comunismo equivalía a traicionar a la patria; ser anticomunista era requisito insalvable para ser buen ciudadano. Las posturas intransigentes y la denuncia de "rojos" y "rosas" resultaban políticamente provechosas.

Así, entre 1949 y 1954, a pesar de que, según una encuesta, sólo el 3% de los estadounidenses creía haber conocido a algún comunista, el Congreso estableció un "Comité de Actividades No-Americanas" para extirpar de sus entrañas el cáncer comunista. Esta cacería de brujas le costó el empleo a funcionarios, intelectuales, actores y a casi 600 educadores. En 1953, en un juicio marcado por irregularidades, Julius Rosenberg, un ingeniero que había trabajado para el Ejército durante la Guerra Mundial, y su esposa, Ethel, antiguos miembros de la Liga de Jóvenes Comunistas de Nueva York, fueron ejecutados por haber filtrado "secretos nucleares" —no queda claro si trascendentes— a los soviéticos. Aunque este "terror rojo" (red scare) duró sólo unos años, la demonización del comunismo —y por extensión del socialismo, e incluso de la intervención del Estado en la sociedad— siguió representando un elemento ineludible de la cultura política estadounidense. Así, por ejemplo, en 1961, para evitar que se le tachara de ser "blando con el comunismo", el presidente Kennedy apoyó la invasión de bahía de Cochinos para derrocar al gobierno revolucionario cubano, decisión que, al igual que la operación de rescate de los rehenes en Teherán, se analiza, por mala, en los libros de texto sobre política exterior.

La cruzada por la libertad y el capitalismo no sólo deformó percepciones, también trastocó el sistema de frenos y contrapesos que caracterizaba al gobierno estadounidense. Primero, porque en el contexto de la Guerra Fría la política exterior adquirió una importancia que no había tenido antes, sin generar al mismo tiempo un interés informado y sostenido dentro de la clase política y el electorado. Segundo, porque en la lucha en contra del comunismo el poder Ejecutivo adquirió más peso y más libertad de acción. Finalmente, porque generó acciones e instituciones que escapaban a la supervisión de las instancias legislativas y judiciales.

El estadounidense promedio, como sus representantes en el Congreso y en el Senado, estaba convencido de que era misión de su patria asegurar "la supervivencia de la libertad". No tenía claro, sin embargo, lo que esta heroica encomienda significaba en concreto. Fuera de la destrucción del comunismo, los objetivos de política exterior le parecían exóticos y ajenos: resultaban, salvo excepciones, intrascendentes en las elecciones y de baja prioridad dentro del debate legislativo. Esto, además de contribuir a la autonomía de otros actores, como el presidente y los organismos de inteligencia, expuso, como ya se ha dicho, a la política exterior a la intervención de grupos bien organizados y con objetivos claros, como las corporaciones transnacionales, las fuerzas armadas o los grupos de cabildeo.

La Guerra Fría transformó al presidente de Estados Unidos en uno de los hombres más poderosos del mundo. Convertirse en "líder del mundo libre" no podía sino reforzar su imagen y autoridad, ampliando el alcance de sus facultades, al tiempo que diluía la necesidad de rendir cuentas y engendraba lo que se ha descrito como la "presidencia imperial". Así, en tres años LBJ multiplicó por 11 el número de tropas estadounidenses en Vietnam, rebasando el medio millón de soldados, sin haberle declarado la guerra a nadie. Nixon ordenó el bombardeo de Cambodia y Laos, países que se consideraban neutrales, mientras que Ronald Reagan (1981-1989) dispuso la invasión de la pequeña isla caribeña de Granada (110000 habitantes) —desde donde la "militarización soviético-cubana" amenazaba a Estados Unidos— y la venta ilegal de armas a Irán para canalizar recursos a los contras nicaragüenses, grupo armado que combatía al gobierno revolucionario de los sandinistas (1979-1990), fruto tardío del "foquismo" cubano.

El sentido de inseguridad y de urgencia, así como la inevitable opacidad de la relación bilateral Washington-Moscú, engendraron otros espacios de impunidad e irresponsabilidad. Convencido de que la Guerra Fría exigía una vigilancia constante, de propios tanto como de extraños, y de que la lucha en contra de los comunistas requería de secrecía, celeridad y flexibilidad —a menudo incompatibles con el control democrático y las reglas del debido proceso—, el gobierno estadounidense creo o reforzó agencias autónomas para realizar el trabajo sucio que parecía requerir la defensa de la libertad. La Agencia de Inteligencia Central (Central Intelligence Agency, CIA, 1947) y el Buró Federal de Investigación (Federal Bureau of Investigation, FBI) debían recabar información y detener a los enemigos de la democracia estadounidense.

Ambos organismos desempeñaron tareas claves: fue gracias a los vuelos de espionaje de la CIA, por ejemplo, que se descubrieron los misiles que instalaban los soviéticos en Cuba en 1962. No obstante, trabajar en secreto, sin la obligación de informar ni de rendir cuentas, generó comportamientos nefastos. En el caso de la CIA, éstos fueron de lo absurdo —el proyecto de deshacerse de la barba de Fidel Castro con un poderoso polvo depilador para que perdiera su atractivo visual y fuera así más fácil derrocarlo— a lo criminal —intervenciones encubiertas, derrocamientos y asesinatos en América Latina, Asia y África—. Por su parte, la misión anticomunista justificó que el FBI vigilara, intimidara y hostigara a ciudadanos estadounidenses y organizaciones de la sociedad civil que los incomodaban o irritaban, desde Martin Luther King Jr. hasta la actriz Jane Fonda, desde el Ku Klux Klan hasta el Congreso por la Igualdad Racial (Congress for Racial Equality, CORE, 1942) y a los Estudiantes por una Sociedad Democrática (Students for a Democratic Society, SDS, 1962).

Por otra parte, el compromiso con un conflicto primordial y permanente, fuertemente ideologizado y sometido a la lógica de la

era nuclear, estimuló el desarrollo de un aparato militar hipertrofiado —el "complejo industrial-militar", cuya "influencia injustificada"
condenara el presidente Eisenhower, quien había sido el comandante supremo de las tropas aliadas en Europa (1951-1952)—, así
como la creación de organismos de inteligencia y espionaje. En aras
de la "retribución" y de la "disuasión" Estados Unidos y la Unión
Soviética se enfrascaron en una carrera armamentista que adquirió,
en palabras del arquitecto de la política de contención, George Kennan, una futilidad "de dimensiones tan grotescas que desafiaban
la comprensión racional". Las dos potencias —y, posteriormente,
los demás estados que insistieron en que las armas nucleares eran
imprescindibles para su seguridad— acumularon más y mejores armas. Ya en 1952 se perfeccionó la bomba termonuclear, mil veces
más destructiva que un dispositivo convencional. Pero si la posibilidad de un holocausto nuclear arrojaba una sombra siniestra sobre
el mundo, también disciplinaba a quienes tenían la posibilidad de
hacer volar el planeta oprimiendo un botón.

Lo peligroso de la situación tuvo otro aspecto que puede describirse como positivo: empujó a soviéticos y estadounidenses —obligados, como insistiría Kennedy, a vivir juntos sobre este "pequeño
planeta"— a sentarse y negociar. Sin embargo, a pesar de los esfuerzos por restringir la producción de armamento de destrucción
masiva —y notablemente las rondas de conversaciones para limitar
las armas estratégicas (Strategic Arms Limitation Talks, SALT I, 1969-
1972 y SALT II, 1979)— los contendientes acumularon arsenales
cada vez más sofisticados, capaces de destruir al mundo varias veces. La investigación, desarrollo y producción de armamento con-
sumió cantidades importantes de recursos, sin resultados palpables
más allá de una cantidad redundante de bombas, cohetes, misiles
y de los implementos —aviones, submarinos— para lanzarlos. De
1950 a 1990 Estados Unidos dedicó entre el 7 y el 10% del PIB al
gasto militar. El panorama es todavía más deprimente en el caso de
la Unión Soviética, cuyo afán por no quedarse atrás seguramente
contribuyó a su derrumbe en 1991. A finales de la Guerra Fría la

URSS dedicaba, con una economía menos productiva y eficiente que la estadounidense, más del 20% del PIB al gasto militar. A pesar de la derrama de innovaciones tecnológicas que supuestamente generó la industria militar, difícilmente puede considerarse que ésta haya sido una inversión redituable.

"Not with a bang, but with a whimper": El fin de la guerra

Con la derrota en Vietnam, el acercamiento a China y los esfuerzos de ambos contendientes por limitar la carrera armamentista, así como el surgimiento de problemas de política exterior ajenos a la lógica de la lucha anticomunista —el terrorismo y el fundamentalismo islámico—, y unas crisis políticas y económicas que exigieron a ambos gobiernos concentrarse en el frente doméstico, la Guerra Fría pareció diluirse. Se trataba, sin embargo, de un espejismo. En 1979, temiendo que grupos islámicos fundamentalistas desestabilizaran al gobierno prosoviético de Afganistán, la URSS invadió el país vecino, y se enfrascó en una guerra larga, costosa y sangrienta. En Estados Unidos Ronald Reagan, empeñado en recuperar la "grandeza" de "América", revivió el discurso patriotero en contra del "Imperio del Mal", aumentó el gasto militar y se esforzó por auxiliar a quienes luchaban por la "libertad" a lo largo y ancho del mundo: los contras en Nicaragua, José Ríos Montt en Guatemala, los talibanes en Afganistán.

En forma paralela, el premier soviético Mijaíl Gorbachov (1985-1991) intentó reestructurar el "socialismo realmente existente" mediante un régimen de apertura y flexibilización política y económica. El imperio soviético y el orden socialista que Gorbachov había querido revitalizar no resistieron los embates de la *perestroika* y el *glasnost,* ni el aumento en los costos de las guerras, de la Fría tanto como de la caliente que se desarrollaba en Afganistán. Con una rapidez sorprendente, los países de Europa Oriental abandonaron la esfera soviética. En 1989 cayó el muro de Berlín, y un año después las dos Alemanias se integraron en una sola. En 1991 se desmembró la Unión Soviética. La lógica de un mundo dividido en dos, que había estructurado el orden internacional de la posguerra —peligroso y rígido, pero predecible—, se había derrumbado.

EL SUEÑO AMERICANO ¿PARA TODOS?

Durante los 30 años que siguieron a la segunda Guerra la economía mundial creció a pasos agigantados, y Estados Unidos, que emergía revitalizado del conflicto, fue generador y escenario de su transformación. Su población creció en términos absolutos como no lo había hecho nunca —con 29 millones de personas entre 1950 y 1960—, alentada primero por el optimismo que generó la victoria, después por expectativas crecientes de una vida mejor. En 1945 nacieron 3.4 millones de niños, 20% más que el año anterior, y el número siguió aumentando hasta alcanzar cuatro millones en 1954, cifra que se mantuvo por una década. No sólo nacían más estadounidenses, sino que se enfermaban y morían menos, y vivían más tiempo. La vacunación sistemática prácticamente eliminó las enfermedades que más afectaban a los niños: difteria y tos ferina en la década de 1950; en la siguiente, paperas, sarampión y rubeola. En 1952, 58 000 niños enfermaron de polio y fallecieron 1 400. Para 1962 el número de casos de esta enfermedad no llegaba a mil. La esperanza de vida aumentó de 62.9 años en 1940 a 69.7 en 1960.

El crecimiento demográfico promovió el económico. Un anómalo *"baby boom"* vino a interrumpir la tendencia a la baja en la tasa de natalidad que, por lo menos desde principios del siglo xx, distinguía a los países industrializados. Sus miembros representaban, en 1962, 76.4 millones de personas, casi dos quintas partes de la población total. Los *babyboomers* constituyeron un atractivísimo mercado para todo tipo de productos: desde accesorios para bebé —el libro sobre cuidado infantil del pediatra Benjamin Spock (1946) vendió más de un millón de ejemplares al año durante toda la década de 1950— hasta los automóviles y casas que compraron de adultos, pasando, durante las décadas en las que fueron adolescentes, por la ropa, productos de belleza, música y películas dirigidos específicamente a los *"teenagers"*, que se convirtieron en un nuevo y lucrativo nicho de mercado.

Pero no solamente pesaron los números. También se establecieron dispositivos para apuntalar la prosperidad y la seguridad individual. Las "leyes de los G.I.s" —apodo que se daba a los soldados— facilitaron el acceso de los antiguos combatientes a la educación superior y al crédito para comprar casas y poner negocios. Los "buenos tiempos" económicos estaban de regreso; no obstante, ni los críticos más rabiosos del Nuevo Trato pretendieron dar marcha atrás a sus instituciones centrales. Estados Unidos se convirtió, como el resto de los países industriales, en uno en el que el gobierno asumía un papel importante en la gestión de la economía y de la sociedad, aunque con ciertas peculiaridades. A diferencia, por ejemplo, del gobierno británico, que para reconstruir la sociedad después de la guerra se comprometió a cuidar a sus ciudadanos "de la cuna a la tumba", el Seguro Social estadounidense protegía exclusivamente a los trabajadores y a sus familias. La de los trabajadores, sin embargo, se convirtió en una categoría expansiva durante las primeras dos décadas de la posguerra. La extensión del Seguro Social a quienes habían sido excluidos de la versión original formó parte de una agenda progresista que en Estados Unidos se llamaría "liberal". Para 1951 alrededor de 75% de los empleados gozaba de sus beneficios, lo que representaba 1.2 millones de familias. Para 1960, eran ya 5.7 millones.

La economía estadounidense entró entonces en lo que los contemporáneos apodaron "el *boom* más grande de todos". El PIB pasó de 3 553 millones de dólares en 1950 a 4 877 millones (a valor constante) diez años después. Para 1966 era 35% más alto. En el mismo plazo el poder de compra de una familia promedio aumentó 30%. Como en la década de 1920, pero a mayor escala, la publicidad —que iría entrando en todas las casas a través de la televisión— mostró a los consumidores imágenes atractivas de productos que además de cumplir su función prometían distinción, belleza, éxito y felicidad. Las posibilidades de endeudamiento, las tarjetas de crédito —que hicieron su aparición en 1950— y los esquemas de "¡Compre ahora, pague después!", como el que promovía General Motors para vender automóviles, pusieron estos bienes al alcance de un número cada vez mayor de familias que, propietarias de coche y casa, asumían pertenecer a una "sólida" clase media.

A partir de 1956 la economía de servicios ocupó a más trabajadores que el sector manufacturero. Aunque al mediar el siglo el 25% de la población era pobre, los optimistas auguraban que Estados Unidos se convertiría en una sociedad no sólo afluente —como la describiría el economista John Kenneth Galbraith, que era poco optimista—, sino que lograría, sin proponérselo explícitamente, lo que prometía el comunismo ateo, tiránico y destructor: una sociedad sin clases. Eventualmente, la gran mayoría de los estadounidenses, sin importar que fueran granjeros, obreros o trabajadores de cuello blanco, tendría una casa —con garaje y césped al frente, igualita a la de al lado—, con refrigerador, lavadora y aspiradora, televisión y aparato de música de alta fidelidad, a tiro de piedra (en coche) del supermercado, el centro comercial, el autocinema y un McDonald's.

Los críticos deploraron el materialismo, conformismo y vulgaridad del "consumismo" estadounidense. Sin embargo, este modelo de "la buena vida" se erigió rápidamente en reflejo y fortaleza del sistema político. Quizá paradójicamente, mientras que en la retórica de la Guerra Fría la defensa del "American way of life" exigía responsabilidad, tenacidad y sacrificio, en el frente doméstico se equiparó —salvo momentos críticos— con el acceso a una multitud diversa, creciente y colorida de bienes de consumo "modernos", que iban desde los recipientes de plástico Tupperware —cuya venta a domicilio representó una oportunidad de negocio para las amas de casa— hasta los automóviles. A principios de siglo los *progressives* habían imaginado al "consumidor" como un miembro responsable de la comunidad, cuya elección informada redundaría en el bienestar de los trabajadores. Al mediar el siglo XX el consumidor se había convertido en una de las encarnaciones del ciudadano dotado de derechos inalienables como la libertad de elección y el acceso a la publicidad verídica y a la información relevante, este último ratificado por la Suprema Corte en 1976 (Virginia State Pharmacy v. Virginia Citizens Consumer Council).

CUADRO 2. El mayor de todos los *booms,* en cifras

	1950	1960
Porcentaje de casas ocupadas por sus propietarios	43.6 (1946)	61.9
Automóviles (millones)	39.3	79.8
Población que vive en los suburbios (millones). Población total: 205 millones	35	72
Autocinemas	100 (1946)	3 000 (1956)
Centros comerciales	1 000 (1955)	1 600 2 500 proyectados (1956)
Endeudamiento privado (millones de dólares)	104 800	263 300
Gastos anuales en publicidad (millones de dólares)	5 700	11 900
Porcentaje de familias con televisor	10	90
McDonald's	1	228/700 (1965)

A pesar de su dinamismo y alcance la prosperidad de la posguerra tenía un lado menos resplandeciente: dejaba fuera a una parte significativa de la gente. El 10% de la población padecía no sólo la pobreza y la marginación sino el racismo institucionalizado del Sur y la discriminación en el resto del país. Los afroamericanos, como otros grupos étnicos menos numerosos —hispanos, asiáticoamericanos, nativos americanos— parecían no haber sido invitados al banquete que regocijaba al resto de la sociedad. En 1959 más de la mitad de las familias negras vivía bajo la línea de la pobreza (más del 70% en el caso de aquellas en las que el padre estaba ausente). En 1975 poco más del 30% seguía siendo pobre. A mediados de los años cincuenta, en una ciudad promedio del Sur, 90% de los hogares blancos tenían escusados, pero sólo el 30% de los negros. Si el suburbio era el escenario privilegiado de la nueva sociedad estadounidense, los afroamericanos estaban excluidos de él: la mayoría porque no podían costear la mudanza, los menos —que habían logrado conquistar la seguridad económica— porque muchos de estos flamantes desarrollos residenciales prohibían que se vendiera o rentara a quienes no pertenecieran "a la raza caucásica". Las familias afroamericanas se quedaron entonces, en su mayoría, en los centros de ciudad que perdían población, recursos e infraestructura, o se mudaron a las masivas unidades urbanas de vivienda subsidiada.

Cambiar esta penosa situación exigió que se movilizara buena parte de la población discriminada, que se sacrificaran varios de sus integrantes, que los miembros del poder Judicial adoptaran una nueva lectura de la Constitución y que quienes competían por el poder y lo ejercían abandonaran viejos cálculos políticos. Organizaciones como la NAACP llevaban décadas intentando desmantelar la legislación segregacionista del Sur en los tribunales, y habían obtenido algunas victorias en el campo de la educación superior. Vigorizados por las expectativas que generaron la guerra y el crecimiento económico, los abogados de la organización, capitaneados por Thurgood Marshall —posteriormente el primer magistrado afroamericano de la Suprema Corte—, embistieron en contra de una de las consecuencias más dolorosas y trascendentes de la legalidad del principio de "separados pero iguales": la segregación en la educación pública básica, que afectaba a alrededor de 40% de los niños estadounidenses, dentro y fuera del Sur. Ésta condenaba a los niños "de color" —afroamericanos, pero también hispanos— al aislamiento y, sobre todo, a una educación inferior, dada la falta de recursos (Carolina del Sur invertía tres veces más en las escuelas blancas que en las negras, Misisipi cuatro veces y media más, lo que se traducía, por regla general, en instalaciones dilapidadas y maestros mal pagados en las escuelas de las minorías raciales).

En 1954, en el caso de Brown v. the Board of Education of Topeka, Kansas, la Suprema Corte desconoció abundantes precedentes judiciales para afirmar, unánime y tajantemente, que las instalaciones educativas segregadas eran "inherentemente desiguales", y determinó, en una segunda decisión, que los tribunales federales de distrito debían ordenar la "desegregación" de las escuelas, "deliberadamente" y "a toda velocidad". Esta ruptura trascendental reflejaba la tenacidad de los demandantes, la habilidad, paciencia y experiencia acumulada de los abogados de la NAACP, así como el recambio que significó para la Suprema Corte la llegada a su presidencia de Earl Warren, republicano liberal y antiguo gobernador de California. La "Corte Warren" (1954-1969) rompió, de manera sorpresiva para muchos —incluido el presidente Eisenhower—, la inercia que durante décadas habían impuesto a la acción del Tribunal Superior los escrúpulos de quienes temían al "activismo judicial", sobre todo cuando se trataba de proteger derechos laborales y sociales. A partir de entonces el Tribunal Superior emitió una serie de decisiones notables que modificaron el papel que desempeñaba la Constitución en la vida de los estadounidenses.

A través de una lectura expansiva de la Ley fundamental y de la "incorporación" de la Declaración de Derechos —cabe recordar que el objetivo de los autores de las primeras diez enmiendas no era sino limitar el alcance de la autoridad federal, y que incluso tras la promulgación de la decimocuarta enmienda los jueces lo habían ampliado sólo tímidamente— la Corte Warren desmanteló, por anticonstitucionales, las leyes que negaban la igualdad racial, afirmando los derechos, tanto civiles como políticos, de las minorías étnicas. Fincada en esta lógica invalidó las manipulaciones de la geografía electoral que reducían la influencia política de las mayorías afroamericanas (Baker v. Carr, 1962; Wesberry v. Sanders, 1964; Reynolds

v. Sims, 1964), y las prácticas discriminatorias que mantenían a los miembros de ciertos grupos fuera de los jurados, como les sucedía a los mexicanoamericanos en Texas (Hernández v. Texas, 1954).

La Corte también estableció salvaguardas a los derechos y libertades de individuos vulnerables por las antipatías que despertaban dentro de la sociedad —miembros de minorías "separadas y aisladas", descreídos, criminales— o porque el ejercicio de estos derechos incomodaba u ofendía. Así, el tribunal ratificó el derecho de los individuos a no rezar en la escuela (Engel v. Vitale, 1962), a quemar la bandera nacional (Texas v. Johnson, 1989), a ponerse ropa con groserías impresas (Cohen v. California, 1971), a criticar a un funcionario público sin temer una demanda por difamación (New York Times v. Sullivan, 1964), a publicar información que en opinión del gobierno ponía en peligro la "seguridad nacional" (New York Times Co. v. United States, 1971), a comprar anticonceptivos (Griswold v. Connecticut, 1965), a casarse con alguien de raza distinta (Virginia v. Loving, 1967) y a abortar (Roe v. Wade, 1973). Si durante gran parte de la historia la función central de la Constitución había sido determinar el alcance y los límites de la autoridad política, y asegurar el equilibrio entre poderes, las decisiones del tribunal supremo durante la segunda mitad del siglo xx la convirtieron en el baluarte de los derechos individuales, a la sombra del cual las garantías adquirirían "vida y sustancia".

La Corte ha mantenido su papel de protectora de derechos, a pesar de la reacción de los sectores más conservadores y de quienes defienden las prerrogativas de los gobiernos estatales. A partir de los años ochenta estos sectores han promovido que sea la "intención original" de los constituyentes de 1787 la que guíe la interpretación de la Ley fundamental. Magistrados como Antonin Scalia (que forma parte de la Corte desde 1986) y Clarence Thomas (que lo hace desde 1991), promotores de este principio, han contribuido a moderar sus decisiones en las últimas décadas. Por otra parte, a pesar de la audacia de las decisiones judiciales que pretendieron transformar, por la vía legal, unas relaciones sociales profundamente desiguales y violentas, éstas fueron claramente insuficientes. Enfrentaron, en primer lugar, la oposición de la élite política sureña, que cerró filas para defender la supremacía blanca institucionalizada.

Así, en 1956, 101 miembros del Congreso —incluyendo a todos los senadores del Sur menos a tres— publicaron un "Manifiesto sureño" en el que protestaban en contra de Brown por ser anticonstitucional, por representar un abuso del poder Judicial y por sembrar "caos y confusión" en las "amistosas relaciones" entre las dos razas. Varios gobiernos estatales (Texas, Virginia, Alabama, Arkansas y Florida) tomaron medidas para impedir que se implementara la integración de los distritos escolares. En 1963 George Wallace, gobernador de Alabama, inició su mandato al grito de "¡Segregación hoy, segregación mañana, segregación para siempre!". En la elección presidencial de 1968 Wallace, que participaba como candidato independiente, recibió diez millones de votos.

Enfrentados a esta resistencia los activistas afroamericanos emprendieron entonces una lucha para eliminar las normas y prácticas que, desde finales de la Reconstrucción, marcaban a los descendientes de esclavos con el sello de la desigualdad, segregando, en el espacio público, a quienes eran tachados de inferiores. Recurrieron a la organización y a la movilización masiva, al cabildeo y al lenguaje de la libertad americana para construir uno de los movimientos más valientes e influyentes de la historia estadounidense. Así, en Birmingham, Alabama, entre 1954 y 1955, la población afroamericana boicoteó los autobuses que los obligaban a sentarse atrás hasta que se derogó —por mandato judicial— el reglamento municipal que segregaba el transporte público. Exigieron que se respetara el veredicto de Brown acudiendo a clases en escuelas y universidades blancas. Durante los "paseos de la libertad" (*freedom rides*) organizados por CORE en 1961 ocuparon los lugares reservados a los blancos en autobuses y en restaurantes a lo largo y ancho del Sur. Marcharon en masa para exigir el respeto a sus derechos civiles y políticos (Misisipi, 1961, 1964; Selma, AL, 1965).

En agosto de 1963 Martin Luther King Jr., un joven pastor protestante que se había consolidado como portavoz del movimiento y que fuera descrito por un funcionario del FBI como "el negro más peligroso" de la nación, marchó en Washington, D. C. al frente de más de 200 000 manifestantes, negros y blancos. En un discurso emblemático hizo votos por que se hiciera realidad su sueño, "un sueño profundamente arraigado en el sueño americano":

> que un día, en las colinas rojas de Georgia, los hijos de antiguos esclavos y los hijos de antiguos propietarios de esclavos se sentarán juntos a la mesa de la fraternidad [...] que mis cuatro hijitos crecerán en una nación donde se les juzgará, no por el color de su piel, sino por el contenido de su carácter.

La movilización de las poblaciones afroamericanas del Sur enfrentó una violencia inaudita. Frente a las escuelas y en las calles los blancos sureños escupieron, abuchearon, insultaron y golpearon a los activistas; la policía los roció con mangueras de bombero, les soltó a los perros, los arrestó, encarceló y arrojó del otro lado de las fronteras estatales. Los segregacionistas incendiaron los autobuses de los *freedom riders,* y pusieron una bomba en una iglesia bautista en Alabama que mató a cuatro niñas. Más de 30 activistas, negros y blancos, fueron asesinados a lo largo de poco más de una década. Muchos afroamericanos fueron intimidados, vejados y despedidos de sus trabajos, estuvieran involucrados o no en el movimiento. Las autoridades locales y estatales avalaron, y a menudo contribuyeron, a esta ola popular de rechazo y violencia.

Ante las perturbadoras imágenes que transmitía la televisión y la rebeldía de las autoridades locales, el "problema" racial, que desde fines de la Reconstrucción se había considerado —hipócritamente— un asunto sureño, se convirtió en un problema nacional, que exigía la intervención de Washington. Ante los desplantes del gobernador de Arkansas, que en 1957 recurrió a la fuerza pública para impedir la entrada de nueve estudiantes afroamericanos a una preparatoria en Little Rock, Eisenhower se vio obligado a enviar tropas para escoltar a los niños. Posteriormente, y con mejor disposición, tanto Kennedy como Johnson apoyaron el movimiento por los derechos civiles, mandando alguaciles del departamento de Justicia y oficiales del FBI a proteger a quienes se esforzaban por integrar escuelas e universidades. En 1965 casi 4 000 soldados —miembros de las tropas regulares y de la Guardia Nacional federalizada— protegieron la marcha de Selma a Montgomery, en la que 50 000 afroamericanos reclamaban respeto a su derecho a votar.

Kennedy fue el primer presidente en condenar abiertamente la segregación racial. En 1964 Johnson, su sucesor, firmó la Ley de Derechos Civiles, que prohibía la discriminación en lugares públicos como restaurantes, hoteles, parques, estadios y salas de concierto, cine o teatro y negaba fondos federales a aquellos hospitales y universidades que insistieran en seguir segregando. Un año después se promulgó la Ley del Derecho al Voto, que prohibía la discriminación de las minorías —raciales o culturales— ante las urnas, y ponía los derechos políticos bajo la protección del gobierno federal. La igualdad racial formal quedó, desde entonces, asentada en la ley. El compromiso de estos dos presidentes demócratas con la defensa de los derechos civiles rompía el vínculo de complicidad que había unido a su partido con los blancos sureños. Con ello alteraron una de las características más duraderas del sistema político estadounidense desde 1877: el voto "sólido" y recurrente del Sur por el partido Demócrata. Como se ha mencionado, aunque este ajuste también generó un tercer contendiente en las elecciones presidenciales de 1968 —Wallace, antiguo gobernador de Alabama—, es muestra de la forma en la que, durante la segunda mitad del siglo XX, los dos grandes partidos enmarcaron, de manera más eficiente que antes, la reestructuración de las lealtades políticas y el desplazamiento de los ideales de comunidad.

En noviembre de 1963 murió asesinado el presidente joven y guapo que había prometido abrir una "nueva frontera" para sus conciudadanos. Su vicepresidente y sucesor —político texano, corrupto y coyote, pero gran negociador y sinceramente comprometido con los sectores más desfavorecidos— quiso ir más allá del discurso y de las disposiciones legales para construir "no sólo la sociedad rica, la sociedad poderosa, sino la Gran Sociedad", fincada "en la abundancia y la libertad para todos". Declaró la "guerra a la pobreza" y se establecieron esquemas de salud pública para ancianos e indigentes (*Medicare* y *Medicaid*), de subsidio al transporte urbano y a la revitalización de ciudades deterioradas, así como programas de desarrollo regional y de apoyo a quienes permanecía al margen de la cacareada prosperidad nacional (programas de nutrición infantil y educación preescolar, de capacitación para el empleo y de subsidios a la alimentación). Se aprobaron leyes para garantizar la limpieza del aire y del agua, y se expandió de manera importante el gasto federal en educación. Los artífices de esta legislación —la más prolífica desde el Nuevo Trato— proclamaron que el Congreso de 1965-1966 sería recordado como el de "las esperanzas [...][y] los sueños cumplidos".

LA REPÚBLICA EN CRISIS

Muy pocos creen que la década de 1960 haya sido la de los sueños cumplidos. Al contrario, se resquebrajó el "sueño americano" —mezcla de aspiraciones ideológicas y deseos materiales—, que en la posguerra había parecido tan claro y coherente, estrellándose contra la frustración, o fragmentándose en visiones múltiples y a veces confrontadas. Para 1970 habían desaparecido los más seductores promotores de la "promesa americana" de un futuro compartido: John F. Kennedy, asesinado en 1963; su hermano Robert, y Martin Luther King, también asesinado en el *annus horribilis* de 1968. LBJ, el presidente que en la elección más concurrida de la historia (1964) había triunfado con la mayor ventaja en el voto popular, se retiró en desgracia cuatro años después, como lo harían también los tres hombres que le siguieron en la silla presidencial: Nixon en medio de un escándalo que lo obligó a renunciar, Gerald Ford (1974-1977) bajo la sombra de la crisis económica y Carter humillado por la debacle iraní.

Es también ilustrativo que, para principios de los años setenta, dos figuras emblemáticas, aunque profundamente distintas, de la larga lucha por los derechos de los afroamericanos se hubieran exiliado a África: el anciano académico W. E. B. DuBois, fundador de la NAACP, y Stokely Carmichael, activista involucrado en el liderazgo de movimientos cada vez más radicales. Fue miembro del Comité Coordinador Estudiantil No Violento (Student Nonviolent Coordinating Committee, SNCC, 1960), actor clave en el movimiento por los derechos civiles; el Partido de los Panteras Negras (1966-1982), de inspiración antiimperialista y marxista-leninista, promotor del "nacionalismo negro" y, ya en Guinea, del Partido Revolucionario de Todos los Pueblos Africanos (All-African People's Revolutionary Party, A-APRP) de Kwame Nkrumah, fundador del estado de Ghana y promotor del panafricanismo.

La turbulenta década de los años sesenta estuvo plagada de contradicciones. Fue testigo del mayor crecimiento económico de la posguerra: el PIB prácticamente se multiplicó por dos, al igual que el ingreso de la familia promedio; el número de estadounidenses que vivían bajo la línea de pobreza disminuyó 50%, alcanzando el 11% en 1969, lo que es seguramente un mínimo histórico. Sin embargo, este auge desembocó en un periodo de estancamiento e inflación, de endeudamiento, déficit comercial y crisis energética. Pero resulta desconcertante que el malestar y el descontento se anticiparan a la desaceleración económica: en plena bonanza —pero a la sombra de una guerra larga, lejana y desconcertante— se levantaron miles de voces para exigir que la sociedad estadounidense fuera distinta: más democrática, menos injusta, menos "burguesa" y materialista, menos puritana, menos cerrada, menos "occidental", menos racista, menos machista y más ecológica.

La mayoría de los estadounidenses se mantuvo al margen de esta agitación, pero el espacio público se convulsionó al convertirse en escenario de una aparatosa "guerra cultural". Quizá, como ha sugerido James T. Patterson, las "grandes expectativas" que engendraron las transformaciones de la posguerra eventualmente no podían sino generar frustración. El último tercio del siglo xx se vería marcado por el derrumbe de las certidumbres macroeconómicas que habían acompañado un crecimiento prácticamente ininterrumpido de casi tres décadas. Durante los años setenta pautarían la economía ciclos de recesión y auge más cortos y menos predecibles, mientras que la política se volvería más veleidosa. El discurso público reflejaría las reacciones a un tiempo exageradas y epidérmicas de un electorado tan centrista como siempre, pero animado por grupos organizados, elocuentes y agresivos, a la caza del responsable de haber "destruido el sueño americano".

Sorprende también la rapidez con la que se descompusieron las cosas en el momento mismo en el que se consolidaban las metas anheladas. El mismo año en el que se aprobó la Ley de los Derechos Electorales (Voting Rights Act, 1965) estallaron violentos motines en los barrios afroamericanos de Los Ángeles (Watts), Chicago, Detroit y Newark que dejaron más de cien muertos y cientos de heridos y detenidos. Los líderes de la comunidad afroamericana, siempre conscientes de que el racismo institucionalizado no era más que parte del problema, empezaron a plantear alternativas más audaces y más contestatarias, que a menudo contenían una aguda crítica al capitalismo. El ideal no era ya que los estadounidenses pudieran sentarse todos alrededor de la misma mesa, cantando, añadiría con sorna el militante Malcom X, himnos *gospel*. Tenían que resolverse complejos problemas estructurales que pesaban de forma desmedida sobre las minorías étnicas: el desempleo, la marginación, la falta de oportunidades. Había que capacitar y fortalecer a los miembros de estos grupos, fomentar el "orgullo de raza" y, en algunos casos, deslindarse de los opresores blancos.

Así, en 1968 Martin Luther King se puso al frente de una "Campaña de la gente pobre" que pretendía asegurar la "justicia económica" para los 35 millones de estadounidenses que no tenían lo suficiente para vivir dignamente. Malcom X y otros grupos militantes como los Panteras Negras exaltaron el "poder negro" y convocaron a los afroamericanos a cerrar sus comunidades, estableciendo sus propios negocios, escuelas, partidos políticos y prácticas religiosas, y a apropiarse, por ejemplo, del islam como fuente de solidaridad y conciencia para los afroamericanos. Los impecables trajes, vestidos de domingo y cabello planchado que habían caracterizado el movimiento por los derechos civiles de los años cincuenta dieron lugar a atuendos militares, llamativa ropa étnica y afros espectaculares. Los miembros de otras minorías también fundaron dinámicos movimientos, como La Raza Unida y las Boinas Cafés de los hispanos y el Movimiento de los Indios Americanos (American Indian Movement) de los nativos americanos.

Estos grupos dejaron a un lado las estrategias y los discursos de la lucha por los derechos civiles, porque eran ingenuos y poco eficaces. Los hispanos, que en los tribunales habían defendido sus derechos como miembros de "la otra raza blanca", reclamaron el estatus de "minoría históricamente oprimida", mientras que los nativos americanos buscaron defender ante la Corte no sus derechos ciudadanos sino los derechos de la tribu, consagrados en los tratados decimonónicos que habían sido repetidamente violados. Muchos activistas empezaron a afirmar que la justicia exigía no la igualdad y la intrascendencia legal de la raza sino la "acción afirmativa" en las contrataciones, las admisiones universitarias y la asignación de contratos, para equilibrar un mundo tergiversado, históricamente, por el racismo y la desigualdad. Los términos de "unión", "fraternidad" e "igualdad" fueron reemplazados por reclamos de "paridad", "reciprocidad" y "reparaciones" por los abusos del pasado.

Los miembros de las minorías buscaban formas de lidiar con un legado de discriminación y marginación. Otro polo de protesta y movilización se articuló, en cambio, en torno a uno de los sectores más privilegiados de la sociedad: los jóvenes, y de manera más específica, los universitarios. No se trataba de un movimiento exclusivamente estadounidense, sino global, que sacudió de Praga a Dublín, de Port Huron en Michigan hasta Río de Janeiro. La irrupción en masa, festiva y desconcertante, de jóvenes de pelo largo y ropa excéntrica en el espacio público se considera emblemática de una década de ruptura. Sin embargo, la condena de las "locuras de la juventud" no era cosa nueva. Por lo menos desde los años cincuenta, cuando se pusieron de moda las insinuantes cadencias del rock and roll —que tanto debía a la tradición musical afroamericana— y las actitudes atrevidas —aunque no iconoclastas— de Elvis Presley, muchos intelectuales lamentaron la consolidación de una "cultura juvenil" distinta por degenerada y vulgar. Por otra parte, en los años sesenta muchos padres de los "rebeldes" acompañaron a sus hijos, si no en las formas de protesta, sí en sus preocupaciones.

De este modo, los movimientos estudiantiles no pueden reducirse al levantamiento de los jóvenes en contra de la "momiza". A la par del impulso casi lúdico de desafío a la autoridad y de experimentación —que acicateó el uso de drogas y la "liberación sexual" que facilitaría el acceso al primer contraceptivo oral (1960)— había, en el centro de la movilización de los jóvenes, un sentido de desilusión con lo que el Estado había prometido en vano —una sociedad más igualitaria e incluyente, el fin de la pobreza y la victoria, rápida y barata, en Vietnam—, así como con las prescripciones de una izquierda ortodoxa y doctrinaria. Ante la incapacidad de burócratas, políticos y revolucionarios dogmáticos, algunos de estos jóvenes postularon que ellos, y no los trabajadores, serían la vanguardia de una revolución que transformaría al mundo a través de la democracia participativa y el libre intercambio de ideas, al ritmo de las canciones de protesta de Joan Baez, Bob Dylan y Janis Joplin.

Mediante manifestaciones, huelgas y ocupaciones pacíficas de los edificios administrativos de las universidades los movimientos estudiantiles exigieron mayor libertad de expresión, mayor participación de los estudiantes en las decisiones institucionales y mayor apertura a "otros saberes", ajenos al canon tradicional, occidental, blanco y machista. Otros jóvenes —los "hippies"— abandonaron los patrones y expectativas de la clase media para vivir en comunidad, celebrar "la naturaleza", "el momento" y "el cuerpo". La manifestación más visible del malestar estudiantil, sin embargo, fue su oposición a la guerra en Vietnam, que afectaba, de manera desproporcionada, a jóvenes que no eran estudiantes. Un gran número de campus universitarios fueron escenario de movilizaciones, que culminaron en 1970 con la muerte de cuatro estudiantes en una reyerta con la Guardia Nacional en la Universidad de Kent State, en Ohio. Desde 1969 y hasta 1972 el movimiento promovió marchas anuales en Washington, D. C., que reunieron entre 100 000 y 600 000 participantes.

La efervescencia de los años sesenta trastocó jerarquías y categorías, entre las que cabrían destacar las de clase, raza y género. Surgió un movimiento de mujeres que, a diferencia del viejo movimiento sufragista, que a pesar de su heterogeneidad exigió de forma consistente y durante casi un siglo el voto para la mujer, no parecía tener un objetivo claro. Respondía más bien a un sentimiento de insatisfacción y malestar que aquejaba a las madres de familia de los prósperos suburbios del país, y que Betty Friedan describiera como el "problema sin nombre" en 1963. Éste llevó a varias mujeres estadounidenses a cuestionar, y después a combatir, un *status quo* en el que las mujeres ganaban sistemáticamente menos que los hombres por realizar el mismo trabajo, eran excluidas de posiciones de autoridad y dispensadas de responsabilidades ciudadanas, como servir en los jurados. Dado que "lo personal era político", las feministas se lanzaron a escribir y a organizarse —fundaron la Organización Nacional de Mujeres en 1966— para combatir el "sexismo" que permeaba prácticas y creencias. Resucitaron una enmienda constitucional —originalmente propuesta en 1923— que prohibía que la igualdad de derechos "fuera negada o acotada por razones de sexo". La Enmienda por los Derechos Iguales (Equal Rights Amendment, ERA) fue aprobada por el Congreso en 1972, pero fracasó en el proceso de ratificación.

La suerte de la ERA —norma en apariencia tan razonable y pertinente, en el marco de lo que pretendía ser la democracia estadounidense de la Guerra Fría— bien ilustra la desilusión de las fuerzas políticas progresistas con la "agenda liberal", y la legitimidad conquistada, durante esos años, por sectores conservadores empeñados en preservar roles y estructuras tradicionales. Por un lado, hubo mujeres de derecha, como Phyllis Schlafly, que se opusieron a que las mujeres perdieran "su derecho constitucional a ser damas". Por el otro, no faltaron feministas que se opusieron a la aprobación de la enmienda, pues desmantelaría mecanismos —licencias de maternidad, ayuda a hijos dependientes— que protegían a las mujeres, como trabajadoras y como madres. A pesar de la extensión del periodo de ratificación, para 1982 seguía faltando la aprobación de tres de las 38 legislaturas necesarias. La ERA no era vista ya por la mayoría como una reforma necesaria para construir un mundo mejor y más justo; se había convertido en un proyecto con el que otra minoría enojada pretendía atragantar a la mayoría de los estadounidenses, que sólo querían que el gobierno los dejara vivir su vida como Dios manda. Claramente, para mediados de los años setenta los estadounidenses no compartían ya el mismo sueño.

En 1968, ante la tragedia de Vietnam y el desvanecimiento del Partido Demócrata —con el retiro de LBJ, la muerte de Bobby Kennedy y la brutalidad que ensombreció la convención del partido en Chicago, cuando la policía reprimió las manifestaciones de protesta que se organizaron de manera paralela—, las elecciones presidenciales dieron el triunfo a Richard Nixon, que había sido el vicepresidente de Eisenhower y afirmaba ser el candidato de la "mayoría silenciosa". Nixon prometía "reunir [a los estadounidenses] de nuevo". Su presidencia coincidió con la desaceleración económica mundial y los inicios del comportamiento errático que ha caracterizado la economía estadounidense desde entonces. Los desafíos que esto significaba adquirieron mayor complejidad en el contexto del envejecimiento de la población, parcialmente paliado por la inmigración de países pobres (de México en primer lugar) que en estos años creció de forma notable, en parte gracias a la reforma migratoria de 1965, que eliminó las cuotas que discriminaban a los inmigrantes por su nacionalidad. Las presiones económicas diluyeron aún más los consensos que habían apuntalado los proyectos de la Gran Sociedad; muchos electores empezaron a exigir que se les rindieran cuentas, que se adelgazara el gasto público, que los "zánganos" y "gorrones" que "chupaban" del gobierno dejaran de tener hijos y se pusieran a trabajar, y que los grupos que reclamaban "derechos especiales" por los errores del pasado asumieran que vivían en el presente.

La alternancia política que había caracterizado los años de la posguerra persistió durante este periodo, a pesar de la turbulencia económica y social. Todos los gobiernos tuvieron que forcejear con la situación económica: a lo largo del periodo republicanos y demócratas recurrieron a una ecléctica caja de herramientas para tratar de ajustar el desempeño de las distintas variables: aumentaron y redujeron, con mayor o menor entusiasmo y sentido de responsabilidad, los impuestos y las tasas de interés, desregularon la actividad económica, se endeudaron y procuraron reducir el déficit. Sólo Ronald Reagan (1981-1989) intentó seguir una receta ortodoxa. Para dar un decidido viraje a la derecha —como sucedería también en contextos tan distintos como el Chile de Augusto Pinochet (1973-1990), la Gran Bretaña de Margaret Thatcher (1979-1990) y, eventualmente, aunque con menos brío, la Francia de François Mitterrand (1981-1995) y la España de Felipe González (1982-1996)— implementó las políticas más acotadas —y teóricamente dudosas— que prescribía la "economía de la demanda" de los *reaganomics*.

Estas mejoras a corto plazo rara vez se tradujeron en soluciones duraderas a los problemas de estancamiento e inflación que tanto desconcertaron a observadores y actores políticos. En los años ochenta pudo controlarse la inflación —que en 1974 había alcanzado una tasa de 11%, y de 13.5% en 1980—, pero el desempleo se mantuvo, durante casi todo el periodo, por encima del umbral "políticamente sensible" de 5%, y en 1982 alcanzó el 9.7%. La búsqueda de una receta para estabilizar la economía a largo plazo resultó —resulta— frustrada y frustrante. Parte del problema era, quizá, que se pensaba que el regreso "a la normalidad" reproduciría las condiciones del periodo de 1945 a 1970, que, a toro pasado, pueden describirse como claramente excepcionales.

A las preocupaciones económicas vendría a sumarse la decepción política. En 1972 se reveló que, durante su campaña presidencial, Nixon había mandado espiar al Partido Demócrata. Posteriormente, el presidente y su equipo recurrieron a todo tipo de barbaridades y mentiras para encubrir sus calaveradas. El "escándalo de Watergate" (edificio en el que estaban situadas las oficinas centrales de los demócratas) llevó a la renuncia del vicepresidente Spiro Agnew en 1973, y a la de Nixon al año siguiente. El político consumado y tramposo fue reemplazado por un hombre ajeno a Washington y conectado con la "América profunda", rural y evangélica: el sureño "Jimmy" Carter. Las buenas intenciones que seguramente abrigaba el presidente bisoño sirvieron de poco. Para desprestigiar a sus antecesores republicanos inventó un "índice de la miseria" que combinaba las cifras de desempleo e inflación; éste estaba en 12.6% cuando Ford dejó la Casa Blanca. Rebasó el 21% bajo el gobierno de Carter, cuando el aumento en los precios del petróleo golpeó una economía ya frágil. Hemos ya discutido el resultado desastroso de sus esfuerzos por regenerar los fundamentos de la política exterior estadounidense.

En la elección presidencial de 1980 Ronald Reagan, actor de película, antiguo gobernador de California, proclive a vestirse de vaquero y muy hábil político, prometió "traer a América de regreso" y restablecer un "liderazgo fuerte". El "Gran Comunicador", electo por 50.1% del voto popular, lo que, dados los bajos índices de participación, no representaba más del 28% del voto posible, logró convertirse en una de las figuras más entrañables de la historia reciente de Estados Unidos. Restauró la imagen de autoridad y fuerza de Estados Unidos en el exterior y, bajo su mando, el país ganó la Guerra Fría, conflicto que por décadas había definido su identidad como nación y moldeado su política.

Sin embargo, los gobiernos de Reagan y de quien fuera su vicepresidente, George Bush, pusieron de manifiesto que el éxito en el exterior, si bien alimentaba la confianza y el optimismo que tanto habían sacudido Vietnam y la crisis en Irán, no necesariamente se traducía en bienestar en casa. El desempeño de las administraciones republicanas conservadoras fue mucho más desigual en el frente doméstico. Reagan, convencido de que si se restauraba la pujanza de los sectores más productivos y prósperos el crecimiento se "derramaría" sobre el resto de la economía, redujo drásticamente los impuestos, lo que benefició sobre todo a los más ricos: de una rebaja de 31.7 millones de dólares el 35% favoreció a aquellos contribuyentes (5.6% del total) cuyos ingresos rebasaban los 50 000 al año. Para combatir el gasto deficitario Reagan redujo los presupuestos de los programas sociales y de subsidio, al tiempo que aumentó el gasto militar en 300 000 millones de dólares. En 1982, por primera vez en 20 años, la proporción de estadounidenses que vivía por debajo la línea de pobreza alcanzó el 15 por ciento.

Por su parte, George Bush Sr. se vio obligado a aumentar los impuestos, que había prometido mantener estables, y cargó con una guerra que el estadounidense promedio encontraba difícil de entender: si bien la "Tormenta en el Desierto" pretendía liberar de una invasión a un aliado confiable en una región conflictiva, resultó difícil para la opinión pública digerir el despliegue de armas, tecnología y tropas estadounidenses en contra de un otrora aliado (el Iraq de Saddam Hussein), en defensa del régimen musulmán y retrógrada de Kuwait, fuertemente vinculado con los intereses petroleros. El fundador de la Zapata Petroleum Corporation (1953), antiguo presidente del Partido Republicano (1973-1974), enviado estadounidense a China (1974-1975) y director de la CIA (1976-1977) se convirtió en uno de los tres presidentes salientes que, durante el siglo XX, perdieron la reelección.

Al final de la primera Guerra Mundial Estados Unidos se había levantado, ileso y monumental, entre las ruinas europeas. Sin embargo, la primera potencia económica del mundo no quiso asumir el papel destacado que sobre el escenario internacional parecía asignarle su peso económico y político. Una crisis económica de dimensiones y profundidad sin precedentes, y la participación en otra guerra mundial, transformaron Estados Unidos. La primera república americana, el poder hegemónico continental aislacionista, se convirtió en protagonista de una "Guerra Fría" que enfrentaba al capitalismo con el socialismo. Al final de esta guerra peculiar, como a principios de los "fabulosos veinte", Estados Unidos seguía de pie, y su contrincante se había desmoronado. El dominio que ahora ejercía, sin embargo, no iba aparejado con un poderío económico equiparable, y no coincidió con una ruptura social y cultural dentro de la sociedad estadounidense. Contemplaba un terreno densamente poblado, que parecía disparejo, movedizo e incierto, en el que no quedaba claro cómo se determinarían los términos del intercambio y de la confrontación. Al parecer, el embriagador triunfo sobre la URSS anunciaba también el ocaso del "siglo americano".

EPÍLOGO
DOS ELECCIONES, VARIAS GUERRAS Y UNA CRISIS
1992-2014

El 12 de diciembre de 2000 se confirmaba el triunfo de George W. Bush en la elección presidencial. Lo reñido de la contienda exigió la intervención de la Suprema Corte, después de que una serie de irregularidades impidiera que se adjudicaran los votos electorales de Florida, estado que gobernaba el hermano del candidato triunfador. Hijo de presidente, el candidato republicano era el primero en más de cien años en llegar a la Casa Blanca con menos votos populares que su contrincante (47.9 contra 48.4%). Ocho años después un senador primerizo del estado de Illinois llamado Barack Hussein Obama se convirtió en el primer presidente afroamericano. Las dos dramáticas elecciones que enmarcan este epílogo sacudieron fuertemente a los estadounidenses. Puede argüirse, sin embargo, que ponen de manifiesto continuidades más que cambios, tanto en el campo constitucional como en el de la política —doméstica y exterior— y en el de la economía.

El guión de la elección de George Bush hijo no desentona con las crónicas de las pequeñas repúblicas americanas cuyos hombres fuertes y anticomunistas apapachaba el gobierno estadounidense en la década de 1950. Las fallas inherentes al sistema electoral estadounidense provocaron el resentimiento de los partidarios del candidato perdedor, el vicepresidente Al Gore, los reclamos —no particularmente numerosos— de quienes denunciaron el carácter antidemocrático de una elección indirecta y la intervención del poder Judicial en un asunto tan claramente político. Sin embargo, el desenlace de la elección no generó escándalo, ni un rechazo generalizado. Ni siquiera tuvieron eco las propuestas de enmendar la Constitución para eliminar al colegio electoral en la designación del primer mandatario.

De este modo, los estadounidenses del siglo XXI defienden su apego a una de las constituciones escritas más antiguas del mundo, con todo y sus resabios de republicanismo dieciochesco. A lo largo de sus 225 años la Ley fundamental sólo ha sido enmendada 27 veces. No dejó rastro en ella el fin de la Guerra Fría, como no lo hicieron tampoco las otras grandes convulsiones del siglo XX, con la posible excepción de la revocación de la Prohibición —para combatir la Gran Depresión (1933)—, la limitación del número de veces que puede ser reelecto el presidente —reacción en contra de la cuarta elección de Roosevelt (1951)— y las enmiendas que protegen el derecho al voto de quienes no pagan impuestos (1964) o tienen más de 18 años (1971), que pretendieron dar respuesta política al movimiento de los derechos civiles y a la movilización estudiantil.

Las transformaciones de la posguerra Fría deben buscarse, entonces, en otra parte. La elección, al iniciar el nuevo milenio, de un presidente que afirmaba públicamente que hablaba con Dios y, en 2012, la candidatura de Mitt Romney, antiguo obispo mormón, grupo religioso que a lo largo del siglo XIX había generado una enorme hostilidad entre la mayoría protestante, son prueba de un cambio en la articulación política de los diversísimos sectores que componen la sociedad estadounidense. La "nueva derecha" ha transformado la esfera pública, y de manera particular al que fuera el partido de Abraham Lincoln. A lo largo del siglo XX la de Estados Unidos siguió siendo la más religiosa de las sociedades industriales. En los años cincuenta, y al tiempo que explotaban la producción y el consumo, la frase "una nación, bajo Dios" se incluyó en el juramento a la bandera que pronunciaban los escolares a principios de semana, y el lema "En Dios confiamos" se grabó en billetes y monedas.

A lo largo de los años sesenta y setenta, gracias al compromiso de la Corte Warren con el principio de separación entre Iglesia y Estado, se secularizaron espacios públicos antes marcados por la cultura religiosa de la mayoría. Como parte de la reacción en contra del desorden sesentero, de los reclamos de grupos militantes, del fracaso de la agenda política liberal y de las pretenciosas élites que la promovían, se alzaron voces que exigían la restauración de una nación homogéneamente religiosa, morigerada y decente, que no había existido nunca. Un número importante de estadounidenses —a finales de la década de 1980 70 millones proclamaron haber "renacido en Cristo"—, imbuidos de un entusiasmo evangélico, se lanzó a defender los "verdaderos valores fundamentales" de la república, pervertidos, en su opinión, por los secularizadores y por la visibilidad y atención que recibían las rezongonas minorías étnicas, las madres solteras y los homosexuales que consentía un Estado hipertrofiado, burocrático e ineficiente.

La "mayoría moral" —que no es ni lo uno ni lo otro— ha recurrido a la organización, a los medios masivos de comunicación y a estrategias de deslegitimación de sus contrincantes para convertirse en un efectivísimo grupo de presión, que ha logrado cambiar los términos del debate público e imponerle por lo menos parte de su agenda al partido de la responsabilidad fiscal, la libre empresa y la desregulación económica. Estos grupos han erigido la familia "tradicional" y sus valores como objetos de urgente intervención gubernamental. Desde 1976 el Partido Republicano incluye en su plataforma la defensa del "derecho a la vida" de los niños no nacidos. En repetidas ocasiones ha promovido que el Congreso discuta enmiendas constitucionales para que vuelva a permitirse la oración en las escuelas (1962, 1973, 1982, 1993, 1995, 1997) y para que se prohíba el matrimonio entre personas del mismo sexo (2002, 2003, 2004, 2005, 2008, 2013). En el Medio Oeste y en el Sur los consejos de educación locales se ven periódicamente sacudidos por controversias en torno a la introducción de teorías pseudocientíficas como el "creacionismo" y el "diseño inteligente" en los programas de educación básica y media superior. Por su compromiso y capacidad de movilización la derecha cristiana se ha convertido en una fuerza política difícil de ignorar.

La elección de Bush hijo puso de manifiesto la fuerza de los nuevos conservadores, dispuestos a movilizarse para no cambiar. En cambio, la elección, en 2008, de un hombre que en 1961, año en el que nació, no habría podido votar ni sentarse en los asientos de enfrente en un autobús o en la barra de un restaurant en el Sur representa, a todas luces, una ruptura extraordinaria. No obstante, la sociedad estadounidense está lejos de haber resuelto el "dilema americano", por el que la raza borronea los ideales de democracia y libre mercado. Por una parte, porque el concepto mismo de raza que tanto los activistas de los derechos civiles como los defensores del "orgullo racial" habían constituido como un legado compartido de memoria, experiencia y solidaridad se fracturó en el hervidero de los años sesenta, con las incertidumbres de las décadas que siguieron. Cada grupo infundió al ideal de "justicia racial" un sentido distinto y en muchos casos contencioso, como la acción afirmativa y la exigencia de que se paguen "reparaciones" a los descendientes de esclavos. Al mismo tiempo, sectores de la mayoría consideran que las minorías no están ya exigiendo respeto a sus derechos e igualdad de oportunidades sino privilegios especiales y compensaciones históricas, totalmente ajenos a la "tradición" estadounidense.

Por otra parte, si la "raza y la etnicidad" articulan reclamos sociales y políticos es precisamente porque expresan un problema real, si bien su diagnóstico se ha vuelto más complejo. A pesar del desmantelamiento del racismo institucionalizado, de los logros de familias e individuos, de las políticas de acción afirmativa y de la elección —y reelección— de un presidente afroamericano, a quien sus antagonistas pueden tratar de descalificar por ser "musulmán" y "extranjero" —ambas acusaciones falsas—, pero no por ser negro, no se ha normalizado la presencia de las minorías dentro de espacios compartidos y de poder. Siguen siendo, de manera desproporcionada, víctimas de la pobreza, de la violencia policial y de la mala administración de justicia. El mercado, a pesar de su dinamismo, no ha podido ni emparejar el terreno de juego ni integrar a éste, de forma equitativa, al grueso de las minorías étnicas: en 2012, 24.2% de las familias afroamericanas seguía viviendo bajo la línea de pobreza, contra 11.8% del resto de la población. Si bien hay afroamericanos e hispanos entre diputados y congresistas, al frente de los consejos de las grandes corporaciones, en las universidades de élite y hasta en la Casa Blanca, éstos siguen siendo, como subrayan los críticos, la excepción que confirma la regla. Así, por ejemplo, en 2009 sólo 0.07% de los habitantes del paradigmático suburbio de Levittown, Nueva York, eran afroamericanos.

Independientemente de los problemas que enfrentan las minorías étnicas, el desempeño de la economía durante las últimas cuatro décadas ha generado una mayor concentración de la riqueza. En un contexto de inequidad creciente el "American way of life" —la estabilidad laboral, la casa, el coche, el iPhone, la educación universitaria para los hijos— se ha vuelto, para muchos, inalcanzable. Pero si esta situación ha generado un malestar extendido, y si la fe en la "promesa americana" y en el cambio han vuelto a ocupar un lugar central en el discurso público —el lema de campaña de Obama en 2008 fue "Un cambio en el que podemos creer"; el de Mitt Romney en 2012, "Crean en América"—, no se vislumbra una solución en el horizonte, o por lo menos no una solución consensuada. Los desafíos que ha enfrentado para su implementación la Ley para la Protección del Paciente y el Cuidado Accesible (Patient Protection and Affordable Care Act, 2010) —la oposición que ha generado, su fragmentación, la ineficiencia de su administración, la influencia de las aseguradoras— muestra que no hay consenso en torno al papel que debe desempeñar el Estado, y que incluso en el acceso a la salud pesa más la libertad que la igualdad en la ética pública estadounidense.

Con el fin de la Guerra Fría no se cumplió la predicción de algún intelectual estadounidense que afirmó que, vencido el comunismo, el hombre había llegado al "final de la evolución ideológica" y, por lo tanto, al "fin de la historia". La destrucción del "Imperio del mal" no significó el repliegue de Estados Unidos del ámbito internacional, pero sí una menor claridad en los móviles y lineamientos que debían guiar sus intervenciones. Entre 1991 y 2014 Estados Unidos

ha participado en operaciones militares —en varios casos huma-
nitarias y de evacuación— en África (entre otros países en Liberia,
Zaire, Sierra Leona y Libia), Asia (Timor Oriental, Arabia Saudita,
Yemen y Siria), los Balcanes (Serbia, Bosnia, Macedonia y Albania)
y América Latina (Haití), además de haberse puesto al frente de tres
guerras, en Kuwait (1991), Iraq (2003-2011) y Afganistán (a partir
de 2001). Mención aparte merecen las relaciones con Cuba, que por
inercia, resentimiento y cálculos políticos —entre otras cosas por la
influencia que tuvo, durante muchos años, el *lobby* cubano-ame-
ricano— permanecieron en la congeladora. Sólo la frustración del
presidente Obama ante el tenaz obstruccionismo republicano en el
Congreso, y la fragmentación de la comunidad cubano-americana,
han abierto la posibilidad de un nuevo acomodo, con el anuncio de
la reanudación de las relaciones en diciembre de 2014.

El aparatoso ataque de la organización terrorista islámica Al
Qaeda a las Torres Gemelas en Nueva York el 11 de septiembre de
2001 provocó la muerte de casi 3 000 personas y trastocó el sentido
de seguridad que abrigaba a los estadounidenses. La "Guerra contra
el Terror" que declaró el presidente Bush carece, en muchos sentidos, de precedentes. El conflicto escapa a la lógica de las relaciones
internacionales y de la guerra convencional. El enemigo es prácticamente invisible, se apoya en una red clandestina y transnacional
y proclama que la suya es una guerra santa. Estados Unidos, por su
parte, ha hecho la guerra sin recurrir a la conscripción obligatoria,
apoyándose en la tecnología, en los miembros voluntarios del ejército permanente y en mercenarios empleados por contratistas. Sin
embargo, este conflicto ha revitalizado muchas de las percepciones,
prácticas y reflejos de la Guerra Fría: la convicción de que la forma
de vida estadounidense está en peligro, de que se trata de una lucha
moral que debe sostenerse todo el tiempo y en todo lugar, y que jus-
tifica que el poder Ejecutivo se tome libertades excesivas y que se
sacrifiquen derechos y principios.

En el frente de la economía, la fórmula para asegurar la estabilidad en el crecimiento ha eludido a los artífices de la política

económica. En la década de los años noventa la economía de Estados Unidos se convirtió de nuevo en escenario de transformaciones profundas, de aceleración marcada en ciertos sectores y, como se ha mencionado, de una creciente desigualdad. Las nuevas tecnologías de la información, la computación y el internet transformaron las prácticas cotidianas de gran parte de la humanidad y propulsaron la economía estadounidense, que creció a un 4.5% anual, en promedio, entre 1994 y 2000. El gobierno del demócrata William J. Clinton logró incluso un superávit presupuestal —excepcional durante la segunda mitad del siglo XX: se trataba del primero desde 1969— de 1998 a 2001.

En el sector financiero la desregulación —que bien ilustra la revocación, en 1999, de la emblemática Ley Glass-Steagall que desde 1933 separaba las actividades de la banca comercial y la de inversión— facilitó la especulación en títulos hipotecarios y en bonos de deuda consolidada y refinanciada, cuyo riesgo era prácticamente imposible de calcular. Para 2008 este mercado paralelo de papel había adquirido un volumen y una extensión inusitados. Cuando se reventó la burbuja del sector de bienes raíces en Estados Unidos, sobrecalentado y sobrevaluado por las facilidades para la extensión de créditos y la relajación en los requerimientos de garantía, llevó al sistema financiero mundial al borde del colapso. Los gobiernos se vieron obligados a rescatar instituciones financieras y a intervenir en la economía para asegurar la liquidez. Aunque la implosión del sistema financiero reverberó a través de la economía global, sacudiendo fuertemente a varios países europeos, no se tradujo, en el caso estadounidense, en otra depresión. Sin embargo, la recesión ha sido particularmente difícil de sacudir.

***

La sociedad estadounidense de la posguerra Fría ha combinado la estabilidad con el cambio accidentado. Con la victoria de 1991 surgió un mundo nuevo que resultó no serlo tanto. En los albores del siglo XXI el discurso político estadounidense sigue recurriendo a las imágenes de la "ciudad brillante sobre la colina" que habían exaltado los colonos puritanos de Nueva Inglaterra. Sin embargo, el abigarrado, conflictivo y contradictorio pasado estadounidense muestra que la "experiencia americana", densa aunque desigualmente conectada con una historia continental, transatlántica y global compartida, es menos excepcional y portentosa de lo que pretende la vigorosa mitografía nacionalista.

Sin embargo, la escala estadounidense, lo monumental de ciertos aspectos de su desarrollo histórico —la expansión territorial, el crecimiento demográfico y económico, la industrialización, el desarrollo del consumo— hacen de la suya una historia particular. La evolución de su arquitectura política también ha sido peculiar. Partidos políticos y tribunales domesticaron la participación de una sociedad civil activa en la cosa pública, canalizando energías y desactivando conflictos. El sistema político dibujó los espacios de acción de un Estado que, con un restringido aparato burocrático, logró normar la ocupación de un continente; que, careciendo de un verdadero ejército, logró movilizar a más de tres millones de hombres en el contexto de una escisión nacional al mediar el siglo XIX; cuya intervención en las dos guerras mundiales del siglo XX resultó determinante, y que se erigió en líder del "mundo libre" para combatir el "comunismo" durante casi 50 años.

Esta historia ha querido esclarecer el funcionamiento complejo de los mecanismos que han dado forma a la república del norte, más allá de su *ethos* y su supuesta vocación liberal y minimalista congénita. La movilización coherente y decisiva, a veces incluso eficiente, de los enormes recursos de la nación ha sido posible cuando intereses, ideales y reclamos, situados en nodos estratégicos de la complicada, dispersa y fluctuante red que estructura la sociedad estadounidense, han apuntalado la acción del gobierno. De este modo, Estados Unidos pudo pagar pensiones a los veteranos de guerra pero no a los trabajadores; quiso prohibir la venta de alcohol a nivel nacional pero no el trabajo infantil; pudo ganar la Guerra Fría pero no la guerra en contra de la pobreza. Al arrojar luz sobre el complicado pasado de Estados Unidos este libro espera contribuir, mínimamente, a la comprensión del presente del que sigue siendo uno de los principales protagonistas de la historia mundial.

ENSAYO BIBLIOGRÁFICO

En Estados Unidos el oficio de historiar se ha beneficiado del importante número de instituciones de educación superior, públicas y privadas, que surgieron desde tiempos coloniales, pero especialmente después de la Guerra Civil. Aunque existe una historia no académica que tiene mucho éxito comercial, ser historiador en Estados Unidos, por lo menos desde la década de 1880, ha sido una empresa profesional, arropada por un sistema universitario extenso y dotado de recursos, que cuenta con asociaciones gremiales, reuniones anuales y publicaciones periódicas. Recibiría otra importante inyección de energía con el crecimiento de la población universitaria después de la segunda Guerra Mundial, y con la apertura hacia nuevos temas a partir de la década de los años sesenta.

Así, la tradición historiográfica estadounidense, aunque ensimismada, es excepcionalmente sólida y diversa. Hay muy pocos aspectos de la política, la economía, la cultura y la sociedad del pasado estadounidense que no cuenten con su historiador y que no hayan sido analizadas desde distintas perspectivas ideológicas y metodológicas. Es imposible hacer aquí una lista exhaustiva, incluso de las obras señeras de la disciplina. Anotamos, a continuación, algunas obras sobre las que basamos nuestra escueta descripción de periodos y temas. No representan, sin embargo, más que un punto de partida.

Abundan las historias generales, publicadas en un tomo conciso o en varios volúmenes. Esta *Historia mínima* está en deuda, particularmente, con la *Oxford History of the United States* (1982-2014) y la *Penguin History of the United States*. Ambas colecciones ofrecen una visión a un tiempo panorámica y detallada, y reúnen a historiadores de primer nivel como Alan Taylor, Gordon S. Wood, Daniel Walker Howe, James McPherson, Steven Hahn, David P. Kennedy y James T. Patterson. Son también notables los volúmenes publicados, en español, por el Instituto Mora, *E.U.A. Síntesis de su historia* (1988-2004) y *E.U.A. Documentos para su historia* (1988). En cuanto a los libros que reúnen la historia de la república del norte en un solo volumen, son particularmente sugerentes el de Eric Foner, *La historia de la libertad en Estados Unidos* (2010) y el de Thomas Bender, *Historia de los Estados Unidos. Una nación entre naciones* (2011), que logran articular una visión sintética del desarrollo histórico con una premisa provocadora: el primero, las distintas construcciones de la libertad como valor fundamental a lo largo de la historia estadounidense; las intensas conexiones de la historia nacional con la global el segundo.

Sobre periodos y temas específicos: para entender la **América británica colonial** son muy útiles los trabajos de Jack P. Greene, especialmente *Pursuits of Happiness: The Social Development of the Early Modern British Colonies and the Formation of American Culture* (1988); sobre la diversidad de la experiencia colonial británica, y sobre la naturaleza del gobierno colonial, *Peripheries and Center: Constitutional Development in the Extended Polities of the British Empire and the United States, 1607-1789* (1986), así como *Colonial British America: Essays in the New History of the Early Modern Era* (1984), que editó con J. R. Pole y en el que participan varios autores, así como, desde una perspectiva más social, Bernard Bailyn, *Voyagers to the West. A Passage in the Peopling of America on the Eve of Revolution* (1986).

La historiografía reciente ha procurado rescatar las perspectivas de los habitantes originales y los procesos conflictivos por medio de los cuales se construyeron los imperios coloniales en América del Norte: Gary Nash, *Red, White and Black: The Peoples of Early America* (1982); Richard White, *The Middle Ground: Indians, Empires and Republics in the Great Lakes Region* (1991; 2010); Daniel K. Richter, *East from Indian Country: A Native History of Early America* (2001). Sobre la Guerra de Siete Años, que reestructuró profundamente los imperios atlánticos, véase la sugerente obra de Fred Anderson, *Crucible of War: The Seven Years' War and the Fate of Empire in British North America, 1754-1766* (2001). La perspectiva de género ha rescatado protagonistas, vivencias y procesos que habían quedado fuera de los relatos tradicionales. En este sentido, Laurel Thatcher Ulrich ofrece una mirada fascinante sobre la vida cotidiana y de las mujeres en la Nueva Inglaterra colonial en *A Midwife's Tale: The Life of Martha Ballard based on her diary, 1785-1812* (2001).

La Revolución y el proceso constituyente representan, con la Guerra Civil, los periodos de la historia que el público lector encuentra más atractivos. Abundan las biografías de revolucionarios y constituyentes: Joseph J. Ellis ha escrito sobre George Washington (2005), Thomas Jefferson (1998) y John Adams (2001), además de pintar un retrato de grupo en *Founding Brothers: The Revolutionary Generation* (2002), mientras que otros autores han explorado vidas más heterodoxas: Annette Gordon-Reed a la familia que Jefferson engendró con su esclava, *The Hemingses of Monticello. An American Family* (2008), y Nancy Isenberg al controvertido vicepresidente de Thomas Jefferson en *Fallen Founder. The Life of Aaron Burr* (2008).

En muchos sentidos la historiografía sobre estos temas sigue dividida entre quienes gustan de estudiar las ideas —normalmente buenas— y aquellos que se concentran en los intereses, las tensiones y los actores que quedan fuera de la narrativa heroica. Entre los primeros está el excelente libro de Bernard Bailyn *The Ideological Origins of the American Revolution* (1967, 1992), así como los trabajos de Gordon Wood, entre los que cabe destacar *The Creation of the American Republic* (1969). Entre los segundos, más atentos a la dimensión conflictiva del proceso revolucionario, están Woody Holton, *Forced Founders: Indians, Debtors, Slaves and the Making of the American Revolution in Virginia* (1999); Ray Raphael, *A People's History of the American Revolution: How Common People shaped the Fight for Independence* (2001) y Colin G. Calloway, *The American Revolution in Indian Country: Crisis and Diversity in Native American Communities* (1995). Un análisis muy sugerente, que combina la historia política y la del consumo, es la de T. H. Breen, *The Market Revolution: How Consumer Politics Shaped American Independence* (2005).

Sobre los documentos fundamentales de la época y su legado están el ambicioso texto de David Armitage, *The Declaration of Independence: A Global History* (2007) y el más acotado pero de excelente factura escrito por Pauline Maier, *American Scripture: Making the Declaration of Independence* (1997). Para la Constitución véase el relato optimista de Jack Rakove, *Original Meanings: Politics and Ideas in the Making of the Constitution* (1997) y el de Bruce Ackerman, *The Failure of the Founding Fathers* (2005), que lo es mucho menos, así como el sugerente análisis del proceso de ratificación de Pauline Maier, *Ratification. The People Debate the Constitution, 1787-1788* (2010). Por su parte, Max Elding, *A Revolution in Favor of Government: Origins of the U.S. Constitution and the Making of the American State* (2003), ofrece una interesante perspectiva fiscal del proceso constituyente.

La bibliografía sobre el primer medio siglo de vida independiente es, inevitablemente, más dispersa, pues describe una gran variedad de fenómenos. Sobre la **consolidación de la política democrática** véanse Marvin Meyers, *The Jacksonian Persuasion: Politics and Belief* (1957) y Sean Wilentz, *Chants Democratic: New York City and the Rise of the American Working Class, 1788-1850* (1984) y *Andrew Jackson* (2005). Sobre la trascendencia de **las transformaciones en la comunicación y el transporte**, John L. Larson, *Internal Improvement* (2001) y Richard R. John, *Spreading the News: The American Postal System from Franklin to Morse* (1995). Sobre los **entusiasmos religiosos** de la época, Nathan O. Hatch, *The Democratization of American Christianity* (1985). Un rico estudio del desarrollo de una comunidad rural en el **"primer oeste"** es el de John Mack Faragher, *Sugar Creek. Life on the Illinois Prairie* (1988), mientras que la difícil experiencia de los **grupos indios despojados** es explorada por Lindsay Robertson, *Conquest by Law* (2005). **La guerra con México** y sus protagonistas son tratados de manera compleja por Brian Delay, *War of a Thousand Deserts: Indian Raids and the US-Mexican War* (2009) y por Amy Greenberg, *A Wicked War: Polk, Clay and Lincoln and the 1846 Invasion of Mexico* (2013).

El tema de la época sobre el que se ha producido la historiografía más rica, innovadora e interesante es el de la **esclavitud**, desde los estudios clásicos de David Brion Davis, *The Problem of Slavery in Western Culture* (1966), Eugene Genovese, *Roll Jordan Roll. The World the Slaves Made* (1976) y Kenneth Stampp, *The Peculiar Institution* (1956), así como el polémico estudio cuantitativo de *Time on the Cross*, de Robert Fogel —ganador del premio Nobel de Economía— y Stanley Engerman (1974), hasta análisis más recientes, tanto de la vida de los esclavos como de sus amos, como Ira Berlin, *Many Thousands Gone* (1998), Deborah White, *Ar'n't I a Woman* (1999) y James Oakes, *Slavery and Freedom. An Interpretation of the Old South* (1998). Walter Johnson, en *River of Dark Dreams. Slavery and Empire in the Cotton Kingdom* (2013) explora además las redes comerciales transoceánicas que daban forma a la economía política del Sur.

De lo mucho que se ha escrito sobre **la Guerra Civil y sus secuelas** son especialmente útiles las visiones generales de James McPherson, *Battle Cry of Freedom. The Civil War Era* (1989) y Eric Foner, *Reconstruction: America's Unfinished Revolution, 1866-1877* (1988). Del primero también es interesante el análisis de las motivaciones de los soldados, *For Cause and Comrades: Why Men Fought in the Civil War* (1998). David Potter, *The Impending Crisis, 1848-1861* (1976) ofrece una cuidadosa revisión de los factores que desembocaron en la Secesión y el conflicto armado. Sobre la guerra y la política sureña véase Stephanie McCurry, *Confederate Reckoning. Power and Politics in the Civil War South* (2012). Sobre la diplomacia de una guerra civil, Howard Jones, *Blue and Grey Diplomacy. A History of Union and Confederate Foreign Relations* (2010). Un estudio fascinante de las consecuencias culturales de la guerra es el de Drew Faust Gilpin, *This Republic of Suffering. Death and the American Civil War* (2009). Rebecca Scott explora, desde una perspectiva comparada, el proceso de emancipación en Luisiana, *Degrees of Freedom. Louisiana and*

Cuba After Slavery (2008).

La vertiginosa y compleja **transformación de Estados Unidos en una potencia industrial y global** es magistralmente recuperada en el clásico de Robert Wiebe *The Search for Order, 1877-1920* (1966). Para análisis más puntuales, en algunos casos más matizados, Richard Hofstadter, *The Age of Reform. From Bryan to FDR* (1955) explora los malestares que provocó este turbulento periodo; David Montgomery, *The Fall of the House of Labor. The Workplace, the State and Labor Activism, 1865-1925* (1989) y Leon Fink, *Workingmen's Democracy. The Knights of Labor and American Democracy* (1985) analizan los alcances y límites del activismo obrero. El fabuloso *The Metaphysical Club. A Story of Ideas in America* de Louis Menand (2002) describe la transformación del mundo de las ideas, mientas que Daniel Rodgers logra colocar los movimientos reformistas de la época en un marco de análisis transnacional en *Atlantic Crossings. Social Politics in a Progressive Age* (2000). William Cronon, *Nature's Metropolis: Chicago and the Great West* (1992) es una fascinante descripción de la gran transformación desde el mirador de uno de sus principales escenarios, apuntalada por una perspectiva de historia ambiental. El imperialismo estadounidense y sus dilemas son explorados por Walter LaFaber, *The New Empire: An Interpretation of American Expansion, 1860-1898* (1963), mientras que David M. Kennedy, *Over Here. The First World War and American Society* (1980) revisa las consecuencias internas de la participación de Estados Unidos en la primera Guerra Mundial.

Como se ha mencionado, para el siglo xx muchos de los textos que fijaron la imagen de los sucesos históricos fueron escritos por protagonistas y observadores. Interesantes e ilustrativos, representan sin embargo documentos de época más que análisis historiográficos. Es el caso del elegante *The Great Crash* de John Kenneth Galbraith (1955) sobre la crisis de 1929; Dean Acheson, *Present at the Creation: My Years in the State Department* (1969); *The Autobiography of Malcom X* (1962); Robert F. Kennedy, *Thirteen Days. A Memoir of the Cuban Missile Crisis* (1969); George Kennan, *The*

Nuclear Delusion: Soviet-American Relations in the Atomic Age (1982). La biografía sobre los "grandes hombres" del siglo también se ha convertido prácticamente en una industria editorial independiente; especialmente útiles me parecen Kenneth Davis, *FDR* (1993); John Lewis Gaddis, *George F. Kennan, An American Life* (2012), y el extenso estudio de Robert A. Caro sobre Lyndon B. Johnson.

Sobre la **Gran Depresión**, Eric Rauchway, *The Great Depression and the New Deal: A Very Short Introduction* (2008), Michael Bordo, Claudia Goldin, Eugene White (eds.), *The Defining Moment: The Great Depression and the American Economy in the Twentieth Century* (1997), y el más crítico de Michael Bernstein, *The Great-Depression: Delayed Recovery and Economic Change in America, 1929-1939* (1989). Sobre la transformación que significó la crisis en la concepción de los derechos está el libro de Meg Jacobs *Pocketbook Politics: Economic Citizenship in Twentieth-Century America* (2007). Sobre la oposición de izquierda al Nuevo Trato, Alan Brinkley, *Voices of Protest: Huey Long, Father Coughlin and the Great Depression* (1982). Aunque no se centra solamente en la Gran Depresión, sino que hace un análisis más amplio de sociología histórica de la política social del gobierno federal, me parece particularmente sugerente Theda Skocpol, *Protecting Soldiers and Mothers. The Political Origins of Social Policy in the United States* (1995).

La **participación de Estados Unidos en la segunda Guerra Mundial** ha generado una bibliografía extensa pero a menudo sentimental y adulona, como Tom Brokaw, *The Greatest Generation* (2001) y James Bradley, *The Flags of our Fathers* (2006). Son muy útiles las visiones panorámicas que ofrecen Herbert Feis, *Churchill, Roosevelt and Stalin: The War they Waged and the Peace They Sought* (1957), Gary R. Hess, *The United States at War, 1940-1945* (2001) y Allan M. Winkler, *Home Front U.S.A.: America During World War II* (2012).

La sombra de la **Guerra Fría** marcó a Estados Unidos durante casi toda la mitad del siglo xx. La mayoría de sus historias tienen, sin embargo, y como se ha mencionado, la peculiaridad de haber sido escritas cuando el conflicto no había terminado. Logran reconstruir las complejidades del proceso con perspectiva histórica Melvyn P. Leffler, *For the Soul of Mankind: The United States, the Soviet Union, and the Cold War* (2008) y el triunfalista John Lewis Gaddis, *The Cold War: A New History* (2006). Campbell Craig y Frederik Lovegall ofrecen una visión más crítica en *America's Cold War: The Politics of Insecurity* (2009). Sobre la persistente influencia de la lógica de la "seguridad nacional" véase Julian E. Zelizer, *Arsenal of Democracy: The Politics of National Security. From World War Two to the War on Terror* (2008). La guerra en Vietnam, quizás el episodio más traumático de la Guerra Fría, ha sido analizado por George Herring, *America's Longest War* (1979), y con mayor énfasis en la importancia del contexto internacional por Mark A. Lawrence, *The Vietnam War: A Concise International History* (2010).

La **transformación de la sociedad estadounidense en las décadas de la posguerra**, desde la "conformista" década de 1950 hasta la "neoliberal" de 1980, pasando por los "revolucionarios" sesenta, ha sido abordada desde los miradores más diversos. Los historiadores han analizado la política, los movimientos sociales, el consumo, la cultura, las transformaciones del medio ambiente y las políticas de conservación, los cambios en las concepciones de género y en las prácticas sexuales. Sobre la dramática transformación del **paisaje demográfico y urbano** véanse Kenneth T. Jackson, *Crabgrass Frontier: The Suburbanization of the United States* (1987) y Bruce Schulman, *From Cotton Belt to Sunbelt: Federal Policy, Economic Development, and the Transformation of the South, 1938-1980* (1994). El **movimiento por los derechos civiles** ha sido descrito por Charles Payne, *I've Got the Light of Freedom: The Organizing Tradition and the Mississippi Freedom Struggle* (1995), y de manera menos optimista por Nancy MacLean, *Freedom Is Not Enough: The Opening of the American Workplace* (2008) y Risa Gobuloff, *The Lost Promise of Civil Rights* (2010).

Sobre las transformaciones de la **política social** véanse Suzanne Mettler, *Soldiers to Citizens: The G.I. Bill and the Making of the Greatest Generation* (2007) y Gareth Davies, *From Opportunity to Enlightenment: The Transformation and Decline of Great Society Liberalism* (1996). Los

impactos del *boom* económico de la posguerra son explorados por Lizbeth Cohen, *A Consumers' Republic: The Politics of Mass Consumption in Postwar America* (2003) y Jefferson R. Cowie, *Stayin' Alive: The 1970s and the Last Days of the Working Class* (2012). La efervescencia y las contradicciones de la **década de 1960** son reveladas por distintos autores en Van Goss y Richard Moser (eds.), *The World the Sixties Made. Politics and Culture in Recent America* (2003), así como, de manera más puntual, por Mark Hamilton Lytle, *America's Uncivil Wars: The Sixties Era from Elvis to the Fall of Richard Nixon* (2006), Michael J. Kramer, *The Republic of Rock: Music and Citizenship in the Sixties Counterculture* (2013) y John D. Skrenty, *The Minority Rights Revolution* (2004). Una ilustrativa compilación de textos de la época es la de Alexander Bloom y Winie Breines (eds.), *"Takin' it to the streets": A Sixties Reader* (2006). El **giro a la derecha** de la sociedad estadounidense durante la década de los años setenta y ochenta ha llamado la atención —y despertado pocas simpatías— entre un número considerable de estudiosos; caben destacar Sean Wilentz, *The Age of Reagan, 1974-2009* (2009) y Lisa McGirr, *Suburban Warriors: The Origins of the New American Right* (2001).